아하! 학생 배움중심의

PCK 수업설계 II

아하! 학생 배움중심의

PCK 수업설계 II

음악 | 도덕 | 미술 | 실과 | 영어 | 통합교과

박태호 | 공희자 | 김운자 | 이효경 | 권현선
오순이 | 문미경 | 노은희 | 최수진 지음

아카데미프레스

서문

2000년대 중반에 한국교육과정평가원이 주축이 되어 내용교수법 혹은 내용교수지식이라는 이름으로 PCK(Pedagogical Content Knowledge)를 교육 현장에 소개하였다. 더불어 영어, 수학, 사회, 과학 등 교과별 PCK 사례집을 발간하고, PCK 수업 컨설팅 전문가 양성 프로그램도 운영하였다. 당시에는 전통적 수업 장학의 영향으로 활동중심의 수업, 방법중심의 수업, 평가자에 초점을 맞춘 보여주는 수업 등이 유행할 때였다. 이때에 특정 교과 내용을 특정 학생에게 가르치는 교수법을 교사의 수업 전문성으로 표방한 PCK의 등장은 신선함 그 자체였다.

잘 가르치는 교사를 표방하고 등장한 PCK에 대한 교육 현장의 반응은 긍정적이었다. 지역 교육청별로 PCK 수업 컨설팅 연구회가 만들어지고, 교과별 워크숍이 개최되었다. 일부 교육청에서는 PCK를 해당 교육청의 장학 이론이나 수업 컨설팅 이론으로 삼았고, PCK 교수 · 학습 과정(안) 작성법 대회를 개최하기도 하였다. 그러나 PCK에 대한 교육 정책 담당자나 교사들의 관심이 높아질수록 이론과 실제 혹은 총론과 각론 사이의 괴리도 점점 커져 갔고, 그 부담은 전적으로 현장 교사의 몫이 되었다.

PCK의 핵심 요소는 맥락 지식(Context Knowledge)과 교수 변환(눈높이 교수법)이다. 맥락 지식은 지금 이 자리에 있는 학생이 해당 교과의 내용에 대해 지니고 있는 선개념(기능), 오개념(기능), 난개념(기능)을 파악하는 지식이다. 교수 변환은 지금 이 자리에 있는 학생이 해당 내용에 대해 지니고 있는 선개념(기능), 오개념(기능), 난개념(기능)을 학생의 눈높이에 맞게 변환하여 가르치는 지식이다. PCK를 창시한 Shulman(1986, 1987)을 비롯한 후속 연구자들은 교수 변환 도구의 유형으로 설명, 시범, 발문, 연습, 서사, 과제, 매체 등을 들었고, 우리는 수업 모형중심의 큰 교수법과 대비되는 개념으로 사용하기 위해 이것을 작은 교수법으로 명명하였다. PCK의 핵심 요소인 맥락 지식과 교수 변환에 따르면 똑똑하지만 못 가르치는 교수 부진아, 열심히 가르치지만 학생 배움과 관계없이 가르치는 교수 부진아가 존재한다.

그러나 잘 가르치는 교사의 교수법을 중시하는 PCK 수업 설계는 교사주도의 수업으로 진행될 가능성이 높다. 아울러 교사의 가르침이 항상 학생의 배움으로 이어지는 것은 아니므로 PCK 역시 한계를 지닌다. 이에 우리는 구성주의 이론에 기초한 학생 공부법을 보완하였다. 여기에는 관찰, 추론, 조작, 메모, 요약, 토의와 토론, 발표 등이 해당되고, 우리는 이것을 학생 배움중심의 수업이라고 명명한다. 학생 배움중심의 수업을 실천하기 위해 CORE를 활용한 교과별 PCK 수업 설계(안)을 구안하였다. 그런 다음에 교과별로 멘토와 멘티 혹은 컨설턴트와 컨설턴티가 함께 협력하여 학생 배움중심의 PCK 수업 설계(안)을 구안하고, 교실 수업에 적용한 다음에 수업자의 성찰 사례를 제시하였다.

이 책은 1부와 2부로 구성된다. 제1부에서는 전통적 수업 장학과 왜곡, PCK의 개념과 유래 및 요소, 학생 배움중심 수업 모형과 요소를 다룬다. 제2부에서는 학생 배움중심 PCK 수업 설계의 필요성과 교과별 수업 설계 사례를 제시한다. 제1권에서는 경남교육청 소속 초등 수석 교사들이 주축이 되어 국어, 수학, 사회, 과학 수업 설계 사례를 제시하였다면, 제2권에서는 경기도교육청 소속 초등 수석 교사들이 주축이 되어 영어, 도덕, 음악, 미술, 실과, 통합 교과의 수업 설계 사례를 제시하였다. 다만, 체육 수업 설계 사례를 함께 제시하지 못한 것이 큰 아쉬움으로 남는다.

이 책이 나오기까지 많은 분의 도움이 있었다. 그 중에서도 이 책의 편집을 맡아 열과 성을 다한 아카데미프레스의 편집 위원과 어려운 출판 상황에서도 이 책이 세상에 나올 수 있도록 도움을 주신 아카데미프레스 대표님께도 감사의 마음을 전한다.

차례

제1부 학생 배움중심의 PCK 수업 이해

제2부 학생 배움중심의 PCK 수업 설계

제1부

학생 배움중심의 PCK 수업 이해

학생 배움중심의 PCK 수업 이해

1 전통적 수업 장학과 수업 왜곡

2 PCK의 개념과 요소

3 학생 배움중심의 수업 모형과 요소

1

전통적 수업 장학과 수업 왜곡

제1절 | 전통적 수업 장학의 특징과 수업 평가

1. 전통적 수업 장학의 특징

교실 수업 검열과 통제, 행정 명령과 지시로 대변되는 전통적 수업 장학으로는 교실 수업 개선 및 교원의 수업 능력 개선이라는 본래의 취지를 달성하기 어렵다. 전통적 수업 장학은 장학 담당자의 요구에 의해서 시작된다. 주로 상급자(교장, 교감, 부장, 장학사)가 하급자인 교사를 대상으로 수업자를 지도하고 감독하며 통제하고, 획일적 수업 평가 기준에 의거하여 모든 수업자에게 표준화된 수업을 요구한다. 하급자인 수업자는 상명하복의 관계에 따라 상급자의 요구를 일방적으로 수용한다. 아울러 수업자는 획일적인 수업을 요구하는 이러한 폐쇄적이고 수직적이며 위계적인 수업 장학 구조에서 생존하기 위해 수업 장학자의 의도에 부합하는 기획된 수업, 보여주는 수업을 한다. 전통적 수업 장학의 구조적 특징으로 인해 수업자는 '수업 설계(수업 설계(Plan)–수업 실행(Do)–수업 분석(See))'의 세 요소 중에서 수업 설계에 특히 많은 공을 들이는 풍토가 조성되었다(서근원, 2011). 그 결과 수업에 대한 교사의 성찰과 성장을 강조하는 수업 후 연구 문화보다는 완벽한 수업, 멋진 수업을 강조하는 연구 후 수업 문화가 조성되었다.

지금까지의 논의를 간단히 정리하면 아래와 같다.

◎ 전통적 수업 장학의 특징

목적	교사의 수업 능력 향상	관계	수직적, 폐쇄적, 위계적
시기	장학 담당자의 요구	대상	문제가 없는 기획된 완벽한 수업
주체	교장, 교감, 부장, 장학사(직급중심 수업 장학)	횟수	일회성 행사(기획된 수업 문화, 보여주는 수업 문화)
성격	지도, 감독, 지시, 통제 등	수업	Plan(설계)–Do(실행)–See(분석)(연구 수업)

2. 양적 접근과 수업 평가

전통적 수업 장학에서는 양적 접근법에 기초한 수업 평가를 중시한다. 때문에 실증주의 관점을 바탕으로 관찰자의 추측과 편견을 최대한 배제하기 위해 노력하고, 정량평가를 활용하여 수업 현상을 객관적으로 설명하고자 한다. 주로 평정 척도법이나 플랜더스의 언어 분석법 등의 평가 방법을 활용하여 수업 형태, 교사와 학생 간의 상호작용 유형과 양상, 수업 분위기, 교수법 등을 평가한다(박남수, 2004).

양적 접근에 기초한 수업 평가의 특징을 들면 다음과 같다. 첫째, 수업을 객관적으로 평가한다. 관찰자의 주관적 평가(추측과 편견 등의 주관)를 배제하고, 객관적 평가를 유도하기 위해 점검표처럼 표준화되고 규격화된 관찰 요소와 기준을 제시한다. 둘째, 수업을 '계량화/수량화'해서 평가한다. 평정 척도법 등을 활용하여 수업을 정량적으로 평가한다. 셋째, 수업을 '분석적'으로 평가한다. 점검표에 제시된 평가 항목에 따라 수업을 분석적으로 평가한다.

양적 접근은 표준화된 수업 요소를 바탕으로 수업 현상을 분석하고 계량화해서 객관성을 확보할 수 있는 장점이 있다. 하지만 분절적이고 수치화된 각 요소로 수업의 모든 장면을 담을 수 없고, 심지어 효율성의 논리만을 지나치게 추구하여 수업 맥락을 경시하거나 배제하는 경향이 있다. 양적 수업 평가 도구 중에서 교육 현장에서 주로 활용되는 것이 점검표(Checklist)이다. 점검표는 수업 관찰자에게 좋은 수업에 대한 표준적이고, 객관적 요소를 구조적이고, 체계적으로 제시하는 나침반의 역할을 하고, 관찰자가 고도의 훈련 과정 없이도 쉽게 이해하고, 효과적으로 활용할 수 있어 교육 현장의 선호도가 아주 높다.

다음은 Danielson 외(2009)가 교원의 수업 전문성 평가를 위해 제시한 점검표이다. 이 점검표는 수업 설계, 수업 환경, 수업 실행, 교직 전문성의 네 범주로 되어 있고, 각각의 범주마다 하위 요소가 제시되어 있다. 수업 실행은 100점 만점에 40점이고, 수업 설계와 수업 환경 및 교직 전문성은 20점이며, 각 범주마다 미흡, 초보, 우수, 탁월의 네 단계 평정 척도로 구성되어 있다.

◎ 교사의 수업 전문성 평가표

일시		학년 반		교사	
교과		단원		차시	
학습 목표					

1. 수업 설계	미흡	초보	우수	탁월
	1	2	3	4
A. 교과 내용과 교수법				
B. 학생 이해				
C. 학습 목표				
D. 수업 자료				
E. 수업 계획과 평가				
소계(20%)				/20
2. 수업 환경	미흡	초보	우수	탁월
	1	2	3	4
A. 존중과 배려				
B. 수업 문화				
C. 학급 운영				
D. 학생 통제				
E. 공간 활용				
소계(20%)				/20
3. 수업 실행	미흡	초보	우수	탁월
	2	4	6	8
A. 상호 작용				
B. 질문과 토론				
C. 학습 참여				
D. 학습 평가				
E. 수업 운영				
소계(40%)				/40
4. 교직 전문성	미흡	초보	우수	탁월
	2	2	3	4
A. 수업 반성				
B. 수업 기록				
C. 가정과 소통				
D. 전문 집단 참여				
E. 전문성 확보				
소계(20%)				/20
총계(100%)				

수업자 이름		확인		평가자 이름		확인	

제2절 | 수업 왜곡

◎ 전통적 장학과 수업 왜곡

보여주는 수업을 좋은 수업으로 왜곡

학생 활동중심을 학생 배움중심으로 왜곡

똑똑한 교사를 잘 가르치는 교사로 왜곡

소집단 무임승차를 소집단 협동학습으로 왜곡

전달 수업을 소통 수업으로 왜곡

이른바 수업 달인을 진정한 수업 달인으로 왜곡

『표준국어대사전』에 따르면 왜곡은 현상을 사실과 다르게 해석하거나 그릇되게 해석하는 것을 말한다. 중국이 고구려와 발해를 자국의 역사라고 주장하고, 일본이 독도를 다케시마라고 주장하는 것이 대표적인 역사 왜곡 사례이다. 만약 이러한 역사 왜곡을 우리가 좌시하거나 방임한다면, 거짓이 진실로 둔갑을 하여 진실을 핍박하게 될 것이다. 이와 유사한 왜곡이 전통적 수업 장학에서도 발생했다. 좋지 못한 수업을 좋은 수업으로 왜곡한 것이다. 때문에 좋지 않은 수업이 좋은 수업으로 둔갑하면서 왜곡이 발생하고, 좋은 수업을 핍박하는 현상이 발생했다. 대표적인 왜곡 유형으로 교사의 화려한 개인기에 의존한 보여주는 수업을 좋은 수업으로 왜곡하기, 학생 활동중심 수업을 학생 배움중심 수업으로 왜곡하기, 똑똑한 교사의 수업을 잘 가르치는 교사의 수업으로 왜곡하기, 소집단 무임승차 수업을 소집단 협동학습으로 왜곡하기, 전달 수업을 소통 수업으로 왜곡하기, 이른바 수업 달인을 진정한 수업 달인으로 왜곡하기 등을 들 수 있다(박태호, 2009: 66~75).

1. 보여주는 수업을 좋은 수업으로 왜곡

1) 보여주는 수업

개선해야 할 수업 문화 중 하나가 보여주는 수업이다. 일상의 수업이 아닌 '특별한 날을 위한 특별 수업'으로 학교 단위의 수업 장학이나 수업 공개와 관련이 깊다. 여기에는 임상장학, 약식장학, 동료장학, 지구별 자율장학, 수업 연구 발표 대회, 학부모 대상 공개 수업 등이 해당된다(곽영순 · 강호선, 2005: 18; 김덕희, 2006). 보여주는 수업은 교사의 일상적 수업이 아닌 수업 장학자나 참관자를 의식한 특별 수업이라는 점에서 문제가 있다. 대부분의 교사들은 보여주는 수업을 위해 몇 주 전부터 공개 수업 관련 단원과 차시를 선정하고, 인터넷을 검색하면서 관련 자료를 수집하고, 학습 활동에 필요한 학습지를 제작하거나 교실 수업 환경을 정비한다(강기원, 2004: 71~73). 아래의 새내기 교사의 면담 내용을 보면 보여주는 수업 문화의 병폐를 짐작할 수 있다.

> "아이들과 함께 짜고 한 수업이 아직도 기억에 남아요. 좋지 않은 기억입니다. 장학사가 학교를 방문하기 하루 전이었어요. 저는 자료가 너무 많은 것을 싫어하거든요. 부담 없이 평소대로 수업을 하려고 준비를 하고 있었어요. 그런데 다른 학급에서는 오리고, 붙이고, 자르고 하면서 난리가 났어요. 그래서 제가 여쭈어 보았습니다. 장학사가 잠깐 보고 갈 것인데, 이렇게까지 할 필요가 있는지를 말이지요. 그러자 선생님께서 만약에 장학사가 방문을 했는데, 선생님이 더듬대고 있는 모습이나 충실하지 못한 자료를 보면, 선생님이나 학교 이미지에 좋지 않으니 자료도 많이 제작하고, 사전에 학생과 말을 맞추어 놓아야 한다는 충고를 하셨어요. 그래서 저도 아이들에게 자료를 찾아오라고 해서 붙이고, 표를 만들었어요. 장학사가 방문하는 날 3교시쯤에 우리 교실을 방문할 것 같아서 당일 1교시에는 학생들이 준비한 자료를 검사해서 부족한 부분을 보충하고, 2교시에는 수업 시간에 발표할 것을 미리 만들되, 2/3만 만들게 하고, 발표 자료도 미리 준비해서 수업을 무사히 잘 끝냈어요."(정정훈·김영천, 2005: 88)

일부 교사들은 보여주는 수업 문화로 인해 교육과정의 파행 운영을 초래하고, 일상의 수업이 아닌 가식적 수업을 준비했다는 점에서 마음의 부담을 느끼고, 갈등한다.[1] 아울러 보여주는 수업을 참관한 보통 교사들도 심리적 압박을 받는다. 자신들의 일상 수업과는 달리 학생 참여도가 높은 수업 장면, 교사 발문에 대해 적절하고 다양하게 반응하는 수업 장면, 우렁차고 명료한 목소리로 근거를 제시하면서 발표하는 수업 장면, 사소한 오차나 갈등 없이 일사불란하게 체계적으로 진행되는 수업 장면 등을 보면서, 평소의 고민이 너무나 완벽하게 해결된 특별 수업을 보면서 보통 교사들은 부러움을 느

1. 보여주는 수업의 극단적 예가 바로 수업 발표(실기) 대회 입선작이다. 강기원(2006: 242)에 따르면, 입상 교사들에 대한 동료 교사의 비판적 시각을 읽을 수 있다. "수업을 잘 했다고 하는 교사들의 평소 수업에 대해서 궁금합니다. 평소 수업을 수업 발표 대회 수준으로 진행을 한다는 것은 불가능하잖아요. 발표 대회가 아닌 학교 단위의 수업 장학을 준비하는 경우에도 하루 4~5시간씩 며칠 동안 준비를 해야 하는데, 모든 수업을 발표 대회 수준으로 준비를 해서 진행을 하는 것은 어렵다고 봅니다. 제 경우에는 수업을 하기 전에 해당 차시 목표라도 정확히 읽고, 내용 확인만이라도 하면 다행이라고 봅니다."

낀다. 또 이것을 표준화된 수업 장학 자료로 생각하면서 열등감도 느낀다. 이것이 '손해 보지 않는 문화'[2](정정훈 · 김영천, 2005: 88~89)와 결합되면서 교사의 삶과 단절된 비정상적인 '보여주는 수업'이 만들어진다. 수업 공개 당일에 펼쳐지는 한 편의 매끄러운 수업, 예술 같은 수업은 이러한 과정을 거쳐 만들어지고, 교사는 특별 수업의 전문가로 탄생한다.[3]

2) 좋은 수업

Zemelman, Daniels, Hyde(1998), NCATE(1998), Wenglinsky(2000)는 기존의 교육 개혁이 교사와 학생의 문제에 관심을 두지 않았기에 교실 문턱을 넘지 못했다면서, 교실 외부가 아닌 교실 내부 상황 개선에 교육 개혁의 초점을 맞추어야 한다고 했다. 그러면서 교과와 학습 내용에 대한 전문성을 획득하고, 학생을 열정적으로 가르치는 교사 양성을 교육 개혁의 최우선 과제로 삼아야 한다고 했다. 최근에는 이러한 추세를 반영하여 좋은 수업의 조건에 대한 연구를 활발히 진행하고 있다.

◎ Zemelman, Daniels, Hyde(1998: 7~16)의 명품 수업의 조건

① 학생중심 수업	⑦ 협동학습을 중시하는 수업
② 경험중심 수업	⑧ 민주적으로 운영하는 수업
③ 실생활을 반영하는 수업	⑨ 인지 경험을 중시하는 수업
④ 학생이 적극적으로 참여하는 표현중심 수업	⑩ 학생 발달 수준을 고려하는 수업
⑤ 반성학습을 지향하는 수업	⑪ 구성주의 학습을 중시하는 수업
⑥ 비계설정에 기초한 사회적 상호작용이 활발한 수업	⑫ 도전 정신을 장려하는 수업

Borich(2003)는 NBPTS(National Board for Professional Teaching Standards, 2001)와 INTASC(Interstate New Teacher Assessment and Support Consortium, 1992)의 의견을 참조하여 좋은 수업의 조건을 다음과 같이 제시했다.

2. 정정훈 · 김영천(2005)은 새내기 교사의 생존전략으로 소개했으나, 이 연구에서는 초등학교 수업 문화에도 적용 가능한 문화로 파악했다. 원전에서는 초등 교사가 비합리적 상황에 직면했을 때에 기존 교사들에 비해 동등하지 못한 대우를 받을 것을 염려하여 자신의 주장이나 의지를 관철하기보다는 다른 사람과 뜻을 같이하는 문화라고 했다.

3. 임성규(2008: 395)는 초등학교 문학(국어) 수업의 걸림돌 중의 하나로 남에게 보이기 위한 '공개 수업'의 문제를 거론했다. 전적으로 동감한다. 진정한 의미의 국어 수업 장학이 되려면, 특별한 날에 특정인을 위해 일회적으로 보여주는 1차시(40분) 중심의 공개 수업이 아닌, 1년 단위의 일상적 생활 수업으로 수업 장학 문화를 전환해야 한다.

◎ Borich(2003)의 좋은 수업의 조건

① 수업 내용이 명확한 수업 ② 교수법이 다양한 수업 ③ 학생의 학습 활동 참여가 활발한 수업 ④ 학습 분위기가 좋은 수업	⑤ 수준별 학습이 가능한 수업 ⑥ 수업을 효과적으로 운영하는 수업 ⑦ 학생 평가가 명확한 수업 ⑧ 고등 사고 능력을 향상시키는 수업

임찬빈 외(2004: 64-65)에서는 현장 교사들을 대상으로 좋은 수업의 조건에 대해 설문 조사를 했다. 이에 대해 현장 교사들은 수업 전 준비와 계획이 철저한 수업, 수업 목표에 도달하는 수업, 흥미롭고 재미있는 수업, 학생들이 적극 참여하는 수업, 교사와 학생 간의 상호작용이 활발한 수업, 교사와 학생 간의 래포가 형성된 수업, 학생 눈높이를 고려한 수업, 교과 내용에 적합한 수업 모형 및 방법을 적용하는 수업, 수업 자료 및 교구 등을 효과적으로 활용하는 수업, 교사가 반성하고 연구하는 수업을 좋은 수업의 조건으로 제시했다.

아울러 학습 목표를 명확하게 제시하는 수업, 80% 이상의 학생이 학습 목표에 도달하는 수업, 학생이 흥미와 재미를 느끼면서 학습 활동에 적극 참여하는 수업, 학생이 학습 활동의 주체가 되어 스스로 결론을 내리고 능동적으로 참여하는 수업, 상호 신뢰와 존중을 바탕으로 교사와 학생의 상호작용이 활발한 수업, 학생 특성과 발달 단계를 바탕으로 학생 배움을 유도하는 수업, 토의와 토론 및 발표 학습을 장려하는 수업, 학생의 고등 사고력과 문제 해결력을 촉진하는 수업, 교과 내용에 적합한 교수 학습 방법 및 모형을 적용하는 수업, 학습 내용 및 학습 과정에 적합한 교구와 교재를 효과적으로 활용하는 수업, 교재와 교구를 활용하여 학생의 창의성과 인성을 함양하는 수업, 학생 개개인의 특성과 진보 과정을 효과적으로 평가하는 수업, 교사의 연구와 성찰에 기초한 수업 등을 좋은 수업의 사례로 제시했다.

2. 학생 활동중심 수업을 학생 배움중심 수업으로 왜곡

학생 활동중심 수업과 학생 배움중심 수업은 현저하게 다르다. 학생 활동중심 수업에서는 교과 내용(지식)보다는 활동에 초점을 둔다. 때문에 지식을 소홀히 다루는 것을 감추기 위해 화려한 활동(수업 기교)에 집착을 하고, 그 결과 꽃은 화려하지만 열매가 맺히지 않는 수업이 이루어진다.

◎ **학생 활동중심 수업**

교사 분주	학생 분주	가르침과 배움이 없음	지식을 가르치지 않음
사회자, 안내자	구경꾼, 부분 참여자	꽃은 화려하나 열매가 없음	울림이 없는 수업

학생 배움중심 수업에서는 학생의 학습 활동(배움)과 학생의 배움을 위해 헌신하는 교사의 교수 활동(안내자, 조력자, 상담자의 역할)을 중시한다. 학생의 배움을 중시하는 교사는 학생이 지닌 선개념에 기초하여 오개념과 난개념 목록을 만들고(진단), 그것을 해결하기 위한 다양한 전략(설명, 시범, 연습, 힌트, 스토리텔링 등)을 구안한다. 이러한 수업은 화려한 수업 모형 중심의 거대 담론보다는 작은 담론(설명, 시범, 연습 등)을 중시한다. 수수하지만 품위 있고 격조 높은 수업이며, 우리가 지향해야 할 바람직한 수업이다.

◎ **학생 배움중심 수업**

교사 분주	학생 분주	교사의 교수법 성장 학생의 학습법 성장
가르침 진단(오개념, 난개념), 처방(설명, 시범, 연습 등)	배움 학습 곤란 내용, 학습 오류 내용	수수하고 품위 있고 격조 높은 수업

최근 토의 · 토론 수업에 대한 현장의 관심이 뜨겁다. 현장에서 주최하는 각종 교실 수업 개선 관련 워크숍에서는 이러한 분위기와 열망을 반영하여 토의 · 토론 수업을 최우선 과제로 다루고 있다. 토의 · 토론 수업은 학생의 고등 사고력과 문제 해결력 및 범교과 학습 능력의 향상에 크게 기여한다는 점에서 교실 수업 개선을 위한 현장의 관심과 열망 및 노력은 지극히 당연하고 바람직한 현상이자 대세이다.

그러나 학생 활동중심 토의 · 토론 수업에서는 토의 · 토론 절차와 기법에 초점을 맞춘다. 교사는 토의 · 토론을 진행하는 사회자 역할에 머무르고, 학생들은 토의 · 토론 절차에 따라 기계적으로 참여한다. 마치 역할놀이 수업 모형을 적용한 토의 · 토론 학습 같은 느낌이 된다. 이러한 수업에서 가장 문제가 되는 것이 중, 하위권 학생들이다. 자기주도 토의 · 토론이 가능한 상위권 학생들은 토의 · 토론에 필요한 고등 사고 능력(명료화, 가정, 추론, 대안, 결론, 메타 등)이나 학습 능력(이해, 참여, 표현, 소통, 공유, 협력, 지원 등)을 구비하고 있다. 그러나 타자주도(교사나 유능한 동료)에 의해서만 토의 · 토론 학습이 가능한 중, 하위권 학생들은 고등 사고 능력이나 학습 능력이 부족하다. 이때에 교사나 유능한 동료가 중위권, 하위권 학생들을 위한 비계설정(교사의 도움 제공)을 하지 않으면 무임승차 현상이 발생한다.

3. 똑똑한 교사의 수업을 잘 가르치는 교사의 수업으로 왜곡

Chevallard(1985)는 지식을 학문적 지식, 가르칠 지식, 가르친 지식(학습된 지식)의 세 가지 유형으로 구분한다. 여기서 학문적 지식은 교육 내용으로 재구성되기 이전의 학자 차원의 지식이고, 가르칠 지식은 교육 내용으로 선정하고 조직한 교사 차원의 지식이며, 가르친 지식(학습된 지식)은 교육 활동이 이루어진 후에 학생이 구성한 학생 차원의 지식이 된다. 학생을 잘 가르치는 교사는 학자의 입장이 아닌 교사의 입장이 되어(transposition) 학문적 지식을 교사 수준의 가르칠 지식으로 변환하고, 그런 다음에는 교사의 입장이 아닌 학생의 입장이 되어 교사가 가르칠 지식을 학생이 학습할 지식으로 변환하여 가르친다. 이것이 바로 Chevallard(1985)의 교수 변환(diadatic transposition)이다.

◎ 수정한 Chevallard(1985)의 교수 변환

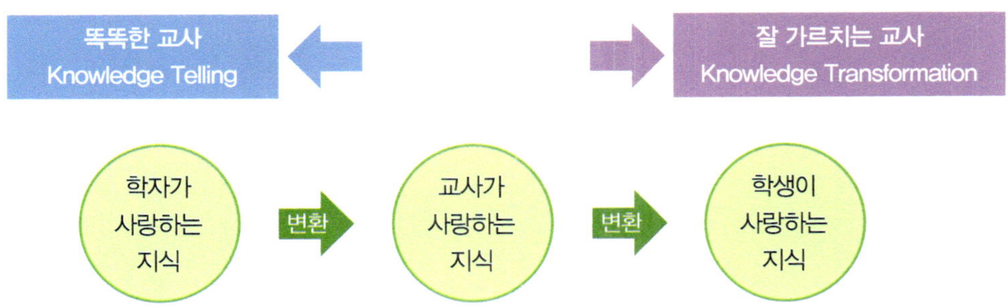

Chevallard(1985)의 이론을 원용하면 교사는 두 가지 지식을 구비해야 하다. '아는 지식'과 '주는 지식'이다. '아는 지식'은 교과 교육 관련 내용, 방법, 상황(학생, 교육과정, 사회적 맥락) 등에 대한 지식 즉 이론지를 말하고, '주는 지식'은 이러한 지식을 학생에게 직·간접적으로 전달, 제공, 촉진 및 공유하는 방법에 대한 지식 즉 실천지를 말한다. 아는 지식이 많은 교사는 똑똑한 교사이고, 주는 지식이 많은 교사는 잘 가르치는 교사이다. 좋은 교사는 똑똑한 교사를 넘어 잘 가르치는 교사로 나아가야 한다. 이것을 PCK와 교사 전문 지식의 관계를 논한 곽영순(2007: 28)[4]의 논의와 결합하여 제시하면 다음과 같다.

4. 곽영순(2007). 교육과정 개정에 따른 과학과 내용 교수 지식(PCK) 연구. 연구보고 RRI 2007-3-3. 한국교육과정평가원.

◎ 똑똑한 교사에서 잘 가르치는 교사로

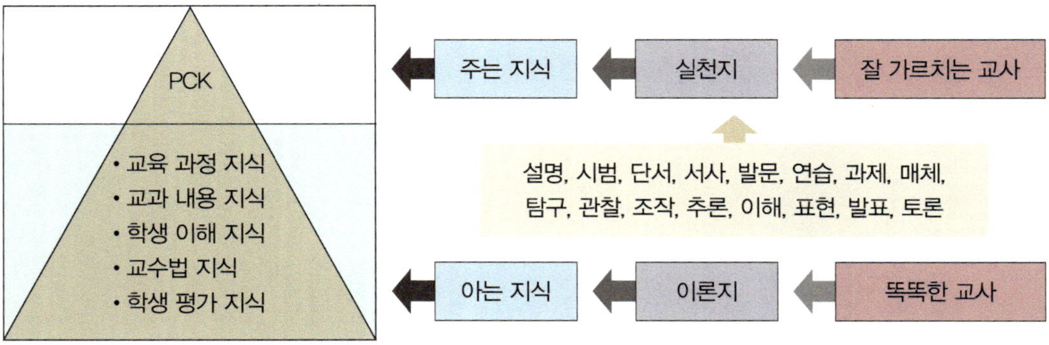

1) 똑똑한 교사의 수업

새내기 교사들은 임용고시 1차를 대비하면서 교육과정 해설서나 교과용 도서(교과서와 지도서) 등을 거의 암기하는 경지에 이르고, 교과 교육 관련 이론에 통달하며, 임용고시 2차를 대비하면서 수업 설계 관련 이론이나 모형 및 실연에 정통하게 된다. 이러한 관점에서 보면 새내기 교사들의 암묵지는 기존 교사들에 비해 월등히 뛰어나거나 거의 전문가 수준이라고 할 수 있다. 그러나 실천지를 동반하지 않은 암묵지는 교사에게만 의미가 있을 뿐 학생에게는 의미가 없다. 예를 들면, 아는 것이 많은 교사는 1차시 수업을 최신 이론으로 설계하고, 포장할 수 있다. 탐구학습, 반응중심 수업, 구성주의, 문제해결 학습 등으로 수업을 설계할 수 있다. 그러나 '주는 지식'이 동반되지 않는다면, 학생에게는 아무런 유익이 없다. 주는 것의 중요한 요소 중의 하나가 교사의 수업 대화이다. 탐구학습을 성공적으로 설계하고 실천하려면, 탐구학습 모형에 대한 '아는 것'과 학생의 지적 호기심을 자극하는 교사의 발문과 표정 언어 등과 같은 '주는 것'이 상호조화를 이루어야 한다. 이것이 해결되지 않으면, 점점 높아지는 교사의 학력 수준에 비해, 점점 떨어지는 학생과 학부모의 만족도를 설명할 수 없다. 아는 것과 주는 것이 균형을 이루는 수업 장학 문화를 조성해야 한다.

아는 지식이 많은 교사 즉 똑똑한 교사가 좋아하는 교수법 중의 하나가 Knowledg Telling, 즉 '토하는 교수법'이다. 토하는 교수법은 학생의 흥미와 능력 및 의지나 태도와는 관계없이 교사가 알고 있는 온갖 배경지식을 학생들에게 일방적으로 쏟아 붓고 교실을 나오는 수업 상황을 빗대어 표현한 것이다. 토하는 교수법에서는 학생의 배움이 아닌 교사의 가르침에 초점을 맞춘다. 주로 '상' 수준 학생과 눈을 맞추면서 수업을 하고, 그들의 이해 수준에 맞춰 진도를 나가며, 단 한 번에 깔끔하고 완벽하게 설명을 하는 것을 목표로 하여 학생이 교사의 설명을 잘 이해하지 못하면 전적으로 학생에게 책임을 돌린다. 아울러 교과 교육 분야에 대한 지식도 누적된 상태여서 자부심 또한 뛰어나며, 자신이 알고 있는 지식을 학생들에게 열정적으로 전달한다. 간혹 자신의 열정에 미치지 못하는 학생이 있으면, 이렇게 재미있는 공부를 싫어한다고 타박하기도 한다.

다음은 토하는 수업의 대표적인 예이다(박태호, 2011: 113~114). 김 교사는 문제해결학습 모형을 적용하여 '외래어, 외국어를 아름다운 우리말로 바꾸어 봅시다.'라는 수업을 한다. 이를 위해 학생들이 좋아하는 1박 2일 동영상 자료 중에서 외래어, 외국어 남용 사례를 편집하여 제시하면서 학생의 학습 동기를 유발한다. 그런 다음에 동영상 자료와 교과서 자료 일부를 연계시켜서 학습 목표를 예상하게 하고, 학습 활동을 안내한다. 교사가 계획한 세 가지 학습 활동은 '〈활동 1〉 생활 속에서 예 찾기', '〈활동 2〉 우리말로 바꿔보기', '〈활동 3〉 발표하기'이다. 이 중에서 주변의 간판 사진을 보며 외래어와 외국어를 찾는 〈활동 1〉의 수업 대화를 살펴보면 아래와 같다.

교사 선생님이 지난 시간에 우리 주변의 간판 사진을 조사하는 과제를 냈지요. 고맙게도 지원이가 학급 앨범에 사진을 올려 놓았어요. 우리 같이 봅시다. 지원이가 찾은 것을 같이 보겠습니다.

교사 여기가 어디야?

학생 롯데리아.

교사 롯데리아는 어느 동네에서 볼 수 있나?

학생 ○○동.

교사 응, ○○동 근처의 롯데리아 같아. 여긴 어디야?

학생 스쿨룩스.

교사 응, 스쿨룩스. 여러분들은 곧 중학생이 되니 교복을 입어야지. 샤브나라, 뷔페, 스탠드바, 유토피아라는 피시 방도 있어요. 또 라이프 크리닝도 있어요. 외래어, 외국어는 뭘까? 지원아, 여기가 어디야?

학생 ○○동이요.

교사 ○○동? (대영스포츠 간판을 보면서) 선생님이 여기 다녔는데, 뭐하려고? 벨리 댄스 배우려고 다녔어요. 시티 파이낸셜. 자, 여기에서 찾을 수 있는 외래어, 외국어 뭐 있겠어? 슈퍼, 이삭 토스트 이런 것도 찾을 수 있고.

김 교사는 학생 발달 수준을 고려하지 않았다. 1박 2일 동영상 자료나 외래어나 외국어로 표기된 동네 간판 사진 자료를 활용하여 학생의 흥미를 유발했으나, 해당 학생들이 외래어나 외국어에 대해 지니고 있는 선개념, 오개념, 어려운 문제 등을 고민한 흔적을 발견할 수 없다. '두 팀', '화천 라인', '보너스', '스포츠 채널', '에어컨', '럭셔리 무전여행', '기타 케이스', '콜(call)', '생 라이브', '스쿨룩스', '샤브나라', '벨리 댄스' 등은 해당 학교(열악한 교육 환경) 학생들의 발달 수준을 넘어선 외래어나 외국어이다. 이렇게 되면 하 수준이나 중 수준 학생들은 학습 활동에 참여할 수가 없다. 교사는 자연스럽게 자신의 발문에 응답하는 상 수준 학생만을 대상으로 수업을 하고, 경우에 따라서는 자문자답의 독백을 하면서 수업을 하게 된다. 학생을 진단하지 않는 수업은 학습 결손으로 이어질 수밖에 없다. 이 수업은 열심히 가르친 수업이지만 잘 가르친 수업은 아니라고 할 수 있다. 지금까지의 논의를 그림으로 제시하면 아래와 같다.

◎ 똑똑한 교사의 토하는 교수법(Knowledge Telling)

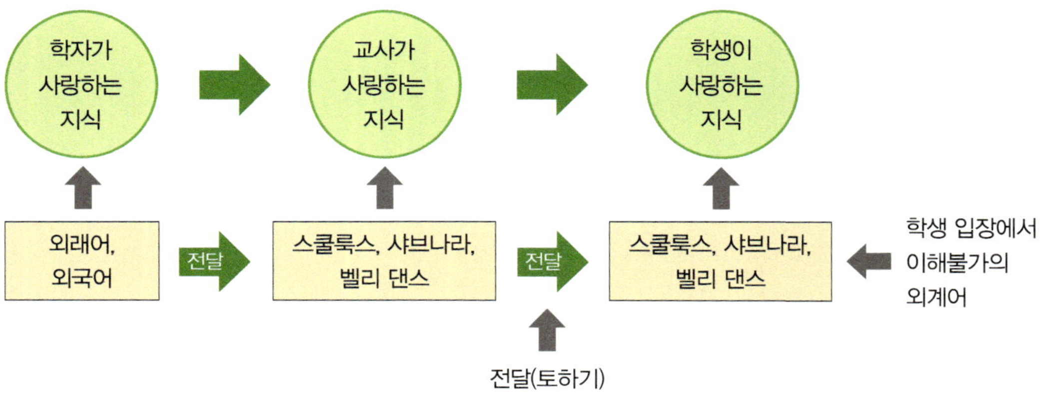

Shulman(1986, 1987)에 따르면 김 교사는 진단과 처방 능력이 부족한 미숙한 수업을 했다. 진단이란 특정 학생이 특정 단원에 대해 지닌 선개념, 오개념, 난개념이나 학습 흥미 등을 점검하는 것이고, 처방이란 설명, 시범, 서사, 발문, 논증, 단서, 연습, 과제, 매체 등을 활용하여 학생이 지닌 오개념과 난개념을 해결하는 것을 말한다. 김 교사는 학생들의 흥미나 능력, 해당 단원에 대해 지닌 오개념이나 난개념을 고민하지 않고, 교사 수준의 설명, 발문, 과제, 논증 등의 교수 활동을 열심히 하고 있다. 환자를 진단하지 않은 의사의 처방전이 의료 사고로 이어질 개연성이 높듯이, 학생을 진단하지 않은 교사의 교수 처방 역시 학습 부진아를 양산할 개연성이 높다.

2) 잘 가르치는 교사의 수업

주는 지식이 뛰어난 잘 가르치는 교사가 흔히 사용하는 교수법 중의 하나가 Knowledge Transformation이다. 잘 가르치는 교사는 학생의 수준을 고려한 눈높이 교수법, 즉 학생 수준에 맞게 지식을 변환(transformation)하여 가르친다. 이들은 학생이 지닌 선개념을 바탕으로 오개념과 난개념을 예상하고, 설명, 시범, 연습, 발문, 서사, 매체, 단서 등을 활용하여 부족한 지식을 가르친다. 이들은 학생이 기다리는 교사이다.

다음에 나오는 주 교사의 수업은 Knowledge Transformation(지식 변환 수업, 되새김질 수업)의 대표적인 예이다(박태호, 2011: 115~116). 주 교사는 창의성 계발 모형을 바탕으로 '외래어, 외국어를 아름다운 우리말로 바꾸어 봅시다.'라는 수업을 했다. 이 중에서 학생 눈높이를 고려한 수업 대화 장면을 제시하면 아래와 같다.

교사 잠깐 눈을 감으세요. 선생님이 모양을 싹 바꿔서 등장할 건데요. 등장할 때 선생님이 어떤 외래어나 외국어로 말을 하는지 한번 보세요. (모자를 쓴 뒤) 눈을 뜨고 선생님 모습을 한번 보세요. 선생님은 바캉스 철을 맞이해서 가족들과 함께 나들이를 가기 위해 맛있는 음식을 만들려고 했습니다. 그래서 떡볶이를 만들려고 했는데 떡볶이 재료가 없는 거예요. 그래서 재료 사려고 가게로 갔어요. 가게에 가서 맛있는 떡볶이 재료를 샀는데 뭘 샀겠습니까? 가래떡.

학생1 고추장.

교사 고추장은 선생님 집에 있어.

학생2 어묵, 어묵.

교사 오뎅, 파, 달걀 등을 사가지고 계산대에 갔습니다. 그런데 선생님이 급하게 오느라 돈을 조금밖에 안 가져온 거예요. 계산을 하고 보니까 돈이 조금 모자라요. 그래서 계산대에서 조금 디스카운트를 해달고 했는데 안 해준다는 거예요. 조금 섭섭했지만 필요 없는 것을 제외하고 금액을 딱 맞춰서 계산을 했어요.(교사는 모자를 벗고 학생들은 박수를 친다.) 조금 전의 선생님 옷차림은 센스가 있는 옷차림은 아니었죠? 또 평소 선생님 옷 스타일도 아니었죠?

위의 수업 장면에 따르면 주 교사는 외래어와 외국어 오남용 사례를 교사가 자체 제작했고, 스토리텔링 기법을 활용하여 수업을 한다. 학생들에게 잠시 눈을 감으라고 요구한 다음에 예쁜 모자를 쓰고 나타나자 학생들은 큰 소리로 웃으며 반응을 한다(①). 이

때에 교사는 서사 기법을 활용하여 학생들의 주의를 집중시킨다(②). 바캉스에 가서 먹을 떡볶이 재료를 시장에 가서 사려고 하는데 어떤 재료를 사면 좋은지에 대해 학생들에게 자문을 구하는 방식으로 이야기를 풀어 나간다. 학생들이 바캉스라는 용어를 못 알아듣는 표정을 하자(③), 나들이란 말로 바꾸어 이야기를 다시 진행한다(④). 교사가 학생들을 바라보면서 떡을 추천하면, 학생들은 고추장으로 응대를 한다. 교사가 고추장은 집에 있다면서 사지 않겠다고 말을 하면, 학생들은 다른 재료를 추천한다. 학생들의 오개념(오뎅)을 예측하고(⑤), 어묵을 준비하고 있던 교사에게 특정 학생이 어묵이라고 말을 하자(⑥), 교사는 못 들은 척하면서 '오뎅'이라는 오개념을 제시한다(⑦). 여기서 교사가 나들이 분위기를 조성하기 위해 사용한 모자는 '실물'에, 떡볶이 재료 구매를 화제로 하여 이야기를 풀어간 것은 '서사'에, 바캉스와 오뎅은 외래어 '사례'에, 바캉스란 난개념 대신에 나들이를 사용한 것은 '단서'에 해당한다.

◎ 학생 진단에 기초한 잘 가르치는 교사의 교수 처방

학생 진단	교수 처방																	
	설명							시범	기억	서사	삽화	발문	논증	단서	연습	과제	매체	그래픽
	은유	유추	비유	예시	실물	그림	정의											
오개념				⑤	오뎅							⑦		⑥	어묵			
난개념				③	바캉스									④	나들이			
선개념																		
학습 흥미와 태도					①	모자				②	소풍+떡볶이							

Chevallard(1985)에 따르면 주 교사는 학생의 입장에서 지식을 교수학적으로 변환시켜 수업을 한다. 나들이 모자를 쓰면서 학생의 흥미를 끌고, 주의를 집중시켰고, 나들이와 떡볶이 재료를 소재로 한 서사 기법을 활용하여 학생의 주의를 집중시키면서 학생의 부분 참여를 유도했다. 특히 외래어에 대한 난개념을 예상하여 학생들이 바캉스란 말을 못 알아듣자 나들이란 우리말을 사용했다. 학생들이 지닌 오개념을 예상하여 '오뎅'이라는 외래어 대신에 '어묵'이라는 우리말을 준비했다. 학생의 흥미, 오개념과 난개념을 반영하여 수업을 설계하고 진행했다. 화려하지는 않지만 수수하고 품위 있는 수업, 격조 높은 수업을 한 것이다. 오개념과 난개념을 고려한 수업은 자연스럽게 중 수준이나 하 수준에 초점을 맞춘 수업으로 이어진다. 이것을 도식으로 제시하면 아래와 같다.

◎ 잘 가르치는 교사의 되새김질 교수법(Knowledge Transformation)

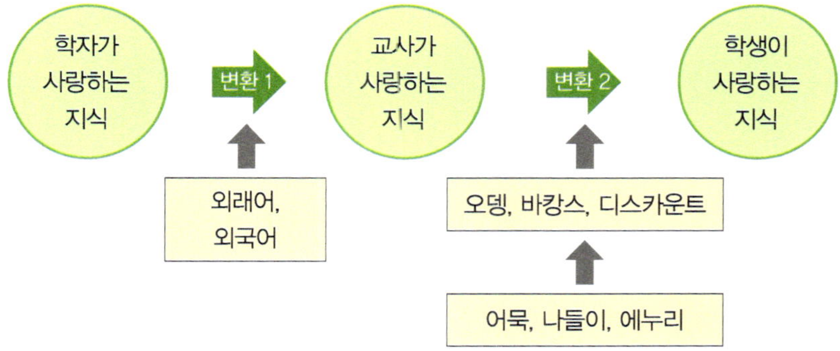

4. 소집단 무임승차 수업을 소집단 협동학습 수업으로 왜곡

1) 소집단 무임승차 허용 수업[5]

개선해야 할 수업 문화 중의 하나가 소집단 '무임승차 현상'이다. 무임승차 현상이란 소집단 협동학습을 수행하면서 학습 부진아가 방관자의 입장에서 학습 활동을 참관하는 구경꾼이나 학습 들러리로 전락하는 것을 말한다. 글쓰기 수업에서 관찰한 여전히 구경꾼의 무임승차 현상에 대해 살펴보자.

> "김 교사가 주의사항을 주면서 소집단 협동학습 활동을 안내했다. 6인 1조의 소집단 편성 후에 이끔이(모둠장, 리틀 마스터)가 소집단 활동을 안내했고, 다른 학생들은 경청했다. 이끔이를 포함한 세 명의 어린이가 발표를 주도했고, 다른 세 명의 어린이들은 경청했으나 반응하지는 않았다. 소집단 토론 후 각자 학습 내용을 자신의 학습지에 정리했다. 이때에 전문가나 초보자의 역할을 했던 이끔이와 세 명의 학생은 학습 활동에 주도적으로 참여했으나, 경청했던 학생 중에서는 한 명만이 학습 활동에 참여했고, 다른 두 명의 학생은 학습 과제를 해결하지 못하고 '여전히 구경꾼'의 입장을 고수했다. 이 중 한 학생이 특이한 행동을 했다. 다른 친구들이 정해진 시간 안에 학습지를 작성하기 위해 부지런히 글을 쓰고 있을 때에, 여전히 구경꾼인 학생은 필기구를 찾기 위해 필통을 열고 닫는 불필요한 행동을 반복하거나 한 글자 한 글자 정성을 들여서 천천히 쓰는 모습이 관찰되었다."

'여전히 구경꾼'은 글쓰기 학습 능력을 습득하지 못했다. 그러나 동료 학생의 글쓰기

5. 박태호(2009: 71~75)에서 요약 발췌.

상황에 맞추어 본인도 적극 참여하는 것처럼 보이는 시늉을 한다. 필통에서 필요 이상으로 필기구를 여러 번 찾는 행위, 글을 쓰면서 필요 이상으로 한 글자, 한 글자 정성을 들여 쓰는 행위가 이를 증명한다. 여전히 구경꾼의 경우, 모둠 구성원으로서 학습 활동에 필요한 신체 활동은 하고 있으나, 정작 학습 활동에 해당하는 인지 활동은 하지 못하고 있다.

소집단을 학습 통제의 수단으로 삼는 교실 수업 문화, 특히 팀 경쟁 학습을 선호하는 교실에서 여전히 구경꾼은 비난이나 원망의 대상이 된다.

> "전 모둠 활동이 정말 싫어요. 우리 모둠에 창호라는 아이가 있는데, 매일 숙제 안 해오고, 떠들고, 준비물도 안 가져와요. 창호 때문에 우리 모둠만 항상 걸려요. 그래서 친구들은 이번 모둠에서는 아예 점수 받는 것을 포기했어요. 아무리 잘 해와도 가능성이 없거든요. 진짜 빨리 자리를 바꾸고, 모둠도 바꿨으면 좋겠어요."(이혜순, 2006: 18)

이런 상황이라면 여전히 구경꾼은 소집단 협동학습의 걸림돌로 작용한다. 경우에 따라서는 모둠장이 학습 능력이 떨어지는 여전히 구경꾼을 압박하거나 미완의 학습지를 대신 완성하여 제출하는 경우도 있다. 이러한 수업 상황에서 소집단 협동학습의 궁극적 목적인 공동 사고에 따른 공동 문제 해결 과정을 기대하기는 어렵다.

여전히 구경꾼의 소집단 무임승차 현상의 원인은 무엇인가? 김 교사의 말을 들어보면 '중' 수준 대상의 획일적 수업 설계 문화가 그 중 한 요인으로 작용한다.

> "현장에서는 '중' 수준 학생을 대상으로 수업을 설계하고 실행하므로, 학습 부진 학생을 특별히 배려할 시간이 없습니다. 솔직히 말하면, 해당 학습 목표에 대한 학습 부진아의 학습 오류나 대처 방안에 대한 정보가 없습니다. 교재 연구할 시간도 없어서 수업 직전에 중요 학습 내용을 대충 훑어보고 수업에 임하는 형편이므로, 학습 부진아에 대한 지도는 꿈도 꾸지 못합니다."

김 교사는 소집단 협동학습 시에 발생하는 무임승차 현상을 자각하고는 있지만, 해결방안에 대해서는 고민할 여력이 없다고 분명히 밝히고 있다. '중' 수준을 대상으로 한 교재 연구 시간도 없는 상황에서 학습 부진아를 위한 별도의 교재 연구 시간을 확보하기 어렵다는 것이다.

소집단 무임승차 현상에 대한 교사의 대응 전략은 무엇인가? 방임이나 압박이다. 대부분의 교사는 소집단 순회지도를 하면서 여전히 구경꾼의 무임승차를 방임하거나 무시한다. 이때에 교사는 자신의 역할을 상담자로 한정한다. 상담자는 초보 수준의 학생이 도움을 요청한 경우나 시급하게 개입할 필요가 있다고 판단될 때에만 학습 활동에 개입하는 역할을 하므로, 여전히 구경꾼은 교사의 지원 대상에서 자연스럽게 제외된다. 그러나 일부 교사는 소집단 무임승차 현상을 인식하고, 여전히 구경꾼과 대화를 시도한다. 김 교사의 대응 전략을 살펴보자.

> "교실을 순회 중이던 김 교사가 여전히 구경꾼을 발견하고, 다가가서 귓속말을 한다. 그러자 여전히 구경꾼인 학생이 특이하게 반응했다. 교사를 쳐다보지도 않고, 팔을 흔들면서 듣는 시늉만을 하는 것이다. 선생님과 면대면 대화를 하는 일상의 장면과는 다른 장면이다."

교사와 학생 사이에서 발생한 소통 곤란의 원인은 무엇인가? 학습 활동을 종용하거나 압박하는 말을 사용하거나 그들이 이해할 수 없는 수준의 대화를 사용했을 가능성이 높다. 여전히 구경꾼인 학생에게는 전문가나 안내자의 수업 대화(설명, 시범, 연계, 회상, 안내, 지시 등)가 필요하다. 그런데 교사는 초보자에게나 어울리는 상담자의 수업 대화(논증, 도전, 추리, 증명 등)를 사용했고, 이에 소통 곤란 현상이 발생한 것이다.

2) 소집단 무임승차 해소 수업

소집단 협동학습 시에 발생하는 '여전히 구경꾼의 무임승차 현상'을 극복할 수 있는 방안 중의 하나가 수준별 집단 조직이다. 하위권 학생들은 동질집단으로 구성하여 교사주도의 일제 학습을 하고, 중 · 상위권 학생들은 이질집단으로 구성하여 학생주도 수업을 한다. 중 · 상위권 학생으로 구성된 소집단에서는 전문가와 초보자 및 부분 참여자가 서로 짝을 이루어 협동학습이나 개별학습을 한다.

수준별 수업을 남 교사의 시 쓰기 수업에 적용했다. 남 교사는 여전히 구경꾼으로 구성된 소집단에서 교사주도의 일제 학습을 했다. 전문가와 촉진자의 역할을 수행하면서 '내 경험을 살려 시 쓰기'에 필요한 학습 내용과 활동을 다시 설명하고, 시범 보이면서 안내하고 지시했다. 이때에 교사는 학생의 배경지식을 활성화시키기 위해 '실마리 제공하기' 전략을 사용했다. 부모님께 혼난 경험을 상기시키고, 관련 배경지식을 회상시킬 때에 앞의 활동에서 친구들이 보여준 다양한 경험 자료를 활용하게 했다.[6] 교사의 반복

---

6. 학생들은 부모님께 혼난 경험이나 위로 받은 경험을 코팅지(자석 부착)에 한 문장으로 써서 칠판에 게시했고, 선생님의 지명이나 자발적 거수에 따라 관련 경험을 발표했다.

설명과 시범 및 안내와 실마리 제공으로 인해 여전히 구경꾼인 학생들은 점차 부분 참여자나 초보자의 수준으로 발전했다.

> "소집단 활동 시에 무임승차를 하던 학생들을 별도의 소집단으로 편성하고, 교사주도의 반복학습과 안내된 연습을 하자 조금씩 변하기 시작했다. 학습 활동에 전혀 참여하지 않고, 수업을 방해하거나 구경만 하던 학생들이 조금씩 변화하기 시작했다. 교사주도의 소집단 학습 초기에는 실마리를 많이 제공한 안내된 시 쓰기 학습지를 투입했다. 교과서 시를 주고, 일부 행을 비워 놓은 다음에 자신의 경험을 살려 시어를 쓰거나 행을 완성하게 했다. 이때에 칠판에 게시한 동료 학생의 경험 자료도 제시하여 참고할 수 있게 했다. 이어서 실마리를 제공하여 안내된 연습을 하고, 짝과 공동 사고하게 하는 활동을 2~3회 반복하면서 시를 쓰는 활동을 하자, 여전히 구경꾼인 학생이 부분 참여자와 근접한 수준이 되어 자신이 쓴 시를 친구들 앞에서 발표했다."

남 교사의 수업 사례[7]는 국어과 소집단 협동학습 시에 발생하는 여전히 구경꾼의 무임승차 현상을 극복할 수 있는 대안이 될 수 있다. 다만, 여전히 구경꾼 중심의 이질집단 편성에 대한 사회적 편견이나 일부 학습자의 저항 등에 대한 해결 방안이 선결되어야 한다. 남 교사가 수업에 적용한 수업 모형을 제시하면 아래와 같다.

◎ 소집단 수준별 학습 모형

수업 흐름	수준별 소집단 학습		
수업 집단	교사주도	상호주도	학생주도
교사 역할	전문가(안내자)	상담자	구경꾼
학생 역할	참관자(구경꾼)	초보자	전문가
수업 전략	설명 · 시범/참관 · 연습	동료 안내 · 연습	독자 연습 · 적용

5. 전달 수업을 소통 수업으로 왜곡

1) 전달 수업

전통적 수업의 대표적 유형 중의 하나가 전달 수업이다. 이 수업에서는 교사를 절대적 지식의 소유자이자 전달자로, 학생은 절대적 지식을 수용하는 빈 그릇이나 백지로

7. 안양 호성초등학교 남미자 선생님은 연구자와 함께 수업 설계를 한 후에 자신의 교실에 적용하고, 촬영했다. 이후 경기도교육청에서 주최한 교실 수업 개선 관련 워크숍(2006년 10월 경기도 세일초등학교)에서 사례 발표를 했다.

인식한다. 이러한 수업을 일명 '암죽식 수업' 혹은 '은행 적금식 수업'이라고도 한다. 전통적 전달 수업에서는 교사가 설명, 시범, 암기, 연습 등의 전체학습을 하고, 학생은 군대식의 경직된 수업 문화에서 교과서 문제 풀이와 자습처럼 수동적인 학습 활동을 한다. 경쟁과 석차에 기반한 능력별 수업, 결과중심의 평가에 기초한 상벌위주의 학생 강화와 통제가 전통적 수업의 대표적 특징이다.

한편 전통적 전달 수업에서는 반복(repeat)을 설명(explain)으로 왜곡하는 경우가 많다. 잘 가르치는 교사는 학생들이 특정 내용을 잘 이해하지 못할 때에 내용과 관련된 핵심 개념을 명확하게 제시하고, 그래도 알아듣지 못하면 절차를 더욱 구체화, 세분화할 수 있으며, 내용 관련 어휘를 보다 쉬운 용어로 대체할 수 있고, 학생 배경지식과 연계시킨다. 그러나 미숙한 교사는 방금 전에 사용했던 용어와 설명 방식과 순서를 반복하여 설명하면서 학생들의 이해 부족을 질타한다. 그리고 자신의 눈높이에 초점을 맞추어 학습 내용 관련 배경지식을 생산한다. 이들은 주로 토해내는 교수법을 쓰고, 진도 떼기식 수업을 한다.

2) 소통 수업

잘 가르치는 교사는 '스토리텔링' 교수 기법을 활용하여 수업을 한다. 스토리텔링(storytelling)은 이야기(story)와 말하기(telling)의 합성어이다. 스토리텔링은 청자의 생각이나 행동 변화를 목적으로 이야기를 전달하는 의사소통 전략이다. 과학적인 분석과 논리를 바탕으로 한 일방적 설득(패러다임적 사고)이 상대방의 반발심을 불러일으키는 밀어내기 전략에 해당된다면, 이해와 몰입, 공감에 기초하여 청중의 감성을 자극하는 스토리텔링은 상대방의 경계심을 해소하고, 더 많은 공감대를 형성하는 당기기 전략에 해당된다.

스토리텔링 수업에서는 학생에게 새로운 맥락과 경험을 제공하고, 새로운 관점으로 내용을 이해하고, 동료와 상호작용을 하면서 공동으로 지식을 구성하고, 탐색하고, 성찰하는 학습 환경을 조성하거나 지원할 수 있다(정옥년 · 김동식 역, 2013). 이때에 학생은 이야기를 매개로 변형된 개념을 자연스럽게 관찰하고, 탐구하고, 비교하고, 가설을 설정하고, 조직하고, 요약하고, 적용하고, 비판하면서 고등 사고 활동을 한다. 이것이 바로 학생의 경험에 기초한 능동적 지식 구성과 상호작용에 기초한 협동적 지식 구성을 강조하는 구성주의 학습 이론과 일치하는 수업인 것이다. 위대한 교사는 학습 내용을 청자와 소통할 때에 비유나 전설, 신화, 우화, 실생활 사례 등을 활용하여 스토리텔링을 한다(Andrew, Hull, Donahue, 2013: 10).

스토리텔링 수업은 스토리텔링을 수업 설계(도입-전개-정리)의 도구로 활용하거나 수업 전략의 일환(학습 동기 유발, 학습 내용 탐구, 평가 도구 등)으로 사용하는 것을 말한다. 교사가 스토리텔링과 교육과정을 연결하면 학생들은 스토리와 연결된 교육과정을 이해하고, 공감하며 몰입하면서 학습 활동에 적극 참여하여 자신의 생각과 의견을 표현한다.

(1) '플랜더스 이야기'를 활용한 스토리텔링 수업 사례

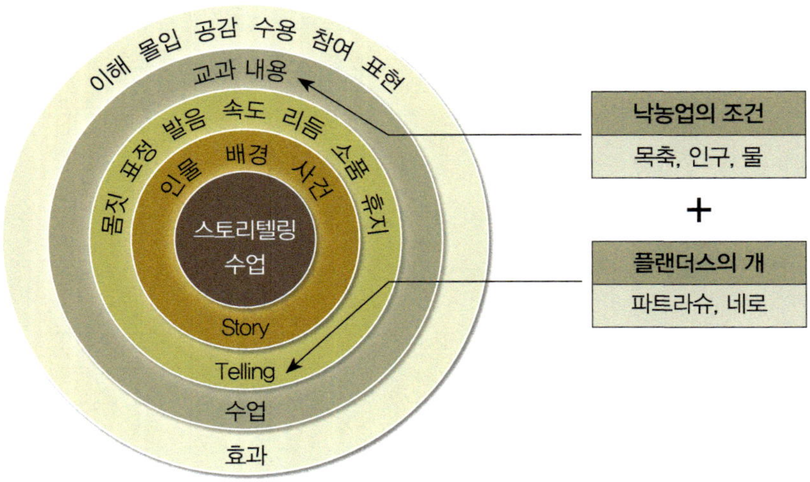

교사[8]는 '낙농업의 조건'이라는 학습 목표 도달과 관련된 학생의 학습 동기 유발을 위해 '플랜더스의 개'라는 디지털 자료를 보여 주면서 스토리텔링을 활용하여 수업을 한다. 먼저 '플랜더스의 개'에 나오는 삽화 하나를 보여 주면서 주인공 개의 이름을 묻는다. 일부 학생이 순간적으로 착각하여 '플랜더스'라고 대답하자 '파트라슈'라고 정정했고, 순간 교실에는 웃음꽃이 피어난다. 이어서 '우유 배달 했다.'라는 학생들의 대답을 바탕으로 파트라슈는 낙농업에 종사한 최초의 개라며 유머 화법을 구사한다. 그런 다음에 플랜더스의 개에 나오는 주요 장면인 '풍차', '낮은 구릉', '시냇물', '목초' 등을 상기시킨다. 이어서 세계지도를 칠판에 제시한 다음에 플랜더스가 어느 지역에 있는지 학생들이 유추하게 한다. 학생들은 교사가 제시하는 '아프리카 사막', '알래스카', '남미의 오지' 등의 자료를 바탕으로 플랜더스의 위치를 탐구하고, 결국에는 유럽에 위치한다는 것을 발견하게 된다. 이어서 교사는 스토리텔링에 기초한 학습 동기를 유발한 다음에 오늘의 학습 목표인 '낙농업의 조건 알기'를 소개한다.

8. 황규덕(안성여중) 선생님(에듀넷 우수 수업 동영상 탑재)

(2) '경포대의 추억'을 활용한 스토리텔링 수업 사례

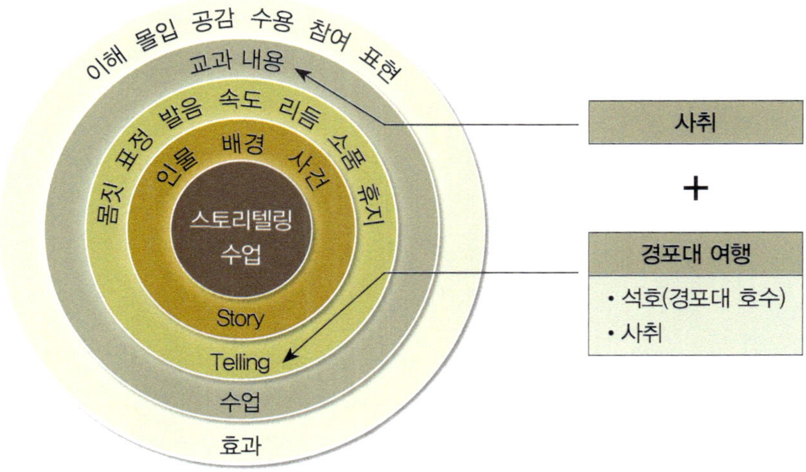

교사[9]는 대학생 시절의 추억과 사진 자료 및 음향 효과를 활용하여 학생의 주의집중을 유도했다. 남녀가 서로 어깨를 기대고 백사장에 앉아 푸른 동해를 바라보는 뒷모습을 사진 자료로 제시하면서 대학생 때에 여자 친구와 강원도에 놀러 갔던 일화를 들려준다. 동시에 흔히 방송 매체에서 추억을 회상할 때에 사용하는 경음악을 들려주며 분위기를 조성한다. 학생들이 큰 소리로 웃으면서 반응하자, 이번에는 바닷가를 다정하게 걷는 남녀(여자 얼굴은 모자이크 처리) 사진을 제시하면서 경포대의 추억을 회상한다. 당시에 여자 친구가 바닷가에 호수(경포호)가 있는 이유를 교사에게 물었고, 교사는 아직 전공을 이수하지 못한 관계로 미처 대답하지 못했다며 아쉬운 마음을 드러냈다. 그러면서 학생들에게 자신과 비슷한 경험을 할 수 있으므로 오늘 공부할 내용을 잘 배우면 좋겠다고 학습 동기를 유발한다.

이어서 교사는 만화 자료를 활용하여 사취의 개념을 설명했다. 사취가 형성되는 과정을 만화로 쉽고 재미있게 설명했고, 학생들의 이해를 돕기 위해 사취 사진을 제시했으며, 사취가 형성되는 과정을 종유석이 자라는 과정에 빗대어 설명했다.

9. 박사용(대원고) 선생님(한국교육과정평가원 교수학습 지원센터 탑재)

6. 이른바 수업 달인을 진정한 수업 달인으로 왜곡

'이른바 수업 달인'과 '진정한 수업 달인'은 다르다. 전자는 교육 공동체만이 인정하는 그들만의 '수업 달인'이다. 학교라는 공교육 울타리를 벗어나면 사회 구성원들은 그들의 수업 전문성을 인정하지 않는다. 이에 비해 진정한 수업 달인은 일반 달인들과 보편성을 공유한다. 모든 달인들은 명퇴나 정년을 하면 반드시 자신의 생업(生業)을 잇는다. 전직 판사나 검사는 변호사 사무실을 개업하고, 전직 대학병원 의사들은 동네 병원을 개업하며, 전직 국세청이나 법원 검찰직 공무원들은 세무사 사무실이나 법무사 사무실을 개업한다. 이것이 달인의 보편적 속성이다. 그렇다면 수업 달인은 명퇴나 정년을 하면 생업을 잇고 있는가? ○○교육청 혹은 ○○광역시 교육청에서 수업 달인 혹은 학교 경영의 달인으로 유명했던 교사나 관리자들은 명퇴나 정년 후에 자신의 생업을 잇고 있는가? 과연 우리 주변에서 ○○○수업 컨설팅 연구소, ○○○전직 수석 교사와 함께하는 국어 공부방, ○○○학교 경영 컨설팅 연구소처럼 전직의 전문성을 살리는 모습을 볼 수 있는가? 이에 대한 대답은 비관적이다.

이른바 수업 달인의 오명을 벗고 진정한 수업 달인으로 거듭나기 위해서는 무엇을 어떻게 해야 하는가? 달인의 보편적 특성을 주목해야 한다. 바로 '난제에 대한 도전과 해결이다'. 허준이나 화타는 난치병에 도전하고 해결했기에 후대 사람들은 그들을 의료의 달인이라고 부른다. 누구나 쉽게 진료하고 치료할 수 있는 감기분야의 '달인'이 존재하지 않는 것처럼 오직 난치병을 치료한 사람만이 의료의 달인이 될 수 있다. 그러나 난치병에 도전하여 수술을 1회 성공했다고 다 달인으로 인정할 수는 없다. 난치병에 대한 도전만큼이나 중요한 것이 수술 횟수에 대한 성공 횟수 즉 수술 성공 비율이다. 10% 성공률보다는 90% 성공률을 가진 사람을 더 전문가로 인정하는 것이 인지상정이다. 각 시도교육청에서 제공하는 우수 수업 동영상을 살펴보면, 주로 상 수준의 배움중심 수업이 주류를 이룬다(난치병 환자 대신에 감기 환자만을 치료하는 의사). 열심히 가르치는 교사와 열심히 배우는 일부 상 수준 학생들만이 주연이 되어 수업 무대의 중앙을 차지하고, 중위권이나 하위권 학생들은 참관자나 구경꾼이 되어 관객으로 전락한다. 대다수의 교사들은 이러한 수업을 선호한다. '청출어람이 청어람'이라는 말이나 '하나를 가르치면 열을 안다'는 말은 모두 우수한 상위권 학생들을 염두에 둔 말이다. 이른바 상 수준 중심의 수업 달인 동영상에서 상위권 외에도 중위권이나 하위권 대상의 학생을 잘 가르치는 것이 교사 수업 전문성의 핵심이고, 이것이 우리끼리가 아닌 사회 구성원 모두가 인정할 수 있는 교사의 수업 전문성이다.

2

PCK의 개념과 요소

제1절 | PCK의 유래와 개념

PCK는 교원의 수업 능력을 향상시키고, 교직을 전문직의 반열에 올려놓기 위한 노력의 산물이었다. 1980년대 미국의 학부모들과 교육계의 일부 인사들은 공립학교 교육 수준의 질적 저하 문제에 대해 심각한 우려를 표명했다. 당시에 교원의 학력 수준은 낮았고, 교원 양성 프로그램에서는 교과 내용을 중시했던 과거의 교육 방식과는 달리 교수법을 중시했다(Shulman, 2004: 199). 교직의 전문성에 대한 회의적 시각은 교육 개혁으로 이어질 수밖에 없었다. 교육 개혁을 지지하던 홈즈 그룹(Holmes Group, 1986)[10]이나 카네기 태스크 포스(Carnegie Task Force, 1986)는 우수 교사만이 지닌 실천적 지식을 토대로 새로운 교사 평가 체제를 구축했고, 이것을 기반으로 교직의 전문직화를 추구했다. 흔히 말하는 전문 직종의 의사나 변호사처럼 교사의 사회적 지위를 높이고, 학생과 학부모로부터 존경받는 풍토를 조성하는 것이 목표였다.

스탠포드 대학의 Shulman(1986)은 교직의 전문직화를 목적으로 카네기 프로젝트를 수행했다. 교사의 지식 기반을 교원 전문성 평가의 지표로 삼아 교사의 교과 내용에 대한 이해와 그것이 수업 현상에 미치는 효과에 초점을 둔 연구를 진행했다. 그런 다음 교사의 지식 기반 요소로 교과 내용 지식, 교육과정 지식, PCK(pedagogical content knowledge)[11]

10. 1986년에 주요 교육대학 학장들이 교사교육의 질을 높이기 위해 만든 모임이다. 홈즈 그룹의 주도하에 교사 교육 프로그램에 따른 입학기준을 높이고, 교원양성 기간도 연장했다. 미국 일부 주에서는 이들의 영향을 받아 학부 양성제가 아닌 대학원 양성제(5~6년)를 도입하기도 했다.

11. PCK는 'Pedagogical Content Knowledge'의 약자로 이에 대한 우리말 번역은 교수 내용 지식(김민희 2003; 민윤 2003), 교수학적 내용 지식(김용대, 2001; 박경민, 2001), 교수법적 내용 지식(방정숙, 2002), 내용 교수법(이화진 외, 2005) 등으로 다양하다. 2007년 한국교육과정평가원에서 PCK를 내용교수지식으로 명명한 이후 대다수의 연구자들이 이에 호응하고 있다. 그러나 내용교수지식이라는 용어는 PCK가 지닌 원어의 맥락적 의미를 온전하게 표상하지 못한다. Shulman(1986, 1987)은 PCK를 '특정 내용을 특정 학생들이 효과적으로 이해할

를 들었다(양윤정, 2007: 28–30). 교과 내용 지식(subject matter content knowledge)은 교과의 기본 개념이나 원리를 조직하는 여러 가지 방법에 관한 지식(실체론적 지식)과 참이나 거짓, 타당성이나 비타당성을 결정하는 방법에 대한 지식(구문론적 지식)이다. 교육과정 지식(curricular knowledge)은 특정 수준의 특정 교과와 주제를 가르치기 위해 개발한 다양한 유형의 프로그램, 교수 · 학습 자료 등이다. PCK는 교과 내용을 가르치는 방법에 대한 지식으로 교과 내용 지식과 교수법 지식의 특별한 결합체이다.

Shulman(1986, 1987)이 PCK를 소개하기 이전에도 교사 지식 기반에 대한 연구는 있었다. 1960년대 이전에는 주로 교과 내용 지식과 교수법 지식을 상호 독립적 영역으로 인식했고, 그 이후부터는 교과 내용 지식과 교수법 지식을 교사 지식의 영역에 포함시켰다. 이때에는 교과 내용 지식과 교수법 지식의 관계, 교사 지식과 교육 경험의 관계, 교사 지식이 학업 성취에 미치는 영향 등을 주로 연구했다(Abell, 2007). 그러다가 Shulman(1986, 1987) 이후부터 PCK가 새로운 교수 지식 요소로 설정된 것이다.

PCK 개념이 소개된 이후에 교수 방법이나 학습자 측면에만 초점을 맞추었던 교사 전문성 관련 연구들이 교육 내용이나 교사 측면에 초점을 맞추기 시작했다. 교사의 교육 내용은 무엇이고, 교육 내용을 학생들에게 어떤 방식으로 표현할 것이며, 교육 내용과 관련하여 학생들에게 어떤 질문을 해야 하고, 학생들이 지닌 오개념이나 난개념에 대해 어떻게 대처할 것인가의 문제가 교사 교육 연구의 핵심 과제로 떠올랐다.

◎ PCK의 구성 요소

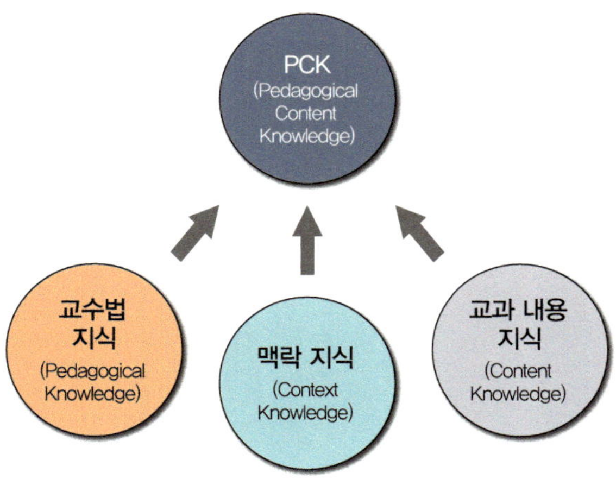

수 있도록 가르치는 방법에 대한 교사의 지식'으로 정의했다. 이후 진행된 후속 연구에서도 PCK의 구성 요소로 교과 내용 지식(Subject Knowledge), 교수법 지식(Pedagogical Knowledge), 맥락 지식(Context Knowledge)을 들고 있다. 이러한 관점에 따르면 탈맥락적 특성을 지니는 '내용교수지식'이라는 용어로는 맥락적 특성을 지닌 PCK를 온전히 표상할 수가 없으므로 원어인 PCK를 그대로 사용하고자 한다.

제2절 | PCK 위계

미국의 교육학자 William R. Veal과 James G. MaKinster(1999)는 대부분의 PCK 연구가 교사의 전문성 신장에 초점을 맞춘 것에 치중하여 교사의 PCK가 어떠한 역할을 하는지에 대해 정밀하게 설명하지 못하는 것에 주목했다. 그들은 Bloom 외의 '교육목표 분류학'의 방법을 차용해 다양한 학문, 교과 그리고 교과 내의 영역마다 가지고 있는 주제들 사이에서 PCK를 특수성의 수준에 따라 분류하는 연구를 했다. William R. Veal과 James G. MaKinster(1999)는 이전 연구에서 소개된 PCK 속성들을 모두 목록화한 다음 그 목록으로부터 가장 중요한 속성이 무엇인지 도출해 냈다. 그리고 선행 연구에서 다루어진 PCK의 유형들을 구분하고, 여기에 범주를 추가하여 다음 그림과 같은 PCK 분류 체계를 만들었다.

◎ PCK의 위계와 분류(William R. Veal & James G. MaKinster, 1999 수정)

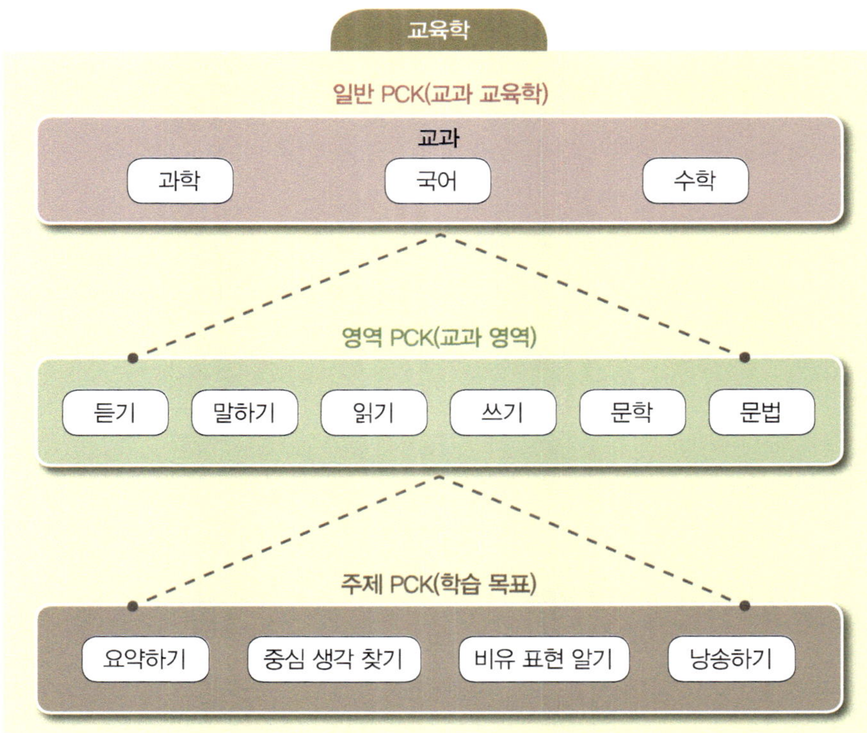

그림을 보면 PCK는 교육학의 하위 영역에 속하고, 다시 교과 PCK, 영역 PCK, 주제 PCK로 세분할 수 있다. 교과 PCK에서는 교과 수업 일반적인 또는 수업의 보편성에 해당하는 PCK를 다루고, 영역 PCK에서는 교과 영역과 관련된 PCK를 다루며, 주제 PCK에서는 단원이나 차시 관련 PCK를 다룬다.

이 분류를 바탕으로 교실 수업 장면을 분석하면, 대부분의 교사들이 주제 PCK보다는 일반 PCK나 영역 PCK에 의존하고 있음을 알 수 있다. 학생들에게 해당 차시 내용을 잘 가르치려면 해당 수업 내용과 직결되는 주제 PCK를 많이 활용해야 한다.

하지만 학교 현장에서 차시 수업의 중심에 있는 교수 · 학습 모형과 같은 큰 교수법은 이러한 주제 특정적인 PCK를 반영하기에는 한계가 있다. 국어과 교수 · 학습 모형은 위의 분류에 따르면 교과목 일반 PCK로 이것이 쓰기 수업의 주제 또는 교육 내용과 직접적으로 관련을 맺기는 어렵다. 과정 중심의 쓰기 지도 역시 쓰기의 과정을 분절적으로 나누고 각 단계에서 필요한 전략만을 지도하는 데 치중하여 구체적인 쓰기 주제를 효과적으로 다루지 못한다. 예를 들면, '문단 쓰기'가 수업의 주제라면 주로 문단에 담아야 할 내용을 생성하고 그것을 조직하고 초고를 만들어 내는 데 필요한 전략들을 과정별로 지도할 뿐, 문단의 개념이나 문단 쓰기의 원리 등은 직접적으로 다루지 않는다.

이러한 문제점을 비판하면서 박태호(2011)는 『국어 수업에 나타난 PCK 교수 변환 사례』에서 잘 가르치는 국어 수업을 위해서는 큰 교수법을 보완하는 작은 교수법 즉 교수 변환이 매우 중요함을 강조했다. 간단하게 말하면 차시 수업 내용과 관련된 학생들의 이해(선개념, 오개념, 난개념, 학습 흥미와 태도)를 진단하여 설명, 시범, 기억, 서사와 같은 작은 교수법을 통해 교수적 처방을 내리는 것이 PCK 중심의 국어과 수업의 핵심이라는 것이다. 여기서 말하는 작은 교수법은 그림에서 주제 PCK에 해당한다. 그러므로 쓰기 수업의 전문성은 교육학 지식이나 교과 일반 수준의 PCK를 통해 발휘되는 것이 아니라 적어도 영역 PCK, 나아가 주제 PCK를 많이 활용할 때에 구체화된다고 정리할 수 있겠다.

제3절 | PCK 요소

Grossman(1990)은 교사의 지식 기반 요소로 일반 교육학 지식, 교과 내용 지식, PCK, 상황 지식의 네 가지를 들고, 그 중에서 PCK가 교사의 교실 수업에 가장 큰 영향력을 미친다고 했다(Gess-Newsome, 1999). 그 다음 PCK의 구성 요소로 '교과 내용의 교수 목적에 대한 지식과 신념', '학생 이해에 대한 지식'(특정 교과의 특정 주제에 대한 학생의 이해와 그들이 지니고 있는 개념 및 오개념에 대한 지식), '교육과정 지식', '특정 주제에 대한 교수 전략 및 표상에 대한 지식'의 네 가지를 들었다(Lee, 2007 재인용).

Marks(1990)는 교사 지식과 PCK의 관계 규명에 초점을 맞추었던 Shulman(1987)과 Grossman(1990) 등과는 달리 PCK의 구성 요소 규명에 초점을 맞추었다. 이 연구자는 Shulman(1987)이 제시한 PCK 요소의 모호성을 비판하면서 교과 내용 지식과 수업 매체를 추가했다. 이 연구자에 따르면 PCK는 두 가지 지식으로 구성된다. 하나는 특정 교과의 내용 지식을 수업 상황에 맞게 변환시키는 지식이고, 다른 하나는 특정 상황의 특정 교과 내용 교수에 알맞게 교수법을 변환시키는 지식이다. Marks(1990)는 PCK가 교수법을 거의 모르는 교과 내용 전문가나 교과 내용을 거의 모르는 교수법 전문가에게서는 나타날 수 없는 실천적 차원의 지식이라면서 일명 '내용 의존적 교수 지식(content-specific pedagogical knowledge)'이라고 명명했다.

Cochran 외(1993)는 구성주의 이론에 기초하여 PCK의 개념을 수정했다(이연숙, 2006: 13~14; 이경은, 2007: 11). 지식을 고정적이고 폐쇄적 존재가 아닌 행위나 실천 속에서 역동적으로 구성되는 개방적인 존재로 파악하여 PCK와 구별되는 PCKg(pedagogical content knowledge knowing)라는 용어를 사용했다. PCKg는 교수법 지식, 교과 지식, 학습자 지식, 학습 환경 맥락에 대한 지식의 네 가지가 통합적으로 작용한다. Shulman(1987)의 PCK가 교수를 위한 교과 내용의 변환에만 초점을 두었다면, Cochran 외(1993)의 PCKg에서는 활성화된 과정으로서의 앎과 이해를 강조한다. 위의 연구자들은 PCKg가 특정 학습 맥락 내에서만 만들어지므로 맥락중심 교사 교육을 해야 한다고 주장했다.

Magnusson 외(1999)는 교과 교육과 관련 PCK 요소를 제안했다는 점에서 선행 연구와는 구별된다. 과학 수업 관련 PCK 구성 요소로 과학 수업에 대한 지향, 과학 교육과정에 대한 지식, 과학 평가에 대한 지식, 교수 전략에 대한 지식, 학생의 교과 내용 이해도에 대한 지식의 다섯 가지를 제시했다. 이것을 '펜타곤 모형'이라고 하는데, 대다수의 후속 연구자들은 이 모형을 지지한다.

지금까지의 논의를 정리하면 다음과 같다.

◎ 선행 연구에 제시된 PCK 구성 요소

연구자 \ PCK 요소	교육 목적	학생 이해	교육과정	표상 (교수 전략 포함)	평가
Shulman(1987)	D	O	D	O	
Grossman(1990)	O	O	O	O	
Marks(1990)		O		O	
Cochran et al(1993)		O		N	
Magnusson et al(1999)	O	O	O	O	O

D: 교수 지식 기반 요소이나 PCK 외부 요소
N: 명시적으로 밝히지는 않았지만 강조하기 위해 사용
O: PCK의 구성 요소로 제시

박성혜(2003), 문공주(2009: 20)는 PCK 구성 요소를 보다 구체적으로 설명했다. 교육 목적은 교사의 신념과 가치관에 따른 교육의 방향을 의미한다. 여기에는 과정중심 수업, 강의중심 수업, 개념중심 수업, 활동중심 수업, 발견학습, 과제기반 학습, 탐구학습, 안내된 탐구학습이 해당된다. 학생 이해는 학생의 개념 이해에 대한 지식이다. 학생이 특정 교과의 특정 내용에 대해 지닌 선개념, 오개념, 학습 곤란도, 학습 동기, 지적 · 신체적 발달 수준, 학습 전략, 학습자의 흥미와 관심 및 필요성 등에 대한 이해가 여기에 해당된다. 교수법 및 표상 전략은 특정 교과 내용을 효과적으로 가르치는 교수법과 학생 눈높이를 고려하여 내용을 변환시키는 것을 의미한다. 여기에는 다양한 교수법과 예시, 삽화, 시범, 실물, 일화와 전기, 그림, 발문, 설명 등이 해당된다. 교육과정은 학년별, 영역별 성취기준의 범주와 수준이 여기에 해당된다. 여기에는 교육과정 구성 원리, 교육과정 내의 내용 연계 원리, 범교과 내용 통합 원리, 교육과정 자료 활용 원리, 학년별 내용 전개 원리 등이 해당된다. 평가는 평가의 대상, 방법, 도구, 원리, 실행을 의미한다. 여기에는 교과 내용에 대한 평가 도구의 적합성, 학생 이해도 평가의 적절성, 평가 도구의 다양성(진단평가, 형성평가, 총괄평가) 등이 해당된다.

제4절 | PCK 펜타곤 모형

PCK 펜타곤 모형은 우수 교사가 구비해야 할 PCK 구성 요소 파악에는 도움이 되나 보다 구체적인 하위 요소 파악에는 여전히 미흡한 실정이다. 이 부분에 대해서는 과학과 PCK 측정 도구를 개발한 박성혜(2003)와 Park과 Oliver(2008)의 연구가 도움이 된다. 비록 과학과 PCK를 평가하는 도구이나 일부 내용을 수정 · 보완하면 교과 PCK 평가 요소로도 활용할 수 있다.

◎ PCK 펜타곤 모형

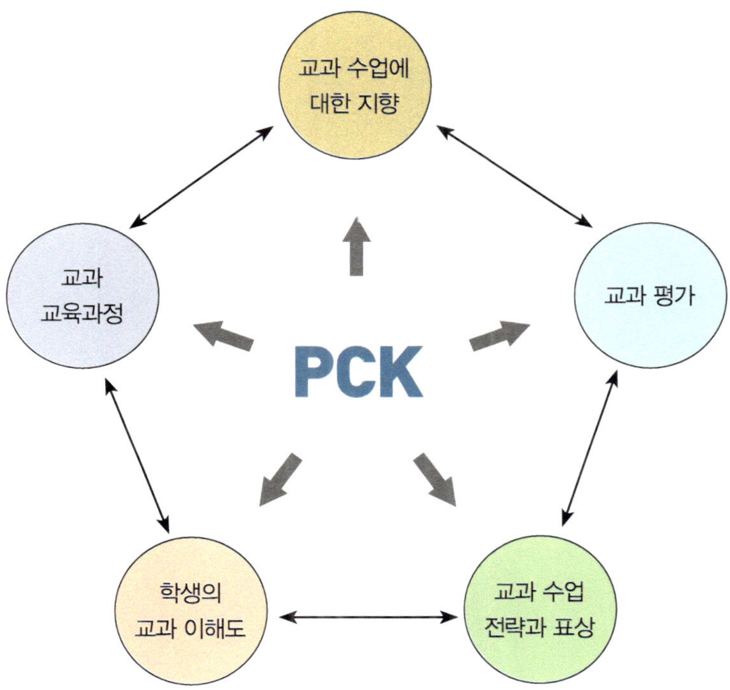

1. 교과 수업에 대한 지향

교과 수업에 대한 지향은 교과 수업을 바라보는 관점 혹은 인식에 해당된다. 교과 수업에 대한 교사의 지식과 신념이 해당 차시의 학습 목표 및 내용 선정과 학생 이해 수준 파악, 학생의 배움을 위한 교수 유형 및 자료 선정, 학습 결과 평가에 대한 교사의 의사 결정을 안내하는 '개념 지도'의 역할을 한다.

교과 수업 지향과 관련된 PCK 요소는 다음과 같다. ① 교과 목표 도달을 위해 과정중심 수업을 한다, ② 교과의 목표 도달을 위해 학문중심 수업을 한다, ③ 교과의 목표 도달을 위해 강의중심 수업을 한다, ④ 교과의 목표 도달을 위해 개념중심 수업을 한다, ⑤ 교과의 목표 도달을 위해 활동중심 수업을 한다, ⑥ 교과의 목표 도달을 위해 발견학습을 한다, ⑦ 교과의 목표 도달을 위해 과제 기반 학습을 한다, ⑧ 교과의 목표 도달을 위해 탐구학습을 한다, ⑨ 교과의 목표 도달을 위해 안내된 탐구학습을 한다.

2. 교과 교육과정에 대한 지식

교과 교육과정에 대한 지식은 교과에 대한 지식을 포함한다. 교과의 배경 학문은 무엇이고, 그것을 구성하는 철학이나 이론, 원리와 모형 및 전략의 실체는 무엇인지에 대해 지식을 바탕으로 교과 교육과정의 목표, 학년별 학습 내용의 수준과 범위, 교육과정을 반영한 교과서 구성 원리와 단원 전개 방식 등에 대한 지식을 추가하는 것이다.

교육과정 관련 PCK 요소는 다음과 같다. ① 교과 내용을 충분히 안다, ② 교과의 이론이나 법칙, 원리가 어떻게 개발되었는지를 안다, ③ 교과 내용에 대한 학생들의 예상 질문과 그에 대한 답변 내용을 안다, ④ 교과 내용을 구성하는 개념이나 원리, 이론을 안다, ⑤ 교과 교육과정 구성 원리를 안다, ⑥ 교과 교육과정 내의 내용이 어떻게 연계되는지를 안다, ⑦ 교과 교육과정 내의 주제들을 다른 개념에 적용할 수 있는지를 안다, ⑧ 교과서와 관련된 교육과정 자료를 다루는 방법을 잘 안다, ⑨ 교과 교육과정과 다른 교과와의 연계성을 잘 안다, ⑩ 교과 교육과정의 학년별 위계를 잘 안다, ⑪ 교과 교육과정의 실행 과정을 잘 안다.

3. 교과 평가에 대한 지식[12]

교사는 학생의 교과 학습 능력을 체계적이고 명확하게 평가한 결과를 바탕으로 자신의 수업 능력과 학생의 학습 능력을 개선할 수 있다. 이를 위해서 교사는 바람직한 평가관, 다양한 평가 방법과 도구를 구비해야 한다. 교과 학습 내용의 수준과 범위를 바탕으

12. 수업 목표 또는 교육과정에 명시된 수업 목표에 따라 그리고 교사가 해당 수업에서 지향하는 바에 따라 평가의 관점과 방법은 달라져야 한다.

로 평가 목표와 평가 도구를 결정해야 한다. 여기에는 선택형 평가, 서술형 평가, 논술형 평가, 포트폴리오 평가, 관찰 평가 등이 있다.

평가 관련 PCK 요소는 다음과 같다. ① 평가 도구가 특정 단원의 평가에 적합하다, ② 평가 방법은 특정 단원에 대한 학생 이해도 평가에 적합하다, ③ 평가 문항은 특정 단원에 대한 학생 이해도 평가에 적합하다, ④ 다양한 평가 방법을 활용하여 특정 단원에 대한 학생 이해도를 평가한다, ⑤ 진단평가, 형성평가, 총괄평가를 활용하여 특정 단원에 대한 학생 이해도를 평가한다, ⑥ 학생들은 특정 단원에 대한 특정 평가 방법을 이해한다.

4. 학생의 교과 내용 이해도에 대한 지식

학생들의 교과 이해도에 대한 지식은 특정 학생이 특정 단원의 지식을 습득할 때에 도움을 주기 위한 교사 지식이다. 여기에는 특정 단원의 지식에 대한 특정 학생의 흥미 파악, 선수학습 요소 파악, 오개념과 난개념 파악 등이 해당된다.

학생들의 교과 이해에 대한 지식 관련 PCK 요소는 다음과 같다. ① 학생들이 특정 단원에 대해 지니고 있는 배경과 경험의 차이를 이해한다, ② 학생들이 특정 단원에 대해 지니고 있는 선개념을 이해한다, ③ 학생들이 특정 단원을 학습하면서 무엇을 어려워하는지 안다, ④ 학생들이 특정 단원을 학습하면서 무엇을 잘 하는지 안다, ⑤ 학생들이 특정 단원을 학습하면서 무엇을 잘못 알고 있는지 안다, ⑥ 학생들이 특정 단원에 대해 지닌 태도와 습관을 안다, ⑦ 학생들이 특정 단원에 대해 지닌 적성과 흥미를 안다, ⑧ 학생들이 특정 단원에 대해 지닌 인지 발달 차이를 안다.

5. 교과 수업 전략과 표상에 대한 지식

교과 수업 전략은 특정 단원의 특정 내용 교수에 적합한 교수법을 의미한다. 여기에는 교사용 지도서에 제시된 문제해결 모형, 반응중심 수업 모형, 지식탐구 모형, 직접교수 모형 등이 해당된다. 국어 수업 표상으로는 특정 내용을 특정 학생의 발달 수준에 맞게 변환하여 가르치는 설명, 시범, 유추, 증명, 비유 등이 있다.

교과 수업 전략 및 표상에 관한 PCK 구성 요소는 다음과 같다. ① 학생들이 특정 단원의 특정 내용 학습에 흥미를 보이도록 다양한 교수법을 활용한다, ② 학생들에게 특정 단원의 특정 내용을 가르치기 위해 재미있는 교수법을 활용한다, ③ 학생들의 특정 단원의 특정 내용에 적합한 교수법을 활용한다, ④ 특정 단원의 내용에 대한 이해를 돕기 위해 예(관련된, 유사한, 낯선)를 든다, ⑤ 특정 단원의 내용에 대한 이해를 돕기 위해 삽화를 활용한다, ⑥ 특정 단원의 내용에 대한 이해를 돕기 위해 시범을 보인다, ⑦ 특정 단원의 내용에 대한 이해를 돕기 위해 실물을 활용한다, ⑧ 특정 단원의 내용에 대한 이해를 돕기 위해 일화나 전기를 활용한다, ⑨ 특정 단원의 내용에 대한 이해를 돕기 위해 발문(회상, 기억, 주의집중, 문제 상황 제시, 활동 유발, 추론, 비교와 대조)을 활용한다, ⑩ 특정 단원에 대한 이해를 돕기 위해 적합한 설명(은유, 유추, 비유)을 한다.

제5절 | 교과 내용에 따른 교수 변환(눈높이 교수법)

모든 학습자는 학습 활동 상황마다 독자적으로 과제를 해결하는 '실제 발달 수준'과 교사나 유능한 동료의 도움을 받으면서 과제를 해결하는 '잠정적 발달 수준'을 갖는다. 그리고 이 두 수준 사이에는 약간의 틈이 발생하는데 그 사이의 거리를 '근접 발달 영역'이라고 한다(Vygotsky, 1978). 근접 발달 영역은 학습과 인지 발달이 일어나는 역동적인 영역이다. 근접 발달은 학습이 발생하는 곳이면 어디에나 존재하며, 학습자에 따라 다르게 나타나고 심지어는 동일한 학습자라도 과제 수준과 과제 구조에 따라 여러 수준에 걸쳐 다양하게 나타날 수 있다(Tharp & Gallimore, 1988). 근접 발달 영역 내에서의 효과적인 교수 · 학습 활동을 촉진할 수 있는 방안 중의 하나가 비계설정(scaffolding)[13]이다. 비계는 건축 분야에서 사용되는 용어로 우리말 번역은 '비계' 혹은 '발판'이 된다.

Shulman(1987)은 근접 발달 영역 내의 비계설정과 유사한 개념으로 '변환'이라는 용어를 사용했다. 실제 발달 수준에 해당되는 학생은 나름대로 배경지식('아는 지식')을 갖고 있고, 이러한 배경지식은 교사가 제공하는 교수학적 변환의 과정을 거쳐야 잠정적 발달 수준에 해당되는 '알게 된 지식'을 가질 수 있다. 변환은 ① 준비, ② 표상, ③ 선택, ④ 조정의 네 요소로 구성된다(Shulman, 1987). ① 준비는 학생 발달 단계를 고려한 교과

13. 한순미(1999: 140~146)는 비계설정의 구성 요소와 목표에 대해 다음과 같이 이야기하고 있다. 비계설정의 구성 요소에는 공동의 문제 해결, 상호 주관성, 따뜻함과 반응, 언어의 매개가 포함되며, 비계설정의 목표에는 아동을 근접 발달 영역 내에 머무르게 하기, 자기 조절 능력을 증진시키기가 포함된다.

내용의 구조화와 배열을, ② 표상은 유추, 은유, 예증, 예시, 설명, 시뮬레이션을 활용한 학생 이해의 인도를, ③ 선택은 표상된 내용에 알맞은 교수법 선정을, ④ 조정은 표상된 내용을 학생의 선개념, 오개념, 난개념을 고려하여 조정하는 것이다.

◎ 근접 발달 영역(ZPD)과 교수 변환

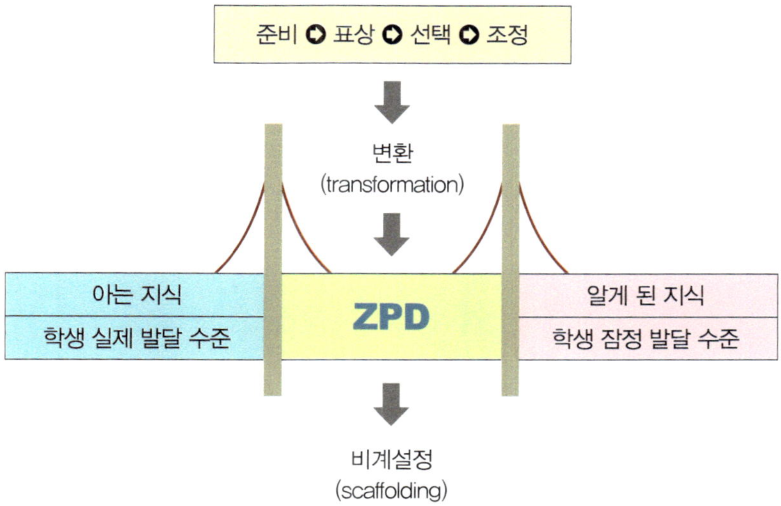

Shulman(1987) 이후 많은 연구자들이 교수 변환의 핵심 도구인 표상(representation)을 집중적으로 연구했다(한희정, 2010: 18~21).[14] Wilson(1988)은 교수법 지식의 핵심을 표상으로 파악하고, 수업에서 표상의 중요성을 강조했다. 그에 따르면 교사는 특정 학생과 특정 내용에 대해 소통할 때에 표상을 도구로 활용하는데, 여기에는 삽화, 설명, 발문, 과제 등이 포함된다. 한편, 교과 내용에 대한 표상 방식을 PCK의 핵심으로 보았던 Ball(1988)도 표상의 언어적 도구 유형으로 교과서, 교수 자료, 시범, 그래픽, 은유, 활동, 설명 등을 들었다. PCK를 어떻게 가르칠 것인가에 대한 지식으로 규정한 Chen과 Ennis(1995) 역시 표상의 언어적 도구 유형으로 유추, 예증, 예시, 설명, 시연, 학습 단서, 연습 등을 제시했고, Delaney(1997)는 자기이야기(self-stories)를 들었다. 자기이야기는 언어적 표상임과 동시에 시간과 공간을 넘나드는 특성이 있기 때문에 텍스트 중심 PCK가 지닌 단점을 보완해 줄 수 있다(박태호, 2011: 110~111).

14. 한희정(2010: 21)은 본문에서 논의하지 않은 일부 연구자들의 언어적 표상 도구 유형을 표에 제시했지만, 이 연구에서는 제외했다.

지금까지 Shulman(1987), Wilson(1988), Ball(1988), Chen과 Ennis(1995), Delaney(1997) 등이 제시한 PCK 표상 도구에 대해서 알아보았다. 이것을 정리하면 다음과 같다.

◎ **선행 연구자의 PCK 표상 도구 유형**

연구자	PCK 표상 도구																			
	은유	유추	예증	비유	예시	시연	교실활동	숙제	이야기	삽화	설명	발문	과제	교과서	교수자료	모델링	단서	연습	시뮬레이션	그래픽
Shulman(1987)[15]	V	V	V		V						V								V	
Wilson(1988)					V		V			V	V	V	V							
Ball(1988)	V						V				V			V	V	V				V
Chen과 Ennis(1995)		V	V		V	V					V						V	V		
Delaney(1997)									V											

한편 Park과 Oliver(2008)는 과학 수업을 대상으로 한 PCK 수업 사례 연구에서 표상의 언어적 도구 유형으로 설명(은유, 유추, 비유), 예시(관련된 예시, 유사한 예시, 관련성이 떨어지는 예시), 서사(이야기/일화, 전기), 삽화, 기억, 발문(사실/회상, 주의 집중, 문제 상황, 행동 유발, 추론, 비교), 논증(논리, 연역, 귀납)을 들었다. Park과 Oliver(2008)가 제안한 표상의 언어적 도구 유형은 유관항목을 중심으로 범주화하고, 실제 교실 수업에서 발생할 수 있는 수업 대화 유형을 구체적으로 반영한 점에서 한희정(2010)보다 더 체계적이다.

이 연구에서는 Park과 Oliver(2008), 한희정(2010)의 의견을 주축으로 삼되, 일부 항목을 수정·보완하고자 한다. 우선, Park과 Oliver(2008)가 제시한 설명의 하위 요소에 예증, 예시, 실물, 정의를 포함시킨다. 한희정(2010)이 제시한 숙제와 과제는 굳이 구분할 이유가 없으므로 과제로 통일하고, 교과서와 교수 자료는 그림 자료, 설명 자료, 연습 자료 등과 중복되므로 제외한다. 이 경우에 표상의 언어적 도구 유형으로 설명(은유, 유추, 비유, 예시, 실물, 그림, 정의), 시범, 기억, 서사, 삽화, 발문, 논증, 단서, 연습, 과제, 매체, 그래픽을 설정할 수 있다.

15. 한희정(2010: 21)은 Shulman(1987)이 제안한 표상의 언어적 도구로 은유, 유추, 예증, 예시, 교실활동, 숙제를 들고 있으나 필자가 조사한 문헌에서는 은유, 유추, 예증, 예시, 설명으로 제시되어 있어 수정했다.

Park과 Oliver(2008), 한희정(2010)은 선행 연구자들이 제시한 언어적 표상의 도구 유형을 체계적으로 제시했으나 개선해야 할 부분도 있다. 두 연구자 모두 '표상'을 변환의 일환으로 파악하지 않고, 표상의 언어적 도구 유형 파악 자체만을 중시했다. 때문에 표상된 내용에 적합한 교수법을 선정한 다음에 학생이 지닌 오개념과 선개념, 학습 곤란도 등을 고려하여 표상된 내용을 학생 발달 수준에 맞게 조정하는 활동이 생략되었다. 표상은 의사의 처방전과 같다. 환자를 진단하지 않고 처방을 하면 의료 사고로 이어질 개연성이 높은 것처럼, 학생을 진단하지 않고 처방을 하면 학습 결손으로 이어질 가능성이 높다. 이에 학생의 배경지식, 오개념, 곤란 유형, 학습 흥미와 태도 등을 진단하는 항목을 추가하고자 한다. 이것을 정리하여 표로 제시하면 아래와 같다.

◎ PCK 표상 도구 유형

개념	처방 전략(✓)									
	설명	시범	단서	연습	실습	발문	과제	서사	매체	기타
오개념										
난개념										

제6절 | CoRe를 활용한 PCK 수업 설계

1. 일반 수업 설계의 문제

수업 설계의 형식과 관련된 딜레마 중 가장 대표적인 것이 관습에 기초한 형식적 수업 설계이다. 학교에서는 수업 설계라는 용어 대신에 '세안'이나 '약안' 또는 '교수 학습 과정(안)'이라는 용어를 사용한다. 세안은 '단원 수업 설계'에 해당되고, 약안은 '차시 수업 설계'에 해당한다. 초등 교육 현장에서 관습적으로 사용되는 수업 설계(안)은 '1. 단원명 → 2. 단원 개관 → 3. 단원 목표 → 4. 단원 학습 계통 → 5. 단원 과제 분석 → 6. 실태 분석→ 7. 지도 방안 → 8. 지도 유의점 → 9. 평가 계획 → 10. 참고 자료'이다. 교사들은 이러한 관습적 수업 설계를 하면서 딜레마에 빠진다.

"수업 공개를 준비하면서 가장 힘들었던 것 중 하나가 세안 작성이다. 관리자들이 세안에 집착하는 이유를 생각하고, 그럴 때마다 관리자 입맛에 맞는 수업 설계를 할 것인지 아니면 내가 원하는 방식으로 수업 설계를 할 것인지를 고민한다. 그분들이 원하는 세안은 우수 연구대회 우수작 유형이다. 그러나 화려한 이론과 자료로 치장하고, 마치 수업자의 수업 기술을 뽐내는 듯한 느낌을 주기에 거부감이 들고, 그럴 때마다 선택의 기로에서 갈등한다.

6년 전 쯤에 장학지도 시에 공개수업을 했다. 교장 선생님의 체면과 관계있으니 공개 수업을 잘해야 한다는 부장 선생님의 말씀을 따라 정말 열심히 준비했다. 교감 선생님과 교무 선생님을 비롯한 여덟 분이 수업 연구대회 우수 교사의 수업 세안을 주시면서 수업 설계 시에 적극 반영하기를 원하셨다. 그분들의 말씀대로 추천 자료를 참고하여 세안을 작성한 다음에 학년 선생님과 협의를 했다. 학년 부장 선생님은 앞부분에 장학사가 잘 모르는 첨단 이론을 넣어서 수업을 설계하라고 했다. 그래야 열심히 한 것처럼 보인다는 것이다. 내가 하고 싶은 수업과 화려한 이론이 도대체 어떤 관계인지 궁금했다."(H 교사의 일화)

H 교사는 자신이 원하지 않는 관습적인 세안 작성법을 그대로 따라야 하는 현실에서 고민한다. 이러한 고민은 비단 H 교사 개인의 고민만은 아니다. 대부분의 교사들이 ① 설정, ② 분석, ③ 설계, ④ 개발, ⑤ 실행으로 진행되는 관습적 수업 설계의 일반 절차에 따라(김인식 외, 2000), 단원을 개관하고, 단원 학습 계통도를 작성하며, 단원 과제를 분석하고, 실태 분석에 기초한 지도 계획을 수립한다. 그리고 이러한 관습은 예비 교사에게도 암묵적으로 전수된다. 그러나 예비 교사는 교재관, 학생관, 사회관 부분을 피아제나 비고츠키, 콜버그나 에릭슨 등과 같은 교육학자들의 이론으로 도배하는 것에 대해 회의적인 반응을 보인다. 아울러 단원 학습 계통도 및 학습 과제 분석을 그래픽 조직자를 사용하여 깔끔하고 멋지게 처리하도록 요구하는 현장 관행이나 특정 단원과 무관한 교과 일반 선호도나 학생 흥미도를 형식적으로 파악하는 탈맥락적인 실태 분석에 대해서도 회의적인 반응을 보인다.

이제 수업 열정에 기댄 관습적 수업 설계 경향을 탈피해서 수업 전문성에 기초한 수업 설계를 고민할 때이다. 이 연구에서는 PCK 수업 설계에서 그 해결 방안을 찾고자 한다.

2. CoRe를 활용한 PCK 수업 설계

내용 표상(CoRe: Content Representation)은 Laughran 외(2001)가 수업 전문성이 우수한 과학 교사의 PCK를 표상하기 위해 개발한 도구이다. 이들은 우수 교사의 PCK를 표상하기 위해 여덟 개의 질문 목록을 개발했고, 이것을 내용 표상(CoRe)이라고 한다. 내용 표상(CoRe)은 무엇을 어떻게, 왜 가르치는가에 대한 진술문 형태로 제시된다. 교사는 이러한 질문에 대한 해결 방안을 모색하면서 학습(단원) 내용, 학습 필요, 관련 지식, 관련 교과에 대한 학생 이해, 상황 이해, 교수 방법, 학생 평가 등에 대한 정보를 수집, 분석, 평가하게 되고, 이것이 바로 우수 교사가 PCK를 획득하는 과정과 유사하다. 때문에 내용 표상(CoRe)을 활용하여 수업을 설계하면 우수 교사가 특정 교과의 특정 주제에 대한 PCK를 기반으로 수업을 설계하는 것처럼, 일반 교사도 과학적이고, 체계적으로 수업을 설계할 수 있고, 수업 능력이 부족한 교사의 교과 수업 전문성을 향상시킬 수 있다.

이에 CORE를 활용한 여덟 가지 질문 목록과 PCK 5대 요소를 결합하여 PCK 수업 설계 요소를 추출하고자 한다 '① 학생들에게 가르치려고 하는 내용은 무엇인가?', '② 이 내용(개념)을 학생들이 학습하는 까닭은 무엇인가?', '③ 이 내용(개념)과 관련하여 교사만 알고 있고 학생에게는 아직 가르치지 않은 내용은 무엇인가?'라는 CORE 요소는 교육과정 PCK와 연계된다. '④ 이 내용(개념)을 지도할 때 고려해야 할 핵심 지식은 무엇인가?(선개념, 오개념, 난개념)'는 학생 이해 PCK와 연계된다. '⑤ 이 내용(개념)을 지도할 때에 사용하는 교수 방법과 이유는 무엇인가?', '⑥ 이 내용을 지도할 때에 고려해야 할 유의점은 무엇인가?', '⑦ 이 내용(개념)을 지도할 때에 영행을 미칠 수 있는 요인들은 무엇인가?'는 수업 방향 및 수업 전략 PCK와 연계된다. '⑧ 이 내용(개념)에 대한 학생들의 이해도나 어려움을 평가하는 방법은 무엇인가?'는 학생 평가 PCK에 해당된다. 이 중에서 ⑥과 ⑦은 개념이 중복되어 혼란스럽다는 현장 의견을 반영하여 ⑥으로 통일했다.

이것을 일반 수업 설계 요소와 비교하여 제시하면 다음과 같다.

PCK 요소	CoRe(내용 표상) 요소	PCK 수업 설계 요소	일반 수업 설계 요소
교과 교육과정	① 학생들에게 가르치려고 하는 내용은 무엇인가?	㉮ 학습 내용	1. 단원명 3. 단원 목표 4. 단원 학습 계통 5. 단원 과제 분석
	② 이 내용(개념)을 학생들이 학습해야 하는 까닭은 무엇인가?	㉯ 학습 필요	2. 단원 개관
	③ 이 내용(개념)과 관련하여 학생에게 아직 지도하지는 않았으나 교사가 알아야 할 내용은 무엇인가?	㉰ 교수 자료	10. 참고 자료
학생 교과 이해	④ 이 내용(개념)을 지도할 때 고려해야 할 핵심 요소는 무엇인가?	㉱ 학생 이해 선개념(선수 학습 내용) 난개념(학습 곤란 내용) 오개념(학습 오류 내용)	6. 실태 분석
교과 수업 전략 및 표상 & 교과 수업 방향	⑤ 이 내용(개념)을 지도할 때에 사용하는 교수법과 이유는 무엇인가?	㉲ 교수 방법(큰 담론) 수업 모형	7. 지도 실제
		㉳ 표상(작은 담론) 설명, 시범, 연습, 단서, 서사, 발문, 매체, 과제	
	⑥ 이 내용을 지도할 때에 고려해야 할 유의점은 무엇인가?	㉴ 지도 유의점 학생 발달 수준 수업 전문성 수준	8. 지도 유의점
학생 평가	⑦ 이 내용(개념)에 대한 학생들의 이해도나 어려움을 평가하는 방법은 무엇인가?	㉵ 학생 평가	9. 차시 평가

PCK 수업 설계 요소와 일반 수업 설계 요소를 비교하면, ④번과 '6'번, ⑤번과 '7'번의 두 항목만 크게 차이가 난다. 일반 수업 설계의 '6'번이 해당 교과에 대한 선호도나 학생 반응 등처럼 차시 목표와 관계없는 수업 관련 일반 실태를 분석한다면, PCK 수업 설계의 ④는 해당 단원이나 차시와 관련된 오개념(기능), 난개념(기능), 선개념(기능)에 대한 실태를 분석한다. 일반 수업 설계의 '7'번이 수업 모형처럼 큰 교수법을 바탕으로 교수 학습을 설계했다면, PCK 수업 설계의 ⑤는 설명, 시범, 연습, 관찰, 추론, 요약, 발표, 토론 등의 작은 교수법을 활용하여 수업을 설계한다.

학생주도 교사 참관(You do, I watch) 수업의 네 가지 유형으로 제안했다. 이것을 그림으로 표현하면 아래와 같다.

◎ **명품 수업의 구조**

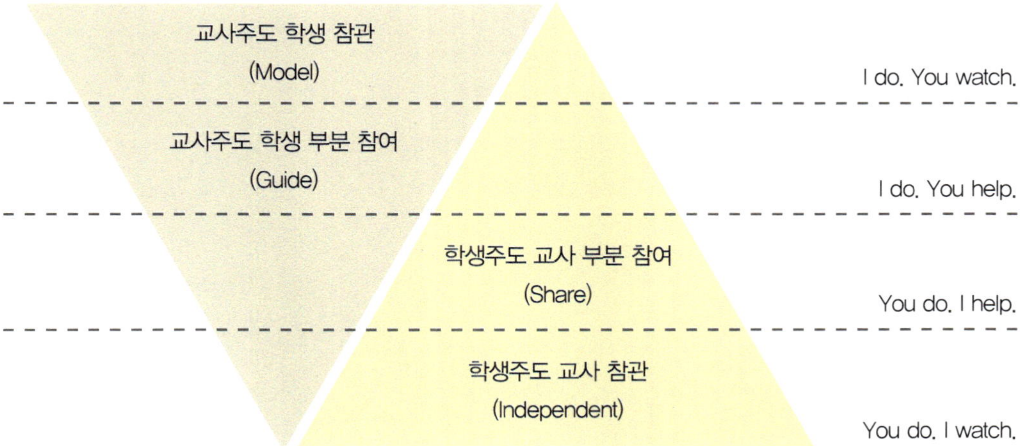

교사주도 학생 참관 단계에서 교사는 전문가(Expert)[16]의 역할을 하고, '회상(Recalling), 시범(Modeling), 열거(Recounting), 연결(Connecting)' 등의 수업 대화를 사용한다. 교사주도 학생 부분 참여 단계에서 교사는 촉진자(Facilitator)[17]의 역할을 하고, '탐구(Exploring), 상술(Expounding), 질문(Questioning), 사색(Speculating), 가설(Hypothesizing)' 등의 수업 대화를 사용한다. 학생주도 교사 조력 단계에서 교사는 상담자(Counsellor)[18]의 역할을 하고, '도전(Challenging), 추론(Reasoning), 증명(Justifying)' 등의 수업 대화를 사용한다. 학생주도 교사 참관 단계에서 교사는 평가자(Evaluator)나 비평가(Critic)의 역할을 하고, '서사(Narrating), 묘사(Describing), 평가(Evaluating)' 등의 수업 대화를 사용한다(박태호, 2009).

---

16. 전문가(Expert), 아나운서(Announcer), 지시자(Director), 관리자(Manager), 협상가(Negotiator), 지휘자(Conductor) 등의 다양한 용어로 사용되나 여기서는 전문가(Expert)로 통일한다.

17. 촉진자(Facilitator), 제공자(Provider), 협력자(Collaborator), 조력자(Arbitrator), 사회자(Chairperson), 학습자(Learner) 등의 다양한 용어로 사용되나 여기서는 촉진자(Facilitator)로 통일한다.

18. 상담자(Counsellor)와 도움 제공자(Scaffolding) 중에서 상담자로 통일한다.

2. 학생 배움중심의 수업 내용

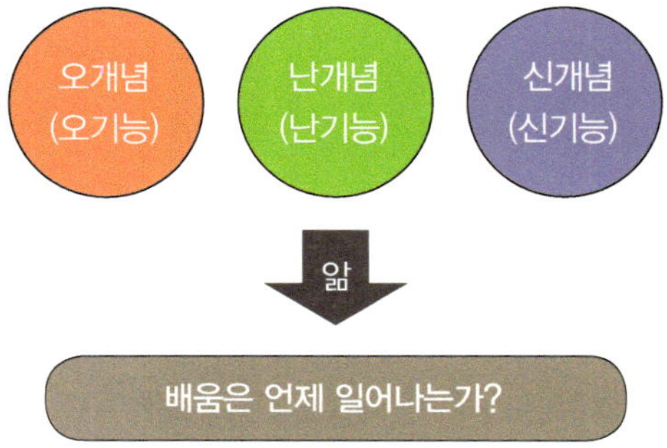

우리는 언제 배움이 일어났다고 하는가? 아마 몰랐던 것을 새로 알게 된 경우, 잘못 알았던 것을 정확히 알게 된 경우, 막연하게 알았던 것을 완전히 알게 된 경우가 여기에 해당될 것이다. 학생이 배경지식이나 경험에 기초한 선개념(선기능)을 바탕으로 오개념(기능)과 난개념(기능)을 배우고 익힐 때에 주춤하는 부분이 발생한다. 이 부분이 학생 배움의 저해 요소이자 배움 내용이 된다. 예를 들면, 우리나라의 명절과 기념일의 개념과 종류에 대해 공부를 한다고 가정하자. 일부 학생은 명절과 기념일을 혼동하거나 양력과 음력을 구분하지 못할 수도 있고, 식품 업계에서 상술로 만든 '~데이'를 기념일로 착각할 수도 있으며, 명절 중에서 설날과 추석을 제외한 단오와 한식을 모르는 경우가 있을 수도 있다. 이것이 바로 학생 배움의 저해 요소이고, 여기에는 오개념(기능)과 난개념(기능) 등이 포함된다. 한편, 학생들은 1~2학년군에서 추석과 태극기 다는 날을 배웠으므로, 선개념에 대한 학생 이해도를 파악한 다음에 본시 학습에 미칠 영향을 파악하여 대책을 수립한다. 지금까지의 논의를 정리하면 아래와 같다.

◎ 배움 내용의 요소

<table>
<tr><td rowspan="6">배움 내용</td><td colspan="2">학습 목표</td><td>우리나라의 명절과 기념일 알기</td></tr>
<tr><td colspan="2">개념(기능)</td><td>명절의 개념과 종류
기념일의 개념과 종류</td></tr>
<tr><td rowspan="3">배움 저해 요소</td><td>선개념
(기능/태도)</td><td>추석(1~2학년군)
태극기 다는 날(1~2학년군)</td></tr>
<tr><td>오개념</td><td>기념일과 명절 혼동
양력과 음력 인식 부족
~데이를 기념일로 잘못 인식</td></tr>
<tr><td>난개념</td><td>명절에서 설날과 추석에 비해 한식과 단오를 잘 모름</td></tr>
</table>

선개념(기능)

본시 학습 내용(개념/기능)인 '우리나라의 명절과 기념일'과 관련된 선수 학습 내용을 먼저 살펴보아야 한다. 그런 다음에 이미 배운 내용 중에서 본시 학습을 방해하는 내용이 있는지 살펴보아야 한다. 만약 있다면 보충지도를 하여 학생 이해도를 향상시킨 후에 본시 학습을 지도해야 학업 성취도가 높아진다. 또한 본시 학습 내용과 관련된 오개념(난개념)이나 오기능(난기능)이 형성된 경우에는 반드시 이를 바로잡아야 한다.

선개념(기능) 1 통합 교과의 국어 1~2학년군의 선수학습 내용

통합 교과 1~2학년군의 6단원 '가을(추석)'은 12개 주제, 총 20차시로 구성된다. 통합 교과 외에도 국어 1~2학년군 '4-가. 4단원. '어떻게 정리할까요?'에서는 본시 학습 내용과 관련이 있는 '설빔'에 관한 내용으로 설날에 입는 옷, 마음가짐 등을 다루고 있다. 선수 학습 내용 중에서 학생들이 반드시 알고 있어야 할 개념은 추석에 하는 일, 태극기를 다는 기념일'이고, 반드시 알아야 할 기능은 '우리나라의 대표적 명절과 기념일을 조사하고, 기록하고, 발표하기'이다.

오개념(기능)

본시 학습 중에 잘못 이해할 가능성이 있는 내용이 무엇인지 파악해야 한다. 이것을 오개념(기능)이라고 한다. 흔히 볼 수 있는 오개념(기능)의 예는 다음과 같다.

오개념(기능) 1 공휴일로 지정된 기념일을 명절로 잘못 알고 있다.

_ 공휴일로 지정된 현충일을 국경일로 잘못 생각한다.

_ 친숙한 기념일을 명절과 혼동하는 경우가 있다.

난개념(기능)

본시에서 학습해야 할 내용이다. 새로운 개념이나 기능 학습을 방해하는 요소가 있다면 이것이 난개념이나 난기능이 된다.

난개념(기능) 1 추석, 설날 외 명절의 특징에 대한 이해

_ 추석, 설날 명절은 많은 경험과 선수 학습으로 인해 이해가 쉬우나, 그 외 정월대보름, 한식, 단오, 동지 명절에 대한 이해가 어렵다.

_ 특히 한식은 불을 피우지 않고 찬 음식을 먹으며 이 날 각 가정에서는 제사 음식을 마련하여 성묘를 하기도 하는 일에 대한 이해가 어렵다.

_ 단오와 관련하여 대표적으로 하는 일에 대한 이해가 어렵다.

3. 학생 배움중심의 수업 전략

학생을 두 유형으로 대별하면, 스스로 깨치는 학생과 다른 사람이 깨우쳐 줘야 깨치는 학생이다. 여기에서는 전자를 자기주도 학습자, 후자를 타자주도 학습자로 명명하고자 한다. 자기주도 학습자는 사물과 현상을 스스로 관찰하고 탐구하며 관련 자료를 바탕으로 추론을 하거나 조작 활동을 하면서 배움의 저해 요소를 해결하고 배움의 결과를 표현하고 공유하며 소통한다. 이에 반해 타자주도 학습자는 타인의 도움을 바탕으로 자기주도 학습을 시작한다. 누군가의 설명을 듣거나 시범을 관찰하고, 누군가의 발문에 대답하거나 누군가가 제시한 연습 문제를 풀면서 자기주도 학습 능력을 점차 획득한다.

기념일에 대한 오개념 지도 예시

기념일에 대한 오개념 지도 방안입니다. 먼저 기념일의 개념을 살펴봅니다. 사전적 정의에 따르면 기념일이란 축하하거나 기릴 만한 일이 있을 때에 해마다 그 일이 있었던 날을 기억하는 날입니다(**정의**). 이 정의에 따르면, 결혼기념일, 개교기념일, 생일 등은 기념일에 해당합니다. 다만, 오늘 공부할 내용은 '나라에서 정한 기념일'이므로 빼빼로데이나 블랙데이처럼 상술을 목적으로 특정 단체에서 정한 기념일은 자연스럽게 제외합니다(**시범**). 그런 다음에 친구와 짝을 지어 잘못 알고 있는 기념일을 찾아서 바르게 고치고, 친구들 앞에서 발표하게 합니다(**연습과 발표**). 이것을 표로 제시하면 아래와 같습니다.

◎ 기념일에 대한 오개념 교수법

개념	• 기념일이란 축하하거나 기릴 만한 일이 있을 때, 해마다 그 일이 있었던 날을 기억하는 날이다. • 오늘 공부할 기념일은 나라에서 정한 기념일이다.
오개념	• 상술에 의한 기념일(~데이)이나 결혼기념일, 생일, 개교기념일을 나라에서 정한 기념일과 혼동하는 경우가 있다.
배움 전략 (교수법)	• 나라에서 정한 기념일의 개념을 정의한다(**설명**). • 정의를 바탕으로 오개념 수정을 시범 보인다(**시범**). • 소집단이나 짝 활동을 바탕으로 오개념을 수정하게 한다(**연습**).

1) 설명

설명이란 어떤 일이나 대상의 내용을 상대편이 잘 알 수 있도록 밝혀 말하는 것이다. 설명을 한다는 것은 언어나 도표, 상징을 이용하여 상대방이 어떤 현상에 대한 지식과 이해를 높이도록 도움을 주는 것이다. 교육의 측면에서 보면, 교과 내용에 대한 학생 이해도를 증진시키기 위한 포괄적 해설이 된다. 설명에는 두 가지 요소가 작용한다. 설명할 내용과 방법이다. 전자에는 개념, 요소, 원리, 절차, 법칙이 해당되고, 후자에는 실물과 행동, 모형, 그림, 예화, 도표, 알고리즘, 언어나 상징을 이용한 묘사 등이 해당된다.

이병석(1999: 108~122)은 좋은 설명 방식으로 '예시 자료를 활용한 설명'과 '학습을 용이하게 하는 설명'의 두 가지 유형을 들었다. 전자에는 ① 적절한 시각 자료를 예시 자료로 선택하여 학생의 이해를 촉진시키는 수업, ② 학생에게 친숙한 경험이나 배경지식을 예시 자료로 활용하는 수업, ③ 동일한 내용에 대해서도 다양한 관점으로 접근할 수 있는 예시 자료를 활용하는 수업, ④ 하나씩 차근차근 예를 들면서 가르치는 수업의 네 가지를 제시했다.

그리고 학습을 용이하게 하는 설명 방식으로 ① 학습 목표 도달에 필요한 내용과 절차를 미리 알려주는 수업, ② 새로운 교과 내용을 가르치기 전에 관련 배경지식이나 기초 개념을 알려주는 수업, ③ 설명 초기에 학생의 관심을 끄는 머리말을 사용하는 수업, ④ 새로운 교과 내용을 설명하면서 하나씩 차근차근 가르쳐 주는 수업, ⑤ 주요 학습 내용을 미리 분석하고, 관련성을 파악하게 하는 수업, ⑥ 학생들에게 친숙한 일상 용어를 사용하여 복잡한 교과 내용을 쉽게 가르치는 수업, ⑦ 단순 도표나 차트, 선, 도형 등을 이용하여 체계적이고 쉽게 가르치는 수업, ⑧ 학생의 반응을 살피면서 눈높이에 맞게 가르치는 수업, ⑨ 학생의 주의를 집중시키면서 설명을 하는 수업 등을 제시했다.

◎ **좋은 설명 점검표**

좋은 설명 전략	만족도			개선 사항
	미흡	보통	우수	
발음이 명료하고, 목소리가 적절하다.				
적절한 몸짓을 하고 눈을 맞춘다.				
상투 표현이나 비속어는 사용을 금한다.				
학습 목표와 학습 활동을 하나씩 차근차근 알려준다.				
중요 내용과 어휘는 요약하고 반복 강조한다.				
이해력이 떨어지면 쉽게 풀어 설명한다(예시, 문장, 구문 등).				
질문 대신에 학습 목표를 제시하여 도전하게 한다.				
선행학습과 관련지어 새로운 정보를 제시한다.				
판서나 유인물로 정보를 간단명료하게 제시한다.				
학습 규칙을 정하고, 일관성 있게 사용한다.				

2) 시범

시범 보이기는 교사가 특정 수업 상황이나 내용에 대해 자신의 느낌이나 생각, 행동을 학생에게 가시적으로 보여주는 것이다. Duffy, Roehler, Herrman(1988)에 따르면 시범 보이기 유형은 크게 세 가지이다. 생각을 혼자 중얼거리는 TA(Thinking Aloud) 기법, 교사와 학생이 함께 중얼거리며 서로 대화를 하는 ta(talking aloud) 기법, 일절 말하지 않고 행동 시범을 보여주는 PM(Performance Modeling) 기법이다.

생각그물을 활용한 아이디어 생성 과정을 시범 보이는 5학년 쓰기 수업을 보면, 사고 구술법을 활용하여 생각그물 작성 과정을 시범 보이는 장면을 관찰할 수 있다. 여기에 사용된 사고 구술법은 TA 기법과 ta 기법이다(Roehler & Duffy, 1991).

교사 ① 어, 다발짓기할 때에 이것도 여러분이 너무나 잘 아는 거지만 혹시나 모를까봐 다시 한 번 선생님이 알려줄게요. ② 선생님이 얘기하는 말을 잘 들어 보세요. 그냥, 음 〈일시 지속〉 선생님이 저렇게 얘기하는구나 하지 말고, 선생님이 중얼거리는 거야. ③ 뭐를 중얼거리는 거냐면, 선생님이 생각을 중얼중얼거리는 거야. 아! 그러니까 선생님이 생각을 어떻게 하고 있네, 생각을 어떻게, 어떤 과정을 거쳐서 하고 있나 잘 보세요. ④ 다발짓기를 할 때 맨 처음에 내가 이런 글을 쓸 거야. 어떤 글을 쓸 거냐 하면, 나는 그냥 아까 생각그물 만들 때 뭘 했지? 개미에 대해서 쓸 거지. 개미가 그냥 그리고 이런 느낌을 그냥 써보려고 해. 여기다 딱 표시를 해봤어. 그리고 처음에는, 처음에는, 개미 얼굴을 그려볼까? 한번? 더듬이 뭐 이래도 좋고, 꼬리? 어머! 호호. 이렇게 해도 좋고. 뭐 여러분 마음대로 하세요. ⑤ 처음에 어떤 것을 할 거냐면 음, 내가 개미를, 개미를 기르게 된…….

학생 ⑥ 동기.

교사 ⑦ 어! 여러분들은 어떻게 그렇게 잘 알아요? 내 마음을?

다발짓기를 활용하여 생각묶기를 지도하는 수업 장면이다. TA 기법은 교사가 전문가로서 설명과 시범을 보이고, 학생이 구경꾼의 역할을 할 때에 주로 사용하는 사고 구술법이고(④, ⑤), ta 기법은 교사가 전문가로서 설명과 시범을 보일 때에 일부 유능한 학생이 초보자로 참여하여 교사와 함께 설명을 하거나 시범을 보이고, 나머지 학생은 구경꾼으로서 편안하게 전문가의 설명을 듣거나 시범을 관찰할 때에 사용하는 사고 구술법이다(⑥, ⑦).

3) 질문과 탐문

(1) 질문

Bloom(1956)은 인지 수준을 ① 지식, ② 이해, ③ 적용, ④ 분석, ⑤ 종합, ⑥ 평가의 여섯 단계로 구분했다(변홍규, 1996: 641-65). 이것을 발문 수준의 분류 기준으로 삼으면, ① 지식 발문은 학생이 이전에 학습한 사실이나 개념, 일반화된 것 또는 이론을 기억하거나 회상하도록 요구하는 발문이다. ② 이해 발문은 학생이 특정 개념이나 정보를 자신의 방식대로 표현하고 설명하도록 요구하는 발문이다. ③ 적용 발문은 특정 정보나 개념의 활용을 요구하는 것으로 학생들이 기존 지식이나 이해를 새로운 상황에 맞게 적용하거나 그것을 이용하여 문제를 해결하도록 요구하는 발문이다. ④ 분석 발문은 특정 개념이나 해결 방안 혹은 개념이나 자료를 요소나 부분으로 나누거나 관련성을 찾도록 요구하는 발문이다. ⑤ 종합 발문은 학생에게 여러 개의 아이디어나 요소를 종합하여 새로운 것으로 창조하도록 요구하는 발문이다. ⑥ 평가 발문은 학생이 특정 기준을 사용하여 사물에 대해 판단을 내리도록 요구하는 발문이다.

◎ 발문 수준 점검표

발문 수준	발문 유형	주요 활동	발문 번호(√)											주요 장면 요약
			1	2	3	4	5	6	7	8	9	10	합계	
저수준	지식(암기)	• 정의 • 암기 • 설명												
	이해	• 의역 • 요약 • 부연												
	적용(변환)	• 적용 • 활용												
고수준	분석(관계)	• 구별 • 관계												
	종합(창조)	• 정보 • 구성 • 생산												
	평가(판단)	• 대안 • 선택 • 결정												

고수준의 질문은 학생의 이해를 확장시키고, 자신의 생각과 동료의 생각을 비교하게 하여 고등 사고 능력을 향상시킨다. 그러나 고수준의 질문만을 하면 일부 상 수준 학생만 참여한다. 이것을 방지하려면 질문에 대답할 시간, 동료의 답변에 반응할 시간, 이해를 확장하고 심화시킬 시간을 충분히 제공해야 한다.

◎ 발문 전략 점검표

발문 전략	평가 척도			사례 및 수정 보완
	미흡	보통	우수	
1. 발문 후 학생 대답을 듣기 전에 최소 3초 대기한다.				
2. 학생이 응답할 시간을 충분히 주고 기다린다.				
3. 학생이 응답하기 전에 자신의 언어로 연습하게 한다.				
4. 가급적 폐쇄적 발문보다는 개방적 발문을 활용한다.				
5. 사고 구술법을 활용하여 학생 사고 활동에 도움을 준다.				
6. 질문을 만들어 친구와 묻고 대답하는 활동을 하게 한다.				
7. 가급적 저차원 발문보다는 고차원 발문을 사용한다.				
8. 동료 답변에 대해 보충하거나 추가 질문을 하게 한다.				
9. 힌트를 제공하여 학생이 보다 쉽게 대답하게 한다.				
10. 학생에게 반대를 위한 반대 질문을 만들게 한다.				

(2) 탐문

탐문은 질문 뒤에 나오는 질문이다. 탐문은 초기 반응을 심화·확장시키거나, 명료화하게 하거나, 일탈된 반응을 다시 원점으로 되돌리거나, 초기 반응을 정교하게 다듬는 질문이다. 박태호(2004)는 탐문[19]의 유형을 ① 초점화하게 하기, ② 입증하게 하기, ③ 명료화하게 하기, ④ 정교화하게 하기, ⑤ 확장하게 하기의 다섯 가지로 구분했다.

① **초점화하게(refocusing) 하기**는 학생의 첫 반응이 교사의 핵심 질문에서 이탈되어 초점을 바로잡고자 할 때에 사용한다. ② **입증하게 하기**는 학생이 교사의 발문에 반응했을 때 관련 정보의 출처를 밝히도록 요구하여 정보의 정확성을 한층 높이고자 할 때에 사용한다. 일반적으로는 '________을 어떻게 알았는가?'의 형식으로 물으면 된다. ③ **명료화하게 하기**는 학생의 첫 반응이 틀리지는 않지만 다소 불분명하거나 부적절한 용어로 표현하여 기대에 못 미칠 경우에 사용한다. ④ **정교화하게(elaboration) 하기**는 교사의 발문에 답한 학생 응답이 정답의 범주에는 포함되나, 너무 기본적이거나 간결할 경우에 더 구체적인 대답을 요구할 때에 사용한다. ⑤ **확장하게 하기**는 동일 내용에 대한 학생의 다양한 반응을 요구할 때에 사용한다.

◎ 탐문 점검표

질문 번호	교사 질문		학생 응답에 대한 교사 반응				교사 탐문					
	수렴	확산	인정	부분 인정	인정 거부	모름/ 무응답	탐문 없음	초점화	명료화	입증화	확장화	정교화
1												
2												
3												
⋮												
총												

4) 서사(스토리텔링)

스토리텔링 수업 설계 유형은 ① 도입 학습 스토리텔링, ② 전개 학습 스토리텔링, ③ 정리 학습 스토리텔링, ④ 도입-전개-정리 학습 스토리텔링의 네 가지 유형으로 분류할 수

19. 박태호(2004)에서는 반응대화라는 명칭을 사용했다.

있다(백조현 · 박수홍 · 강문숙(2010: 123) 부분 수정). 도입 학습에는 주의집중, 학습 동기 유발, 학습 활동 안내가 포함된다. 전개 학습에는 내용 전달과 이해, 수업 전략, 발문과 토론, 효과적 의사소통, 점검과 대처, 수업 자료, 수업 운영이 포함된다. 정리 학습에는 평가와 관리가 포함된다.

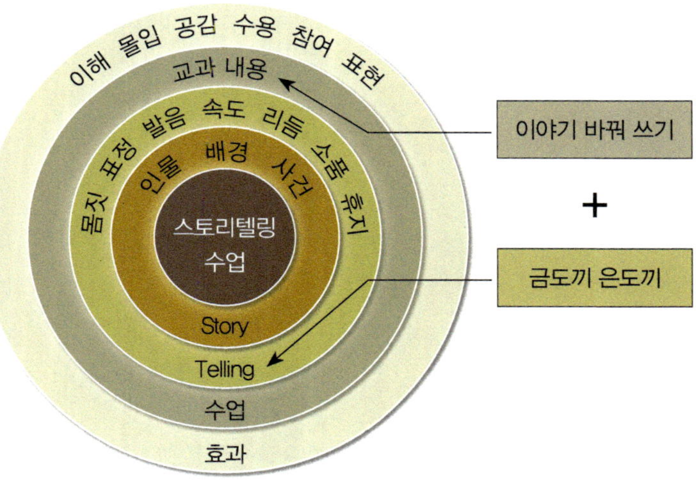

위의 그림은 윤 교사의 스토리텔링 수업 장면을 도식화한 것이다. 이 차시의 학습 목표는 '친구와 이야기를 새롭게 꾸며볼 수 있다.'이고, 제7차 교육과정에 따라 개발된 『쓰기』 교과서 둘째 마당 '우리가 꿈꾸는 세상'의 3/6차시이다. 윤 교사는 '궁금이상자'를 활용하여 학생의 주의를 집중시키고, '금도끼 은도끼' 이야기를 변용한 스토리텔링을 활용하여 학습 목표를 확인하고, 학습 동기를 유발했다. 이어지 '금도끼 은도끼' 스토리텔링 수업 대화 장면을 보면, 지금까지의 논의와 구체적으로 연결된다.

교사 선생님이 금도끼 은도끼 이야기를 들려줄 텐데요. 여러분이 알고 있는 이야기와는 조금 달라졌습니다. 어떤 부분이 달라졌는지 귀 기울여 잘 들어 보세요. 옛날 어느 날, 나무꾼이 나무를 하고 있었어요. 그런데 너무 더워져서 윗옷을 벗어 놓고 나무를 했어요. 나무하기를 다 끝마치고 주위를 둘러보아도 윗옷이 보이지 않는 것이었어요. 그래서 나무꾼이 엉엉 울고 있었을 때 산신령이 뿅! 하고 나타났어요. "이 도끼가 네 도끼냐?", "아니옵니다. 저는 도끼를 잃어버린 게 아니라 윗옷을 잃어 버렸습니다."라고 했어요. 그러자 산신령이 "그럼, 이만 난 들어가 보겠다."라고 했어요. 그때였어요. 산신령한테 강한 바람이 슝 불더니 산신령의 윗옷이 벗겨졌어요. (나무꾼이 잃어버린 옷을 입고 있는 산신령의 모습이 나타난다.)

교사 자, 여러분이 알고 있는 금도끼 은도끼와 무엇이 달라졌나요? 슬기.

학생 네, 원래 동화에는 그 도끼가 없어지는 것인데 옷이 없어지는 것으로 바뀌었습니다.

교사 네, 방금 들은 이야기를 잘 생각해서 오늘 쓰기 시간에는 어떤 공부를 하게 될 것 같아요? 민혁이.

학생 네! 이야기를 새롭게 바꾸어 쓰는 것을 해볼 것 같습니다.

5) 단서(힌트, 실마리)

실마리 제공하기는 학생이 전혀 대답을 못 하거나 일부분만 대답했을 때 혹은 틀리게 대답을 한 경우에 학생의 학습 활동 참여를 조장하기 위해 사용하는 언어적/비언어적 수업 대화 전략이다(Hume, Michael, Rovick, & Evens, 1996; McArthur et al., 1990). 학생이 교사의 발문에 대답을 하지 못하고 머뭇거리거나 지나치게 막연해할 때에는 실마리를 제공해야 한다. 이때에 교사는 정답에 가까운 실마리를 제공하기보다는 학생 스스로 과제를 해결할 수 있도록 필요한 정보를 다양하게 제시해야 한다.

6) 풀기

학습 활동 참여는 문제 풀이로부터 시작된다. 학생은 배우고 익힌 내용을 연습하거나 적용할 때에 적극적으로 반응한다. 교사의 질문에 응답하거나 교과서와 학습지의 연습문제를 풀면서, 유인물에 제시된 절차에 따라 토론과 토의 활동을 하면서 자연스럽게 학습 활동에 참여한다.

Rosenshine과 Stevens(1986)는 학생의 학습 활동 참여 유도 방안으로, ① 다양한 문항의 질문 준비하기, ② 요점, 보충 내용 관련 질문 준비하기, ③ 학생 자신의 언어로 학습 내용이나 절차 요약하기, ④ 칠판이나 유인물에 학습 문제를 제시하고, 교실을 순회하면서 학생 발달 수준 점검하기, ⑤ 친구와 정답 검토하기, ⑥ 정리 부분에서 모둠별로 주요 내용 요약하여 발표하게 하기의 여섯 가지를 제안했다. 이것을 표로 제시하면 다음과 같다.

◎ 문제 풀기와 학습 활동 참여 유도

문제 풀이 유도 활동	문제 풀이 유도 목적				
	동기 유발	특정 활동 종료 후	수업 전환	과제로 인한 지연	무제한 (학생 재량)
질문					
교과서나 학습지의 연습문제					
유인물 연습문제					
OHP나 칠판의 연습문제					
기타					

7) 토론

진정한 토론은 모든 학생이 주제에 대해 서로의 생각을 공유하고, 교사는 토론이 원만히 진행되도록 안내하며, 학생은 토론 활동에 적극 참여할 때에 발생하고, 토론을 하면서 주제에 대한 이해를 확장시키고 심화시킨다. 유능한 교사는 토론을 할 때에 학생이 동료의 반응을 존중하도록 지속적으로 교육을 하고, 동료의 논평에 대해 질문하도록 유도하며, 토론 평가표를 활용하여 토론의 양적 측면과 질적 측면을 종합적으로 기록하고, 해석한다. 아울러 학교 블로그 등에 토론 주제를 게시하여 학생의 적극적인 참여를 끌어낸다.

학생의 토론 능력을 향상시키는 기법 중의 하나가 소크라테스의 산파술이다. 소크라테스의 문답식 토론 유형에는 사고 탐색, 가정 탐색, 추론 탐색, 대안 탐색, 결론 탐색, 메타 질문이 있다. 사고 탐색은 응답 사고 능력을 향상시키는 발문 전략이고, 가정 탐색은 드러나지 않는 가정을 조사하는 사고 능력을 향상시키는 발문이며, 추론 탐색은 주장에 대한 근거 제시 및 반박 활동과 관련된 사고 능력을 향상시키는 발문이다. 대안 탐색은 논제를 다양한 관점에서 해석하고 평가하는 데 도움을 주는 발문이고, 결론 탐색은 논제에 대한 함축과 결론 제시 능력을 향상시키는 발문이며, 메타 질문은 다양한 발문의 효용성을 판단하는 발문이다.

◎ 문답법을 활용한 토론 전략

항목		평가 척도 (√)			
		미흡	보통	우수	탁월
사고 탐색	그렇게 말하는 까닭은?				
	다시 한 번 더 설명을 한다면?				
	앞에서 말한 내용과 지금 말하는 내용의 관계는?				
가정 탐색	내 생각을 수정한다면 정답은 무엇인가?				
	또 다른 가정도 가능한가?				
추론 탐색	그렇게 생각하는 까닭은?				
	이것을 어떻게 알았지?				
	의견을 뒷받침하는 사실은?				
대안 탐색	이것을 또 다른 관점에서 본다면?				
	이러한 관점이 다른 것에 비해 우수한 까닭은?				
	이 관점의 강점과 약점은 무엇인가?				
결론 탐색	다음에는 어떤 일이 발생할 것인가?				
	이전에 알고 있는 내용이 어떻게 변화되었는가?				
메타 질문	질문의 요지는 무엇인가?				
	질문이 사고 발달에 어떤 도움을 주었는가?				
	사고력 향상에 도움이 되는 질문은?				

몇몇 교실에서는 일부 학생들이 토론을 주도하면서 다른 학생의 참여를 막는 경향이 있다. 교사는 이러한 상황을 방지하고, 모든 학생이 토론에 적극 참여하여 상호 협력하는 환경을 조성해야 한다. 이때에 활용할 수 있는 방법 중의 하나가 토론 참여 유도표와 점검표이다.

◎ 학생의 토론 참여 유도표

활동	자료	참여도			반성 및 수정
		미흡	보통	우수	
모둠별 참여 • 교사가 모둠별 질문 • 기다리기 • 특정 모둠 지명 발표 • 질의응답 • 일부 모둠 응답 내용 요약					
반응 카드 활용 참여 • 교사가 말이나 글로 질문 • 학생은 반응 카드로 응답 • 다양한 카드 활용 가능 – 예/아니오 카드 – 글자가 색인된 카드 – 글자를 적을 수 있는 빈 카드					
수신호 활용 참여 • 교사 질문 • 엄지손가락으로 반응 – 정답은 올리기 – 오답은 내리기 – 자신 없으면 수평으로 하기					
무작위 참여 • 무작위 추천 및 참여 유도 – 나무 막대기 – 숫자 – 탁구공 등					

8) 매체

매체 활용 역시 수업의 질을 결정한다. 매체 자료의 유형에는 청각 자료, 언어 자료, 시각 자료, 촉각 자료가 있다.

◎ 매체 자료의 유형

청각 자료	언어 자료	시각 자료	촉각 자료
• 교사 설명 • 교사와 학생 질문 • 오디오나 비디오 청취 • 따라 읽기 • 학생들의 소집단 토론	• 판서 • OHP • 낭독 • 소집단 교재 읽기 • 필기	• 차트, 그래프, 삽화 • 도표나 그림 관찰 • 영화나 비디오 감상 • 실물이나 모형 관찰	• 표본 검토 • 기구 사용 • 제작과 구성(붙이기, 잘라내기, 그리기) • 자료 배열과 순서 조합

좋은 수업은 위에서 제시한 매체를 학습 유형에 맞게 적용하고 활용하는 수업이다. 예를 들면, 소집단 활동을 하면서 하나의 차시 학습 목표에 대해 금강 모둠에서는 청각 자료(카세트테이프나 발표)를, 한라 모둠에서는 보기 자료(칠판의 도표 활용, 영화 감상 및 컴퓨터 자료 활용)를, 설악 모둠에서는 촉각 자료(표본이나 기구 사용, 제작)를 활용하여 학습할 수 있다. 이에 대해 Marx와 Walsh(1988)는 소집단별로 서로 다른 유형의 매체를 활용하여 학습 활동을 전개하면, 학생 자신이 학습 활동을 통제하고 제어하는 느낌을 갖게 된다(설양환 · 박태호 외 역, 2005: 172).

◎ 매체 활용 점검표

5분 간격	구두 자료	쓰기 자료	시각 자료	촉각 자료
1				
2				
3				
4				
5				
6				
7				
8				
9				
10				
합계				
백분율				
시간(분)				

4. 학생 배움중심의 수업 원리

학생 배움중심 수업 원리로 정서적 공감과 인지적 지원을 들 수 있다.[20] 정서적 공감 원리에는 칭찬하기, 격려하기, 존중하기, 수용하기 등이 해당되고, 주로 학생 입장을 정서적으로 공감하고 지지하는 역할을 한다. 인지적 지원 원리에는 개발하기, 도전하기, 참여하기, 연결하기, 책임 공유하기, 작게 나누어 질문하기(세분) 등이 해당되고, 주로 지식과 기능의 개발과 소통 및 표현을 지원하는 역할을 한다.

배움 원리를 반영한 기념일에 대한 오개념 지도 예시

배움 원리를 반영한 기념일에 대한 오개념 지도 방안입니다. 먼저 기념일의 개념을 살펴봅니다. 사전적 정의에 따르면 기념일이란 축하거나 기릴 만한 일이 있을 때에 해마다 그 일이 있었던 날을 기억하는 날입니다(**설명**). 이 정의에 따르면, 결혼기념일, 개교기념일, 생일 등은 기념일에 해당합니다. 다만, 오늘 공부할 내용은 '나라에서 정한 기념일'이므로 빼빼로데이나 블랙데이처럼 상술을 목적으로 특정 단체에서 정한 기념일은 자연스럽게 제외합니다(**시범**). 그런 다음에 친구와 짝을 지어 개교기념일이나 나라에서 정한 기념일을 제외하는 이유를 친구 앞에서 발표하게 합니다(**연습과 발표**).

설명, 시범, 연습과 발표로 진행되는 학생 배움활동 도중에 학습 활동 참여 상황을 고려하여 공감과 지원 활동을 할 수 있다. 발표력이 좋은 학생에게는 **수용**하고 **칭찬**하는 활동을, 다소 부족한 학생에게는 **존중**하면서 **격려**하는 활동을, 긴장된 분위기를 완화하기 위해 **유머** 화법을 구사하고 **딴청부리**는 활동을 할 수 있다. 이러한 공감 활동 외에도 기념일과 학생 경험을 **연결**시키는 활동을, 새로운 내용 학습에 **도전**하고 **표현**하는 활동을, 친구와 **공동**으로 과제를 해결하는 활동을 할 수 있다. 공감과 지원에 기초한 '기념일에 대한 오개념 교수법'을 제시하면 다음과 같다.

20. 박태호(2009: 51~60)에서 요약 발췌 및 추가.

◎ 기념일에 대한 오개념 교수법 및 원리

개념	• 기념일이란 축하하거나 기릴 만한 일이 있을 때, 해마다 그 일이 있었던 날을 기억하는 날이다. • 오늘 공부할 기념일은 나라에서 정한 기념일이다.
오개념	• 상술에 의한 기념일(~데이)이나 결혼기념일, 생일, 개교기념일을 나라에서 정한 기념일과 혼동하는 경우가 있다.
배움 전략 (교수법)	• 나라에서 정한 기념일의 개념을 정의한다(**설명**). • 정의를 바탕으로 오개념 수정을 시범 보인다(**시범**). • 소집단이나 짝 활동을 바탕으로 오개념을 수정하게 한다(**연습, 발표**).
배움 원리	공감: ▫칭찬 ▫격려 ▫존중 ▫수용 ▫유머 ▫딴청 ▫기타 지원: ▫도전 ▫개발 ▫연결 ▫공유 ▫대기 ▫표현 ▫기타

1) 정서적 공감 원리

(1) 칭찬하기

칭찬하기는 적절한 반응에 대해 긍정적인 평가를 하는 전략이다(Brophy, 1986). 칭찬하기는 언어를 매개로 하여 이루어지는 긍정적 피드백의 한 유형이다. 교사는 칭찬을 하면서 학생이 자유분방한 분위기에서 적극적으로 대답할 수 있도록 유도를 해야 한다. Brohpy와 Good(1986)에 따르면, 대부분의 교사가 칭찬을 하면서 보낸 시간은 하루 일과의 2%에 불과하다고 한다. 칭찬의 교육적 효과에 비해, 실제 교실 수업에 적용된 칭찬하기 비율은 매우 미약하다고 할 수 있다.

칭찬은 칭찬 방식과 칭찬 유형으로 구분할 수 있다. 칭찬 방식에는 ① 말로 하는 칭찬, ② 고개를 끄덕이거나 등을 두드리는 것과 같은 신체를 활용한 칭찬, ③ 글로 하는 칭찬이 있다. 칭찬 유형에는 ① 중립적 확언, ② 놀람이나 기쁨, 흥분 표현, ③ 가치 설명, ④ 사용과 확장, 정보 입수의 칭찬이 있다. ① 중립적 확언에는 '좋아', '훌륭해', '그렇지' 등이, ② 놀람이나 기쁨, 흥분 표현에는 '너는 천재다', '탁월해' 등이, ③ 가치 설명에는 '학급 어린이들에게 정답인 이유를 설명하고, 원인이나 요소를 분석해서 증명하기' 등이, ④ 사용이나 확장, 정보 입수에는 '다음 수준으로 학생 반응을 인도하거나 후속 단계에 도달할 수 있도록 칭찬 사용하기' 등이 해당된다.

(2) 격려하기

격려하기란 부정확하게 답변을 하거나 오답을 한 학생을 격려하여 그 학생이 원하는 내용으로 반응하도록 인도하는 수업 대화 전략이다(조벽, 2001: 112~114; Graesser et al., 1995; Person, 1994). 학생이 과제 수행에 필요한 지식, 기능/전략, 태도에 관해 오류를 범하거나 부적절한 행동을 하면 지적을 하여 교정해야 한다. 만약 이에 대해 언급을 하지 않으면 학생은 오답을 정답으로 알게 될 가능성이 있으므로 교사는 오류 상황을 파악하는 즉시 개입하여 교정해야 한다.

문제는 교정 방식에 있다. 지나치게 무안을 주거나 이와는 반대로 지나치게 칭찬을 하면 안 되기 때문이다. 학생의 오류를 교정할 때에는 틀린 이유를 명확히 밝히되 교사가 보다 적극적으로 개입하여 '~하니까 그렇게 생각할 수 있겠군', '그런 점도 있지', '○○○의 생각도 옳은데 그 생각에는 어떤 내용이 빠져 있나 하면~' 등의 표현을 사용할 수 있다(이용숙 · 조영태, 1987: 253).

(3) 유머 활용하기

유머 활용하기는 긴장과 이완의 심리를 적절히 활용하여 진행하는 수업 대화 전략이다. 교실 수업은 목표 지향적이라는 점에서 팽팽한 긴장이 흐르기 쉽다. 그러나 긴장할수록 학습 효과는 떨어진다(민현식, 2001: 82~83). 또 고차원적인 사고 능력을 기른다고 해서 너무 심각한 질문만을 하게 되면 수업 분위기가 딱딱해져서 학생이 흥미를 상실할 우려가 있다(이용숙 · 조영태, 1987: 243). 이때 유머 활용하기 전략을 활용하면 효과적이다. 또 수업 중 교사의 발문에 대해 부적절한 반응을 한 학생이 친구들 앞에서 무안함을 느끼지 않고, 학습 활동을 마무리하도록 유머를 사용하면 효과적이다.

(4) 맞장구치기(수용하기)

맞장구치기는 교사가 학생의 말을 듣는 도중이나(Clark & Schaefer, 1989), 듣고 난 후에 사용하는 피드백 전략이다(장은아, 1999). 맞장구치기에는 언어적, 비언어적 행위가 포함되고, 이것을 사용하는 목적은 학생의 문제 해결 능력 신장과 명확한 표현의 유도에 있다. 맞장구치기의 유형에는 적극적 유형의 맞장구, 중도적 유형의 맞장구가 있다. 약간 적극적 유형에는 '좋았어', '그래', '잘했어', '적극적으로 고개 끄덕이기' 등이 포함되고, 중도적 유형에는 '으-음', '아-아아', '어-어어', '눈짓' 등과 같이 명확하게 의사표현을 하면서 맞장구를 치는 것은 아니지만 동조하고 있다는 느낌이 들게 하는 것들이 포함된다.

맞장구치기는 다음의 세 가지 기능을 가진다. 첫째, 교사가 맞장구를 칠 때, 학생은 자신이 하고 있는 말을 교사가 주의 깊게 듣고 있으며, 자신이 말하는 내용을 교사가 이해하고 있다는 생각을 하게 된다(Clark & Schaefer, 1989). 둘째, 중도적 혹은 적극적 차원에서 이루어지는 맞장구치기를 접하는 학생은 심리적으로 편안함을 느끼거나 학습 동기가 유발되고, 경우에 따라서는 스스로 자신의 생각을 조절하면서 발표하는 자기조절 사고 능력을 기를 수 있다. 셋째, 맞장구치기는 대화를 지속시킬 수 있는 동기를 제공한다. 대화 도중 고개를 끄덕이거나 미소를 짓는 교사의 비언어적 행위나 '좋아' 등과 같은 언어적 행위는 우호적 분위기에서 대화를 지속시킬 수 있는 윤활유 역할을 한다.

(5) 존중하기

학생 개인을 하나의 인격체로 인정하고, 학습권을 존중한다. 학생이 학습 활동 도중에 오개념(기능)이나 난개념(기능) 때문에 주춤거리는 상황이 발생할 때에 부정적인 언어를 사용하여 명령, 지시, 억압, 강요, 비난 등을 하지 않고, 학생이 따뜻하고 편안한 상태에서 학습 활동에 참여할 수 있도록 배려하는 것이다.

2) 인지적 지원 원리

(1) 작게 나누어 말하기(슬라이싱(Slicing); 분화)

작게 나누어 말하기는 초기 대화 목적과 내용은 바꾸지 않고 학습자의 수준에 맞게 범위를 작게 조정하거나 쪼개어 대화를 나누는 전략이다(Brophy, 1986). 이 전략을 사용할 때에는 한 번에 한 가지씩, 체계적인 절차를 밟되 학생이 쉽게 말하게 해야 한다.

(2) 책임 공유하기

책임 공유하기란 동료와 사전에 답변을 의논하고, 그 결과에 대해서도 공동 책임을 지는 것(조벽, 2001: 110), 오답 제시에 대한 책임을 학생 개인이 아닌 교사나 동료가 함께 지는 것을 말한다. 학습 능력이 우수한 학생이나 부진한 학생 모두 수업 중 답변하기 어려운 문제로 고민하는 경우가 있다. 이때에 동료 학생과 사전에 의논을 하면 부담이 줄어든다. 정답을 몰랐지만 동료와 의논을 하면서 부담이 줄고, 오답을 제시한 경우에도 책임이 분산되어 부담을 덜 느낀다.

(3) 기다리기

기다리기란 교사가 학생에게 발문을 할 때에 학생이 발문 내용을 충분히 생각하고 답을 하도록 시간적 여유를 주는 전략이다. 연구 결과에 따르면 발문 후에 학생의 반응을 기다리는 교사의 대기 시간은 학생 반응의 질과 양에 영향을 준다(Rowe, 1974).

발문 후 3~5초 정도에 걸쳐 의도적으로 기다리기 전략을 사용한 결과 학생에게는 ① 응답시간의 증가, ② 자발적이고 정확한 응답의 증가, ③ 부정확한 응답의 감소, ④ 학생 자신감의 증가, ⑤ 심사숙고하여 발표하는 사례 증가, ⑥ 교사주도의 대화 감소에 따른 학생주도의 대화 증가, ⑦ 더 많은 증거 제시를 이용한 추론 및 진술하기, ⑧ 학생주도의 질문 증가, ⑨ 학습 부진 학생들의 수업 참여도 증가 등이 일어났다. 교사에게는 ① 토의 과정 유연, ② 발문양의 감소, ③ 다양한 유형의 발문 사용 증가, ④ 학습 부진 학생들에 대한 교사의 기대 증가 등이 일어났다(권낙원 역, 2001: 381~382).

(4) 딴청부리기

딴청부리기는 수업 시간에 학습 동기를 유발할 때, 선수학습 관련 내용을 확인하기 위해 배경지식을 활성화할 때, 학습자에게 긴장감을 조성하면서 새로운 내용을 학습시킬 때에 사용하는 수업 대화 전략이다. 일명 모르는 척하기 전략, 잡아떼기 전략이라고 할 수 있다. "선생님이 잘 모르니까 여러분들이 도와주세요.", "창수가 이야기한 것이 정말 맞아요?", "선생님이 작년에 5학년 형님들을 가르칠 때, 형님들도 굉장히 어려워하던 문제인데, 여러분들이 이 문제를 풀 수 있어요?", "선생님은 잘 기억이 나지 않는데 ○○○의 뜻이 무엇이죠?"와 같은 수업 대화가 여기에 해당된다.

(5) 연결하기

선수학습 내용과 후속 학습 내용 연결하기, 학생 경험과 학습 내용 연결하기, 배경지식과 학습 내용 연결하기, 동료의 생각과 내 생각 연결하기, 현재의 학습 내용과 다른 교과의 학습 내용 연결하기, 교과서의 내용과 교과서 밖의 내용 연결하기 등이 해당된다.

(6) 도전하기

본인의 학습 능력보다 난이도가 약간 높은 과제에 정면으로 맞서 문제를 해결하게 하거나 새로운 목표 달성을 위해 과제 수행에 적극적으로 참여하는 것을 말한다. 학생 스스로 학습 활동의 주체가 되어 목표와 과제를 선정하고, 해결 방안을 모색할 때에 최선의 학습 효과를 얻을 수 있다. 이때에 교사나 유능한 동료는 학생이 복잡한 과제에 대해 지속적으로 도전하도록 비계설정을 해야 한다.

(7) 표현하기

학생이 학습 활동의 주체가 되어 동료와의 상호작용을 바탕으로 지식을 구성하고, 공부한 내용을 자신의 생각과 언어로 진술하여 친구 앞에서 다양한 방법으로 자유롭게 발표하게 하면 더 효과적이다. 학습 활동 표현 방법에는 말하기, 쓰기, 그리기, 춤, 역할놀이, 음악, 율동 등이 포함된다.

(8) 개발하기

학습 목표 도달에 필요한 학습 능력(지식 및 기능과 태도)을 발전시키는 것이다. 새로운 관점, 가능성 및 아이디어를 추구하거나 계속 발전시키도록 격려하고 유도한다.

제2부

학생 배움중심의 PCK 수업 설계

1 CoRe 활용 학생 배움중심의 음악과 PCK 수업 설계

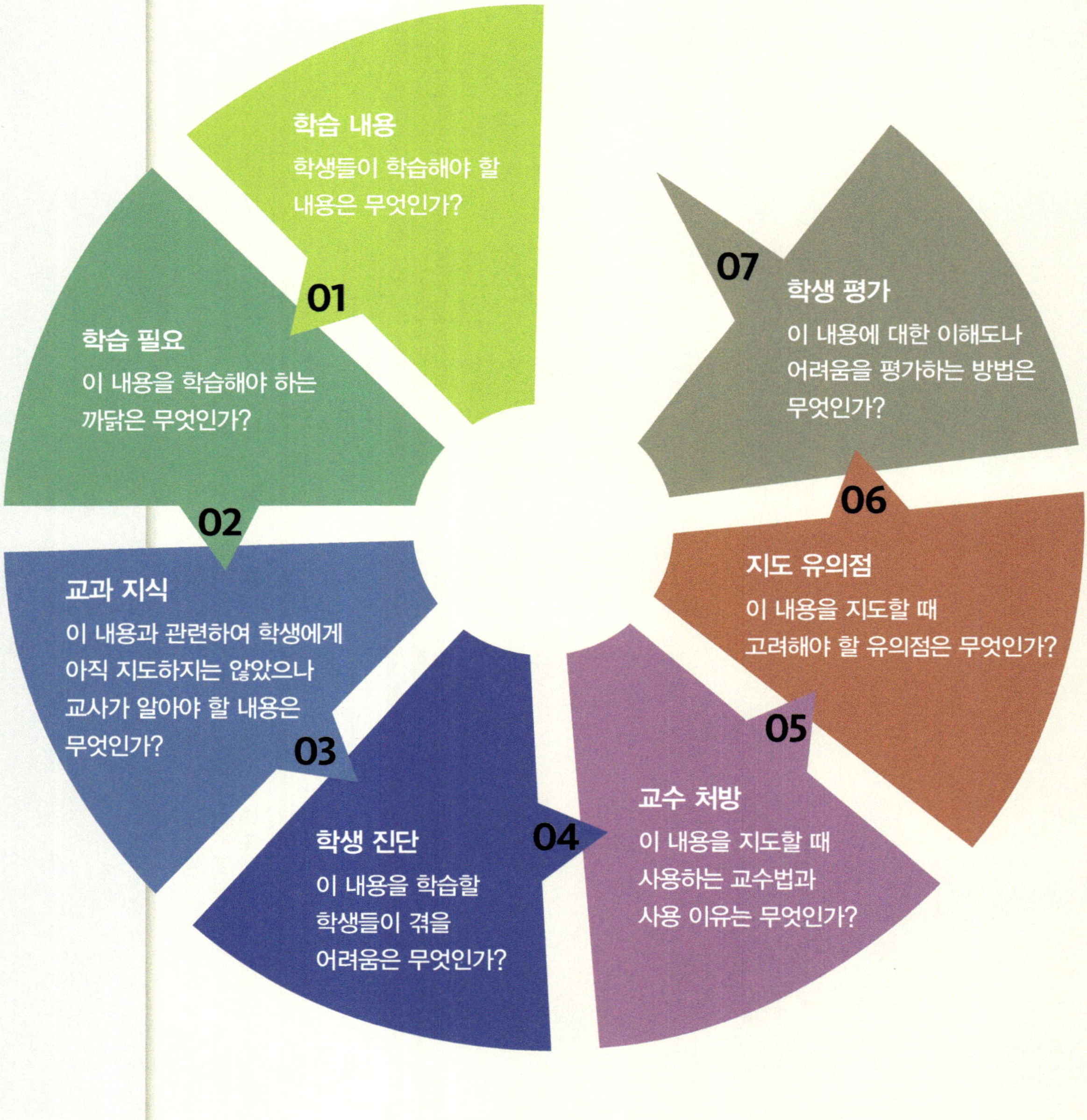

01

학습 내용

학생들이 학습해야 할 내용은 무엇인가?

이 단원은 학생들이 음악과 친해지기 위해 즐거운 활동과 함께 재미있는 노래를 많이 불러 보게 하고 생활 주변의 다양한 물체를 이용한 리듬합주 놀이 등 다양한 음악 놀이를 통해 학생들이 음악에 더욱 친근해지게 하는 데 주안점이 있습니다.

단원의 지도 내용

- 3학년 수준의 노래를 부르거나 악기로 연주하기
- 노랫말 리듬꼴 등을 바꾸어 표현하기
- 악곡의 특징과 음악의 쓰임 이야기하기
- 생활 속에서 음악 즐기기

교과서 살펴보기 단원 도입 살펴보기

학년 학기	3학년 1학기
단원(차시)	2. 음악과 친해져요 1) 딱따구리(1/2)
학습 주제	반복되는 리듬연주에 맞추어 노래 부르기

교과서의 단원 도입을 살펴보고 그림과 질문을 통해 단원의 학습 목표가 무엇인지 먼저 확인합니다.

노래를 부르고 악기를 연주하는 것과 음악과 친해지는 것에 대한 안내는 본 단원의 성취 기준을 제시하는 것입니다.

'음악과 친해지면 어떤 점이 좋을까요?'라는 질문을 통해 노래를 부르고 악기를 연주하면서 음악과 친해지는 방법이 있음을 공부할 것이라는 것을 알 수 있습니다.

이 수업은 소단원 '1. 딱따구리 1/2차시 수업'으로 노래를 부르고 악기를 연주하면서 음악의 즐거움을 알게 하는 단원입니다.

'딱따구리' 노래의 특징을 살리고 다양한 악기를 이용하여 오스티나토 연주를 하면서 노래를 부르면 정말 신나겠지요.

이 수업의 학습 문제는 반복되는 리듬꼴을 찾아보고 노래를 부르며 오스티나토 연주를 하는 것입니다.

본시 학습 문제

- 반복되는 리듬 꼴을 찾아봅시다.
- 노래에 맞추어 오스티나토 연주를 해 봅시다.

반복되는 리듬꼴 찾기
노래에 맞추어 오스티나토 연주하기

- 어린이 스스로 반복되는 리듬꼴을 찾는다.
- 다양한 생활 속 자료를 활용하여 오스티나토 연주를 한다.

본시 학습의 교과서 살펴보기

딱따구리

노래에 맞추어 반주를 해 보고, 리듬 문답 놀이를 할 수 있습니다.

작사자 미상
체코슬로바키아 민요
이은학 편곡

숲 속에 사는 딱따구리가 나무에 구멍 내는 모습을 재미있게 표현한 노래입니다.

※ 제시된 지도서나 교과서는 두산동아에서 제작된 교재입니다.

따라서 이 수업에서 학생들은 지금까지 배운 리듬을 활용하여 반복되는 것을 찾을 수 있습니다. 그리고 특징을 살려 오스티나토 연주를 하며 제재곡을 재미있게 부를 수 있게 됩니다.

이 활동을 통해 생활 속에서 자료를 찾고, 신나는 음악 활동을 통해 음악과 친해지게 될 것입니다.

본시의 학습 요소

1. 반복되는 간단한 리듬꼴
2. 오스티나토 연주

1 노래를 부르며 반복되는 리듬꼴을 찾아봅시다.

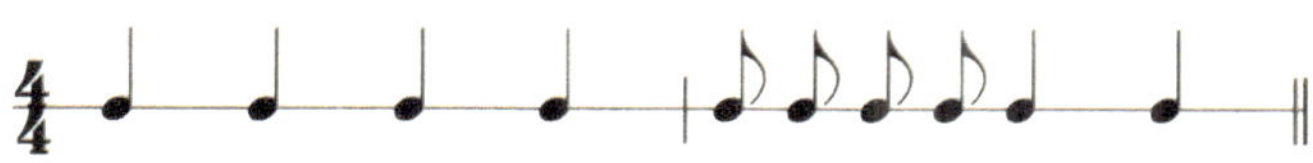

2 노래에 맞추어 실로폰과 여러 가지 리듬 악기로 반주를 해 봅시다.

지금까지 배운 여러 가지 리듬을 기억하여 반복되는 리듬꼴을 찾아보는 학습을 해야겠지요?

먼저 손뼉을 이용해 연주를 해 보고 2학년 때 배운 실로폰 연주법을 기억하고 오스티나토 연주를 해야겠지요?

'떡따구리' 노래의 특징을 살리고 다양한 악기를 이용하여 오스티나토 연주를 하면서 노래를 부르면 정말 신나겠지요.

02

학습 필요

이 내용을 학습해야 하는 까닭은 무엇인가?

학생들이 음악과 친해지기 위해서 해야 할 활동과 학습하는 까닭을 찾기 위해서는 반드시 교육과정에서 제시된 성취 기준을 확인하고 교사용 지도서를 살펴보아야 합니다. 단원 개관을 살펴보면, 단원의 지도 목표를 먼저 찾을 수 있습니다. 또한 학생들이 음악

교사용 지도서 살펴보기

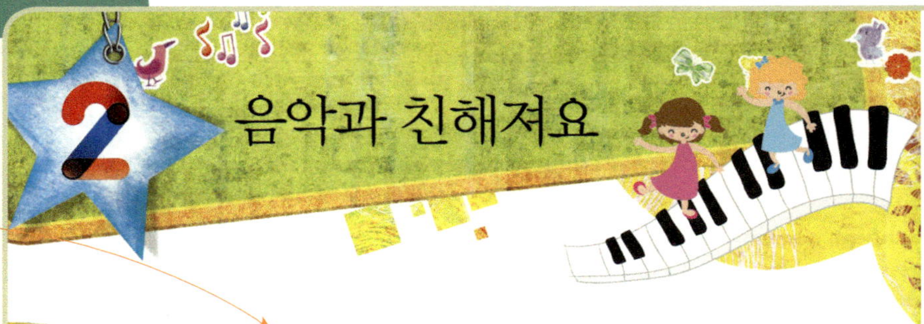

단원 개관을 통해 성취 기준에 따른 지도 목표를 알 수 있어요.

단원 설정의 취지

학생들이 음악과 친해지기 위해서는 즐거운 활동과 함께 재미있는 노래를 많이 불러 보는 것이 중요하다. 본 단원에서는 학생의 생활과 연관된 노래들을 제재곡으로 하여, 여러 가지 타악기를 활용한 학습이 가능하도록 구성하였다. 리듬 카드를 이용한 리듬 문답 놀이, 여러 가지 리듬 악기와 생활 주변의 물체를 이용한 리듬 합주 놀이, 음악을 감상하면서 동물 모양의 인형을 이용한 표현 놀이, 그리고 비가 오는 날의 소리를 여러 가지 방법으로 묘사하는 창작 놀이 등 다양한 음악 놀이를 통하여 학생들이 음악을 보다 친근하게 접근할 수 있도록 하였다.

본 단원에서 지도 이유가 다양한 활동을 통해 음악과 친근해지기임을 알 수 있도록 되어 있습니다.

단원의 학습 목표

- 바른 자세와 주법으로 장구를 연주할 수 있다.
- 실로폰과 리듬 악기로 반주를 할 수 있다.
- 악곡의 박자에 맞추어 노래 부르거나 악기로 연주할 수 있다.
- 악곡의 셈여림을 살려 노래 부르거나 악기로 연주할 수 있다.
- 차례가기와 뛰어가기 가락의 흐름을 파악하여 노래 부를 수 있다.
- 악곡에 어울리는 신체 표현을 할 수 있다.
- 말붙임새나 노랫말을 바꾸어 부를 수 있다.
- 자연이나 주변의 소리를 탐색하여 표현할 수 있다.
- '대취타'와 '놀이요'를 감상하고 그 특징과 쓰임새를 이야기할 수 있다.
- 음악을 감상하며 음악 요소의 표현 방법을 이야기할 수 있다.
- 음악을 들으며 그 특징을 이야기할 수 있다.

본 단원의 지도 목표를 전체적으로 알 수 있도록 제시되어 있습니다.

과 친해지기 위해 주안점으로 배워야 하는 이유를 제시하고 있습니다. 이것이 바로 본시 학습을 해야 하는 까닭입니다.

성취 기준 1-1-(2) 바른 자세와 주법으로 악기를 연주할 수 있다.

학생들이 핵심적으로 배워야 할 교육과정 요소를 영역별로 나누어 설명하고 있습니다. 교사는 이 단원을 가르칠 때 이 요소를 반드시 살펴보아야 합니다.

이 단원에서 가르쳐야 할 요소를 영역별로 나누어(표현 영역, 감상 영역, 생활화 영역) 제시하였습니다.

교육 과정 요소

표현

- ⊙ 바른 자세로 노래 부를 수 있다.
- ⊙ 바른 자세와 주법으로 악기를 연주할 수 있다.
- ⊙ 3~4학년 수준의 음악 요소 및 개념을 이해하며 노래 부르거나 악기로 연주할 수 있다.
- ⊙ 악곡에 어울리는 신체 표현을 할 수 있다.
- ⊙ 악곡을 외워서 혼자 또는 여럿이 노래 부르거나 악기로 연주할 수 있다.
- ⊙ 동요나 민요를 듣고 부르거나 보고 부를 수 있다.
- ⊙ 상황이나 이야기를 여러 가지 소리로 표현할 수 있다.
- ⊙ 제재곡의 노랫말을 바꾸거나 노랫말에 맞는 말 붙임새로 만들 수 있다.
- ⊙ 제재곡의 리듬꼴이나 장단꼴을 바꾸어 표현할 수 있다.

이 단원에서 표현 영역을 어느 수준까지 가르쳐야 할지를 구체적으로 제시하고 있습니다.

감상

- ⊙ 3~4학년 수준의 음악 요소 및 개념에 대해 구별할 수 있다.
- ⊙ 표제 음악 등을 듣고 악곡의 특징에 대해 이야기할 수 있다.
- ⊙ 노동요, 놀이요, 춤곡, 행진곡 등을 듣고 음악의 쓰임에 대해 이야기할 수 있다.

이 단원에서 감상 영역을 어느 내용으로 설정하여 가르치고 무엇을 어떤 방법으로 가르쳐야 할지 제시하고 있습니다.

생활화

- ⊙ 생활 속에서 음악을 즐길 수 있다.
- ⊙ 생활 속에서 우리 음악을 찾아볼 수 있다.

생활 속에서 음악을 즐길 수 있도록 하기 위한 연계 방법을 제시하고 있습니다.

03

교육과정 교과 지식

이 학습 내용과 관련하여 교사가 알아야 할 내용은 무엇인가?

본시 학습 내용을 더 잘 가르치기 위해 교사가 미리 알아 두어야 할 관련 내용이 있습니다. 그 중에서도 가장 먼저 알아 두어야 할 내용은 성취 기준으로 1-1-(2) 바른 자세와 주법으로 악기를 연주할 수 있다입니다. 또한 4/4박자의 다양한 리듬꼴, 그리고 실로폰 연주법에 대한 학습의 계열입니다. 이것은 본시 학습 내용의 가르칠 범위를 결정하는 데 도움을 줍니다. 또한 4/4박자의 노래에 대한 특징과 오스티나토 연주에 대한 관련 지식을 알아 두어야 합니다. 이러한 관련 지식을 알아 두면 학생들이 리듬치기나 오스티나토 연주와 관련하여 여러 가지 질문을 던졌을 때 학생의 수준이나 상황을 고려하여 적절한 답을 할 수 있습니다.

학습의 계열

3학년의 단원들은 즐거운 생활에 통합되어 있는 음악과 요소들과의 연계성을 고려하면서, 이후 4학년부터 전개될 보다 본격적인 음악과 학습에 대한 준비로서 설정되어 있습니다. 즐거운 생활의 대주제 나2, 봄2, 가족2, 여름2의 교육과정 내용에서 음악과 지도적 요소 중 반복되는 리듬꼴, 4/4박자 노래 부르기, 실로폰 연주 등과 연계되어 있음을 알아야 합니다.

선수 학습	• 교육과정 성취 기준 통즐 2141. 내가 잘하는 것과 좋아하는 것을 생각해 보고, 앞으로 이루고 싶은 꿈을 여러 가지 방법으로 표현할 수 있다. – 통합교과 나2 – 1. 나의 몸 나2. – 2. 나의 꿈	문화적 소양 능력 맛보기
본시 학습	• 교육과정 성취 기준 음 4112. 바른 자세와 주법으로 악기를 연주할 수 있다. – 음악(3학년 1학기). 2. 음악과 친해져요(1/8)	문화적 소양 능력 기르기
후속 학습	• 교육과정 성취 기준 음 4121–2. 3~4학년 수준의 음악 요소 및 개념을 이해하여 악기로 연주할 수 있다. – 음악(4학년 1학기). 5. 음악과 함께해요(1/9)	문화적 소양 능력 누리기

교과 핵심 지식 및 기능

4박자 리듬꼴

4/4박자 노래에서 나오는 4박자 리듬꼴

①

②

③

④

⑤

⑥

본 차시에서 배울 '딱따구리' 노래에 나오는 4/4박자 리듬꼴 중 반복되는 리듬꼴 찾기

실로폰 연주 방법

실로폰 연주 시 위치 바르게 알기

실로폰 음의 위치

- 실로폰 채는 머리로부터 3분의 2 정도 되는 부분을 가볍게 잡는다.
- 두 채 사이의 각도는 90°가 되도록 한다.
- 음판과 채의 각도는 수평에 가깝도록 한다.
- 실로폰 채로 음판을 튕기듯이 가볍게 친다.
- 어깨와 손목에 힘을 빼고 채가 튀어 오르는 듯한 탄력으로 음판의 한가운데를 일정하게 친다.
- 양손치기는 왼손은 위로, 오른손은 아래로 가게 하여 친다.
- 음의 진동을 위하여 음판을 친 다음에 채를 빨리 뗀다.

오스티나토

- 오스티나토는 반복되는 리듬 또는 선율 패턴을 말한다.
- 오스티나토는 말 리듬, 노래, 악기, 신체 동작 등 표현 모두에서 가능하며, 다음과 같은 종류가 있다.
  - 말 리듬 오스티나토
  - 타악기 오스티나토
  - 목소리 오스티나토
  - 신체 악기 오스티나토
  - 선율 오스티나토
  - 화성 오스티나토

기악 활동의 지도

교사는 기악 악기를 지도할 때 '반드시 어떤 악기로만 연주해야 하는가?' 하는 고민을 합니다. 그리고 악기가 없어서 연주가 안 되는 경우가 많이 있습니다. 오스티나토 기법의 연주는 이 문제를 해결하는 데 아주 좋은 방법이라고 할 수 있습니다.

기악 수업을 위해 반드시 전문적인 악기가 필요한 것은 아니며 음악적 표현을 위해 사용되는 도구는 무엇이든지 악기로 사용될 수 있습니다.

초등학교 3학년 음악적 발달 특징

교사는 학생들을 지도할 때 발달 특징을 고려하는 것이 필요합니다. 본 단원에서 가르쳐야 할 내용과 관련된 음악적 발달 특징을 살펴보면 아래와 같습니다.

- 박자 세는 능력이 개선된다.
- 높음과 낮음의 개념을 이해한다.
- 가사가 없는 복잡한 리듬도 칠 수 있다.
- 음계 음들의 조성적 위계 질서에 민감해진다.

발달 단계에 따른 특징으로 피아제와 슈타이너 이론에 따른 음악 발달 특징은 아래와 같습니다.

- 청감각과 음악적 사고력을 발달시키는 데 가장 적합한 시기이다.
- 수 개념이 어느 정도 발달하고 음계를 파악할 수 있는 시기이기 때문에 음악 수리적 사고가 가능하여 악보의 습득이 가능한 시기이다.
- 단순한 악기를 어려움 없이 다룰 수 있으므로 이 시기에는 악기에 대한 지도도 함께 이루어져야 한다.
- 음악에 대한 기호를 형성하게 되는 시기로 이 시기는 아동들의 음악적 기호 형성에 큰 영향을 미친다.

04

학생 진단

이 내용을 학습할 학생들이 겪을 어려움은 무엇인가?

본시 학습 내용에 대한 성취도를 높이기 위해서는 학습 내용의 핵심적인 지식 또는 기능과 이에 대한 학생들의 이해도나 기능 정도가 어떤지, 학생들의 이해도 또는 기능을 높이는 데 방해하는 걸림돌이 무엇인지 미리 예상하거나 실태를 파악하고 걸림돌을 제거하거나 이해도 또는 기능 숙달도를 높이기 위한 대비책을 마련해 두는 노력이 필요합니다. 여기서는 학습 내용의 핵심 지식을 먼저 알아보고, 이에 대한 학생들의 이해도나 기능 습득에 어떤 어려움이 있는지 살펴봅니다. 학생들 중에는 반복이라는 용어도 모르는 경우가 많습니다. 따라서 교사는 학생들의 수준을 고려하여 용어 하나하나 다양한 배움 전략을 통해 지도하는 것이 필요합니다.

또한 개인별 이해도 및 기능 수준을 파악하여 수준별 학습 지도를 한다면 학생 배움에 훨씬 효과가 좋을 것입니다. 이 자료를 바탕으로 하여 학생들 상호 간에 팀티칭이 이루어질 수 있도록 팀을 구성해 주는 방법도 고려해 볼 수 있습니다.

교과 핵심 내용(기능)에 대한 학생 이해도

(◎: 상, ○: 중, △: 하)

학생 이름	지식			기능	
	반복되는 4박자 리듬꼴	실로폰 연주법	오스티나토 연주법	4박자 리듬치기	실로폰 연주 기능
강 한물	◎	◎	△	◎	◎
강 솔이	△	○	○	○	◎
송 솔이	△	○	△	○	△

학습 내용

핵심 지식이나 기능

- 노래 악보를 보고 반복되는 리듬꼴을 찾는다.
- 오스티나토 연주법을 알고 연주한다.
- 제재곡을 연주에 맞추어 즐겁게 노래한다.

본시 학습에서 학생들에게 꼭 가르쳐야 할 세 가지 핵심 지식 또는 기능의 내용입니다.

핵심 지식 1 반복되는 리듬꼴 찾기

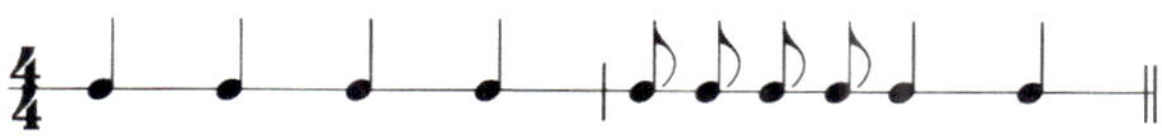

- 제재곡 '딱따구리' 노래 악보를 보고 반복되는 리듬꼴을 찾는다.

핵심 기능 2 실로폰과 교실 속 자료를 이용하여 오스티나토 연주하기

- 실로폰을 이용하여 오스티나토 연주를 할 수 있는 기능을 익힌다.
- 생활 속 다양한 자료나 리듬악기를 활용하여 오스티나토 연주를 할 수 있는 기능을 익힌다.

핵심 지식 3 차례가기 가락, 뛰어가기 가락 찾아보기

- 제재곡의 특징을 살려 노래 부르기 위해 차례가기 가락, 뛰어가기 가락을 찾아보게 한다.

여기서 잠깐!

핵심 지식이나 기능으로 추가할 내용이 있다면 적어 보세요.

난개념, 난기능

본시에서 학습해야 할 내용 중에서 선개념으로 배웠으나 학생들이 이해하기 어려워하는 내용과 기능이 무엇인지 미리 알아 두어야 합니다. 난개념과 난기능을 어떻게 해결하는지가 학습 목표 도달을 결정합니다. 본시 학습의 난개념과 난기능을 자세히 살펴보기로 할까요?

난개념 1 리듬에 대한 정확한 이해

• 리듬의 개념

– 음(표)과 쉼(표)이 길이를 달리하면서 연속적으로 진행되는 것

– 1~2학년군에서 통합으로 학습하였기 때문에 리듬에 대한 개념이 정확하게 형성되어 있지 않음

난개념 2 반복되는 리듬에 대한 이해

• 반복되는 리듬의 개념

– 반복되는 리듬이란 같은 리듬이 두 번 이상 나오는 것

– 반복이라는 용어의 개념을 어려워함

난개념 3 실로폰 오스티나토 연주 기법

• 실로폰 연주 방법을 선기능으로 배웠지만 늘 연주하는 악기가 아니라 연주하기를 어려워함

• 실로폰으로 연주하는 오스티나토 기법 연주 중 두 음을 동시에 연주하기를 어려워함

여기서 잠깐!

난개념, 난기능에 추가할 내용이 있다면 적어 보세요.

오개념, 오기능

본시에서 학습해야 할 내용과 관련하여 학생들이 이미 갖고 있는 선개념, 선기능 중에서 잘못 알고 있거나 본시 학습 중에 잘못 이해할 가능성이 있는 내용과 기능이 무엇인지도 파악하여야 합니다. 이것을 오개념, 오기능이라고 합니다. 흔히 볼 수 있는 오개념, 오기능에는 어떤 것들이 있는지 예시를 통해 같이 고민해 보기로 할까요?

오개념 1 리듬꼴에서 4분 쉼표의 개념이 형성되어 있지 않다.

- 𝄽(4분 쉼표)와 ♩(4분 음표)의 길이가 같음을 정확하게 이해하지 못하고 있다.
- 𝄽(4분 쉼표)가 포함되어 있는 4박자 리듬꼴에 대한 이해가 부족하다.

오개념 2 실로폰 연주 기법에 대한 기본 기능이 부족하다.

실로폰 채를 잡는 위치에 대한 오기능

실로폰 채를 잡는 방법에 대한 오기능

실로폰 연주 기능에 대한 오기능

여기서 잠깐!

오개념, 오기능에 추가할 내용이 있다면 적어 보세요.

흥미, 태도

본시 수업 내용은 '반복되는 리듬꼴을 오스티나토 연주하며 즐겁게 노래 부르기' 입니다. 수업 과정 중에서 가장 중요한 것은 학습자들이 즐겁게 연주하며 노래 부르는 것입니다. 생활 속에서 자료를 찾아 신나게 노래를 부르며 활동 과정 중에 음악과 친해지는 것입니다. 따라서 본시 학습과 관련한 학생들의 흥미나 태도 등을 살펴보고, 학습 목표 도달과 관련하여 지도해야 할 내용을 찾아보기로 합니다.

- 노래 부르기는 좋아하나 리듬에 대한 정확한 이해가 부족하여 리듬연주를 어려워한다.
- 개인별 연주는 열심히 하나 친구들과 어울려 함께 연주하고 다른 사람의 노래를 들으며 배우려 하는 능력과 태도가 부족하다.
- 음악은 생활 속에서 즐겨야 함을 알고 즐겁게 참여하려는 태도를 가지고 있다.

여기서 잠깐!

흥미, 태도와 관련하여 추가할 내용이 있다면 적어 보세요.

05

교수 처방

이 학습 내용을 지도할 때 사용하는 교수법과 사용 이유는 무엇인가?

본시 수업 내용은 '반복되는 리듬꼴을 오스티나토 연주하며 즐겁게 노래 부르기'입니다. 앞에서 살펴본 학생들의 이해도, 즉 난개념, 오개념을 지도하기 위해서는 학생 이해도의 내용 및 수준에 따라 적절한 표상 방법을 활용한 교수 처방이 필요하고, 이를 뒷받침하기 위해서는 교사와 학생의 상호작용을 활발하게 하는 수업 대화가 필요한데, 이것은 대체적으로 마중물 수업 전략으로 진행하는 것이 좋습니다. 따라서 교수법을 연구할 때에는 표상 전략과 마중물 전략을 함께 연구해야 합니다.

[전시 학습 상기] 단계에서의 선개념과 교수 처방

본시 수업에서 '반복되는 리듬꼴을 찾아 노래에 맞추어 오스티나토 연주하기'를 하기 위한 선개념(기능)을 어느 정도 갖추고 있는지 파악하는 것이 필요합니다.

본시 수업과 관련된 선개념 전시 학습 상기 단계

① 4박자의 리듬꼴 박자의 길이를 알고 리듬치기
② 실로폰의 연주 기법을 알고 연주하기

예시 자료 ① 여러 박자의 리듬꼴을 예시 자료로 제시하여 학생들이 얼마나 4박자 리듬꼴을 파악하고 있는지 확인하고 상기시킨다.

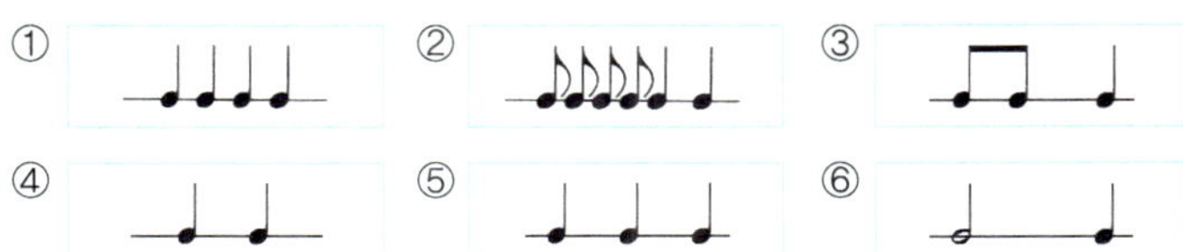

연결 ▶ 제시한 자료를 통해 지난 시간에 배운 내용과 연결시켜 보고 4박자 리듬꼴을 찾을 수 있도록 한다. 이 과정에서 교사의 딴청부리기를 통해 확실한 4박자 리듬의 개념을 확인하게 한다.

교사 리듬꼴을 관찰해 보자. 모두 4박자 리듬꼴이지요?

학생 어, 선생님, 아닌데요.

학생 2박자 리듬꼴도 있는데요.

교사 그래? 그럼 나와서 4박자 리듬꼴을 찾아볼까요?

학생 활동 ▶ 학생이 나와서 4박자 리듬꼴과 그렇지 않은 것을 분류해 본다.

교사 (③번 리듬꼴을 들고) 이것은 왜 4박자 리듬꼴이 아닐까요?

학생 설명 ▶ 한 마디 안에 2박자가 들어 있습니다.

교사 잘했어요. 또 다른 박자의 리듬꼴은 없을까요?

학생 ⑤, ⑥번은 3박자 리듬꼴인 것 같습니다.

교사 네, 설명을 잘했어요. 4박자 리듬꼴에 대해 이제는 알겠지요?

[전시 학습 확인] 단계에서의 오기능과 교수 처방

예시 자료 ① ▶ 실로폰의 올바른 연주법을 선수 학습으로 배웠지만 얼마나 정확하게 알고 있는지 파악하는 것도 필요하다.

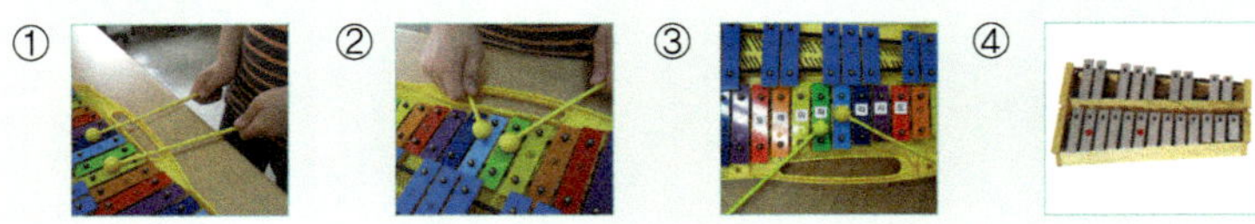

대조 ▶ TV 영상 자료를 활용하여 실로폰 연주 기법에 대한 선기능 파악을 위해 두 방법을 대조해 볼 수 있도록 하고 스스로 발견할 수 있도록 한다.

교사 TV 속 자료에서 무엇이 다른지 찾아볼까요?

학생 ①번 그림 자료는 채를 잘못 잡은 것 같은데요. 어! ②번도 이상하다.

학생 아! 선생님, 친구 말이 맞아요. ①, ②번 그림은 실로폰 채를 잘못 잡았어요.

교사 그래, 무엇이 잘못되었을까요?

학생 ①번처럼 직각으로 잡아야 한다고 배웠는데. 음, 그리고 잡는 위치가 잘못되었어요.

교사 그래, 맞아. 정확하게 찾아내었어요. (시범을 보여 주며) 실로폰을 연주할 채는 이렇게 잡는 거예요. 여러분은 지금 4박자 리듬꼴과 실로폰 연주 방법에 대해 다시 확인해 보았어요.

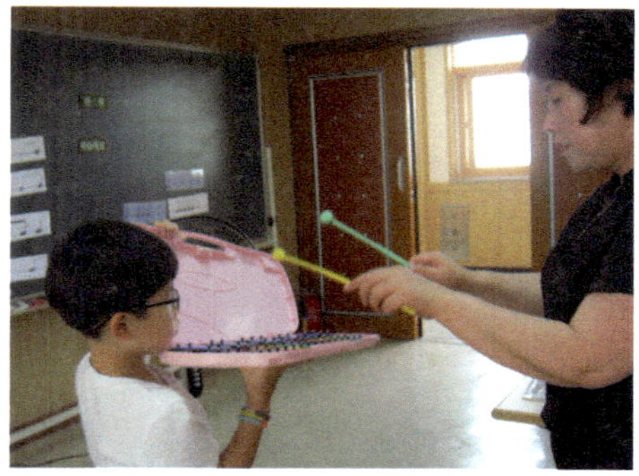

연결 교사는 학생들의 활동을 관찰하여 수준을 고려한 배움 목표를 설정할 수 있도록 한다.

[동기 유발] 단계에서의 난개념과 교수 처방

학생들은 예상밖으로 반복이라는 용어를 어려워하기도 합니다. 따라서 교사는 아이들의 눈높이를 고려해서 지도 계획을 세우는 것이 필요합니다.

본시 수업과 관련된 난개념 동기 유발 단계

① 리듬의 개념 알기
 - 음(표)과 쉼(표)의 길이를 달리하면서 연속적으로 진행되는 것

② 반복되는 리듬꼴 찾기
 - 반복되는 리듬이란 같은 리듬이 두 번 이상 나오는 것을 의미

예시 자료 ① **뻐꾸기 울음소리, 딱따구리 울음소리 동영상 자료**
뻐꾸기 울음소리(http://tvpot.daum.net/v/vd7d4egJE6LePPWP6JJgFg9)
딱따구리 울음소리(http://tvpot.daum.net/v/v1e14TTP7lDPbJ2JlabDCsu)

연결 제시한 자료를 통해 반복된다는 의미를 자료와 연결시키고 반복의 의미를 정확하게 알고 학습에 참여할 수 있도록 하며 딱따구리 소리와 오늘 배울 노래와도 연결시켜 보도록 한다.

교사 선생님이 들려주는 새소리를 들어 봅시다. 두 종류의 새소리인데 무슨 새소리일까? 잘 들어 봅시다.

학생 뻐꾸기 소리네요. 하나는 잘 모르겠는데요.

학생 다른 하나는 딱따구리 소리인 것 같습니다. 그 소리를 광릉수목원에서 들어 본 적이 있어요.

교사 왜 선생님이 이 소리를 들려주었을까요?

학생 아, 오늘 배울 노래가 딱따구리라 그런 것 같습니다.

학생 아, 같은 소리가 반복되는 것 아닐까?

교사 그렇지. 새소리를 잘 들어 보면 같은 소리가 자꾸 들리는 것을 알 수 있어요. 그런 것을 반복한다고 말해요.

설명 '딱따구리' 노래의 피아노 반주를 들려준다. 반주 소리를 들으며 곡의 특징을 찾아볼 수 있도록 한다.

학생 느낌이 같은 소리가 반복되는 것 같아요.

학생 음이 올라갔다 내려왔다 하는 느낌이 나기도 합니다.

교사 그렇지. 반복되는 리듬이 나오기도 하고 음이 올라갔다 내려갔다 하기도 해요. 곡의 특징을 잘 찾아내었어요.

교사 설명 여기서 리듬이란 음(표)과 쉼(표)이 길이를 달리하면서 연속적으로 진행되는 것을 의미한단다.(리듬카드 샘플 보여주기)

오늘 우리가 배울 내용은 반복되는 리듬꼴을 찾아 오스티나토 연주하며 노래 부르기입니다.

[기능 습득] 단계에서의 난기능과 교수 처방

① 실로폰 오스티나토 연주 기능
 – 실로폰으로 연주하는 오스티나토 기법 연주 중 두 음을 동시에 연주하기를 어려워함

② 오스티나토 개념 알기

예시 자료 ① 두 음을 동시에 연주하는 그림 자료

교사 **설명** 그림에 제시된 것처럼 실로폰을 반복하여 같은 리듬을 연주하는 것을 오스티나토 연주 기법이라고 합니다.

시범 실로폰 연주를 시범 보인다.

학생 **연습** 교사의 시범을 따라 연습을 한다.

실로폰 오스티나토 개별 연습

연주를 어려워하는 아이는 팀티칭하기

연결 교사는 순회를 하면서 능숙하게 잘하는 학생과 어려워하는 학생을 연결시켜 팀티칭이 이루어지도록 한다.

[기능 습득] 단계에서의 오개념과 교수 처방

① 𝄽(4분 쉼표)와 ♩(4분 음표)의 길이가 같음을 정확하게 이해하지 못함

② 𝄽(4분 쉼표)가 포함되어 있는 4박자 리듬꼴에 대한 이해가 부족함

예시 자료 ① 4분 음표와 쉼표가 들어 있는 리듬 악보, 과일 모형

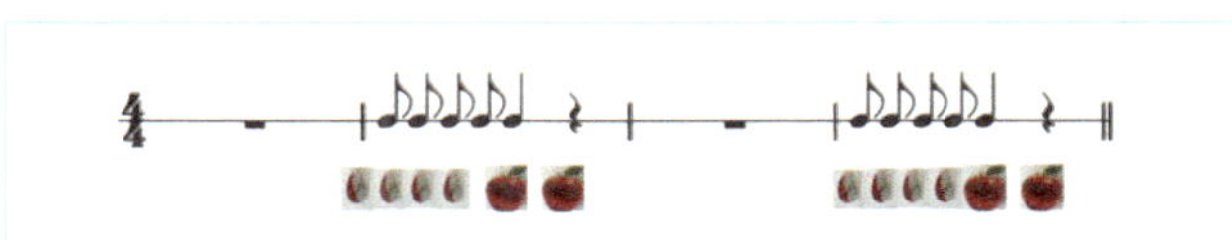

교사 𝄽(4분 쉼표)와 ♩(4분 음표)의 길이에 대해 알고 있는 것을 이야기해 봅시다.

학생 4분 음표는 1박자이고 4분 쉼표도 1박자이니까 같은 거 아닌가?

학생 아니지. 쉼표는 쉬는 건데 길이가 어디 있어?

학생 아닌데. 쉼표가 있는 곳에서 그만큼 쉰다고 배웠는데.

교사 **설명** (자료를 제시하고) 음표와 쉼표를 같은 사과 1개로 표현했어요. 그것처럼 길이가 같다는 것이지요.

시범 ➔ 리듬치기 시범을 보여 주어 음표와 쉼표의 길이가 같음을 스스로 알아 가게 한다.

06

지도 유의점

이 학습 내용을 지도할 때 고려해야 할 유의점은 무엇인가?

이 제재는 '반복되는 리듬꼴을 찾아 노래에 맞추어 오스티나토 연주하기' 활동을 통해 반복되는 리듬꼴의 특징을 알고 노래와 함께 친구들과 어울려 연주하면서 음악과 친해지고 생활 속에서 음악을 즐기는 자세를 갖게 하는 데 주안점이 있습니다. 따라서 학생의 발달 수준과 교사의 수업 전문성 수준에서 고려해야 할 유의점을 알고 있어야 합니다.

학생의 발달 수준에 따른 학습 활동

본시 수업과 관련한 학생의 발달 수준을 고려하기 위해서는 먼저 학생들이 오스티나토 연주를 할 수 있는 기본 기능을 얼마나 습득하고 있는지, 4박자 리듬꼴에 대한 개념이 형성되어 있는지 확인하는 것이 필요합니다. 전시 학습 단계와 동기 유발 단계에서 이 과정을 거칩니다. 그래도 개념이 형성되지 않는다면 다시 지도를 하고 수업을 진행하여 학생들이 노래와 연주를 즐길 수 있는 분위기를 형성하도록 합니다.

수업 전문성 수준에 따른 학습 내용

대부분의 교사들은 교과서와 교사용 지도서의 단원과 학습 활동이 제시되어 있는 대로 수업을 합니다. 그러나 교과서의 내용과 방법은 하나의 예시 자료일 뿐입니다. 성취기준을 바탕으로 하여 더 실제적이고 적용 가능한 활동과 내용을 찾는 것은 수업 전문과 교육과정 전문가로서의 몫이라고 볼 수 있습니다. 지역과 학교와 학생의 실태를 분석해서 활동 수준을 높이거나 낮추는 것은 교사만이 할 수 있는 일입니다.

이 때 반드시 고려해야 할 내용이 국가에서 제시한 성취 기준입니다. 이 성취 기준에 도달할 수 있는 내용이라면 다양하게 교사의 재량으로 구성할 수 있습니다.

07

학생 평가

이 학습 내용에 대한 학생들의 이해도나 어려움을 평가하는 방법은 무엇인가?

음악과 학습 평가의 준거는 교육과정이 되어야 합니다. 교육과정은 학년별 성취 기준을 제시하고 있습니다. 이 수업의 성취 기준은 1-1-(2) 바른 자세와 주법으로 악기를 연주할 수 있다입니다.

음악과 평가의 타당성을 높이기 위해서는 각 영역의 내용을 포괄적이고 균형 있게 다루어야 합니다. 음악과에서는 전통적으로 실기 평가가 주로 사용되어 왔으나 이외에도 관찰 평가, 자기 평가, 상호 평가, 포토폴리오 평가 등의 다양한 기법이 활용될 수 있도록 합니다.

이 수업에서는 악기 연주의 기초 기능인 표현 능력, 리듬 읽기 등의 지식의 평가, 음악을 대하는 태도 등을 포함하는 정의적 능력 평가가 균형 있게 이루어지도록 합니다.

평가는 그 자체가 아니고 학습의 순환적 과정의 일부가 되어야 합니다. 학생의 평가를 통하여 학생들은 자신의 장단점을 진단하고 이를 보완할 수 있는 학습 계획을 수립할 수 있으며 교사는 자신의 교수 방법의 효과와 효율성을 진단할 수 있습니다.

실로폰 연주 기법을 알고 오스티나토 연주를 하는가?(기초 기능 영역)

- **평가 시기:** 배움 활동 중
- **평가 방법:** 관찰 평가
- **평가자:** 짝과의 상호 평가, 교사 평가
  - 악보를 보고 실로폰 오스티나토 연주를 바른 기법으로 하는가?

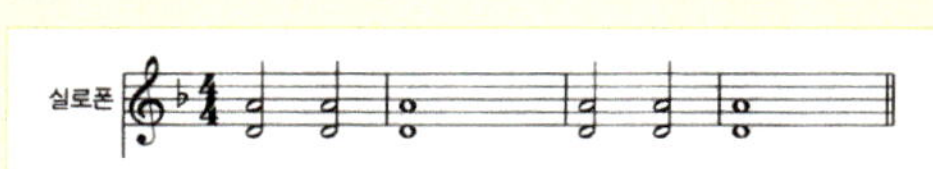

짝과의 팀티칭 활동 과정 중 상호 평가를 할 수 있도록 하고 기능이 부족할 경우 서로 가르칠 수 있는 기회를 주어 학습의 순환적 과정(계획–실천–평가에 근거한 계획–실천)이 지속적으로 이루어질 수 있도록 합니다.

교사는 평가 과정 중 재지도의 필요성을 느낄 때는 반복 지도함으로써 활동에 어려움을 겪는 아동이 없도록 하는 것이 평가의 목표라고 할 수 있으므로 이에 대한 사전 계획 수립도 중요하다고 할 수 있습니다.

'딱따구리' 노래의 악보를 보고 반복되는 리듬꼴을 찾을 수 있는가? (지식 영역)

- **평가 시기:** 배움 활동 중
- **평가 방법:** 관찰 평가
- **평가자:** 교사 평가

음악을 언어적으로 소통하는 데 필요한 음악적 개념이나 용어에 대한 지식의 평가도 중요한 평가 영역의 하나입니다. 오늘 배울 '딱따구리' 노래의 악보를 보고 반복되는 리듬꼴을 찾아 그 특징을 살려 리듬연주를 하고 노래를 부르는 것이 성취 기준입니다. 따라서 반복되는 리듬꼴을 찾는 것은 중요한 지식의 하나라고 할 수 있습니다. 악보를 보면서 곡의 특징을 찾고 거기에 알맞게 노래를 부르고 연주를 하기 위해서는 악보를 읽을 수 있는 기본 음악 지식이 필요하기 때문입니다.

노래 부르기와 연주에 흥미를 갖고 적극 참여하려는 태도를 가지고 있는가? (정의적 영역)

음악과에서 정의적 영역 평가는 음악을 대하는 태도와 음악의 학습 결과를 실생활에 적극적으로 적용하고 활용하는 생활 방식 등을 포함하는 생활화 능력을 균형 있고 포괄적으로 다루어야 합니다. 특히 이 영역의 평가는 간단한 질문지, 평가 척도 등을 활용하는데 매 시간 이루어지기보다는 장기적인 관점에서 음악에 대한 태도나 생각의 변화를 평가하도록 합니다.

여기서 잠깐!

평가 내용에 추가할 내용이 있다면 적어 보세요.

PCK 본시 교수 · 학습 과정안

음악 3-1-2-1 딱따구리(1/2)

학습 내용

- **교과:** 음악
- **학년–학기:** 3–1
- **단원:** 2–1) 딱따구리
- **차시:** 1/2
- **학습 목표:** 반복되는 리듬의 특징을 살려 연주하며 노래 부르기

학습 필요

- 실생활에서 활용할 수 있는 다양한 자료를 활용하여 연주하면서 노래를 부름으로써 음악과 친해지는 계기를 만들어 갈 수 있다.

음악과 PCK 수업 설계

교수 처방

〈배움 전략〉		〈배움 원리〉
□ 설명 – 비유		■ 공감 – 신뢰
■ 설명 – 예시		■ 공감 – 수용
■ 설명 – 그림		■ 공감 – 존중
□ 설명 – 정의		■ 공감 – 격려
□ 설명 – 실물		■ 공감 – 표현
■ 설명 – 비교		□ 지원 – 개발
□ 설명 – 대조		■ 지원 – 도전
■ 시범	■ 관찰	■ 지원 – 참여
□ 서사	□ 탐구	■ 지원 – 연결
■ 발문	■ 추론	■ 지원 – 반성
□ 단서	□ 조작	
■ 연습	□ 요약	
□ 과제	□ 메모	
■ 매체	■ 발표	

학생 평가

- **평가 내용:** 연주법에 맞추어 연주하며 노래를 흥겹게 부르는가?
- **평가 방법:** 관찰 평가, 평가지에 의한 자기 평가, 동료 평가
- **배움 성찰:** 오늘 배운 내용과 느낌 정리하기

학습 흐름

1. **반복되는 리듬꼴 찾기, 노래 익히기**
   - 반복되는 리듬꼴 찾아 특징 알기
   - 노래 익히기(특징 알기)
2. **리듬을 익히고 오스티나토 연주 연습**
   - 리듬 익히기
   - 오스티나토 연주 연습하기
3. **연주에 맞추어 노래 부르기**
   - 연주하며 노래하기
   - 연주하며 노래한 후 느낀 점 이야기하기

학생 진단

- **선개념**
  4박자 리듬꼴, 리듬, 실로폰 연주
- **난개념**
  (1) 리듬과 반복되는 리듬꼴의 개념
  (2) 오스티나토 연주 기법
- **오개념**
  (1) 4분 쉼표와 4분 음표의 길이
  (2) 실로폰 연주 기법

학생 배움중심의 수업 설계 개요

교과	음악(3-1)	단원(차시)	2-1) 딱따구리(1/2)
학습 목표	반복되는 리듬꼴을 찾아 노래에 맞추어 오스티나토 연주를 할 수 있다.		

단계 (시량)	학습 과정	교수 · 학습 활동	배움중심 PCK 전략			자료(★) 및 유의점(※)
			배움 주춤	배움 전략	배움 원리	
배움 열기 (5′)	전시 학습 상기 (전체)	• **전시 학습 상기** – 여러 가지 리듬꼴 분류하기 – 4박자 리듬꼴 확인하기 – 실로폰 연주 기능 확인하기	선개념	그림 설명 대조	연결 비교 관찰	★리듬카드 ★그림자료 (실로폰 연주그림) ★동영상 자료
	동기 유발	• **학습 동기 유발** – 반복과 리듬의 개념 알기 – 새들의 울음소리 듣고 반복의 개념 알기	선기능 난개념	매체 시범 설명	연결 추론	
	학습 목표 확인	• **공부할 문제 확인**				
준비 단계 (10′)	노래 익히기 (전체)	• **제재곡 익히기** – 반주를 듣고 곡의 느낌과 특징 이야기하기 – 반복되는 리듬꼴과 가사 찾아보기 – 노래 익히기 – 4박자 셈여림 살리며 노래 부르기 – 손뼉 및 리듬악기로 리듬치며 노래 부르기		시범 설명 단서	격려 수용	★악보자료
		• **뛰어가기, 차례가기 가락 찾기** – 악보에 뛰어가기 가락, 차례가기 가락 찾아 표시하기 – 곡의 특징을 살려 노래 부르기	신개념	설명 예시	도전	
기능 습득 단계 (15′)	오스티 나토 연주하기 (전체 – 짝 – 전체)	• **실로폰 오스티나토 연주법 익히기** – 교사 시범 관찰하기 – 시범을 보고 질문하기, 연습하기 – 연주 잘하는 학생과 어려워하는 학생을 연결하여 팀티칭하기	난기능	시범 연습	관찰 연결	★연주 자료 실로폰 그림자료 동료 평가
		• **리듬 오스티나토 연주 익히기** – 교사 시범 관찰하기 – 악보 보고 쉼표 길이 익히기 – 연주 잘하는 학생과 어려워하는 학생을 연결하여 팀티칭하기 – 다양한 자료로 연주하기	오개념	설명 시범	관찰 연결	교사 평가 ★실로폰, 리듬스틱, 윷가락 등
연주 단계 (5′)	노래 부르며 연주하기 (전체)	• **실로폰, 리듬 오스티나토 합동 연주하기** – 파트 나누어 연주하기 – 파트 바꾸어 연주하기		발표		정의적 영역 평가
		• **노래 부르며 연주하기** – 노래의 특징을 살려 연주하며 부르기 – 파트 바꾸어 연주하며 부르기				

단계(시량)	학습 과정	교수·학습 활동	배움중심 PCK 전략			자료(★) 및 유의점(※)
			배움 주춤	배움 전략	배움 원리	
배움 정리 (5′)	정리하기 (전체) 차시 예고	• **오늘 학습하면서 알게 된 것 이야기하기** – 오스티나토 연주에 대해 알게 됨 – 쉼표의 길이에 대해 알게 됨 • **학습하면서 느낀 점 이야기하기** – 연주가 재미있었음 – 노래가 재미있었음 • **다음 시간에는 리듬꼴 만들기를 해봄**		메모		자기 평가 배움공책에 배움 성찰 적기

학생 배움중심의 교수·학습 과정안(약안)

교과	음악	대상	3학년 ○반	지도교사	○○○	장소	음악실
단원	2–1) 딱따구리			차시	1/2	교과서	두산동아 32~33쪽
학습 주제	반복되는 리듬의 특징을 살려 연주하며 노래 부르기						
학습 목표	반복되는 리듬꼴을 찾아 노래에 맞추어 오스티나토 연주를 할 수 있다.						
지도 중점	본 차시 수업에서는 학생들이 학습을 하면서 음악과 친해지는 것이 주안점이다. 오스티나토 연주에 맞추어 노래를 부르면서 생활 속 다양한 자료를 이용해 연주 활동을 할 수 있으며 그 과정에서 음악과 친해지게 하는 것이 지도 중점이라고 할 수 있다.						
교수·학습 자료	교사	리듬카드, 그림자료, 동영상자료, 확대악보, 연주 예시 자료					
	학생	실로폰, 리듬스틱 또는 윷가락 등, 배움공책					
학습 조직	전체 ➡ 개별 ➡ 짝 ➡ 개별 ➡ 전체						

배움 열기 단계(5')

학습 과정 (학습 집단)	교수 · 학습 활동	배움중심 PCK 전략			자료(★) 및 유의점(※)
		배움 주춤	배움 전략	배움 원리	
전시 학습 상기 (전체)	**• 전시 학습 상기** – 여러 가지 리듬꼴 분류하기 2, 3, 4박자 리듬꼴을 예시로 제시하고 분류해 보도록 하여 리듬꼴을 정확하게 이해하고 있는지 확인 – 4박자 리듬꼴 확인하기 – 실로폰 연주 기능 확인하기 연주 기법이 바른지 확인하고 바른 기법을 시범 보여 주고 설명을 통해 바른 기법을 알게 함	선개념 선기능 난개념	그림 설명 딴청 부리기 대조 매체 시범 설명	연결 비교 관찰 연결 추론	★ 리듬카드 ★ 그림자료 (실로폰 연주그림) ★ 동영상자료
동기 유발 (전체)	**• 학습 동기 유발** – 반복과 리듬의 개념 알기 – 새들의 울음소리 듣고 반복의 개념 알기		매체 설명	연결	
학습 목표 확인 (전체)	**• 공부할 문제 확인**				

선개념 **선개념 형성 정도를 파악하기 위한 활동 – 딴청부리기**

교사의 의도적인 딴청부리기를 통해 4박자 리듬을 바르게 이해하고 있는지 확인하는 것이 필요하다.

선기능 **선기능 형성 정도를 파악하기 위한 활동 – 시범, 설명**

교사는 실로폰 연주법을 바르게 알고 있는지를 확인하여 재지도하여야 할지를 결정하여야 한다. 배움중심 수업에서 되돌리기는 교사만이 할 수 있는 것으로 교사는 학생들의 앎을 수시로 확인하여 되돌리기하여 재지도할 수 있도록 계획하여야 한다.

난개념 **난개념 지도를 위한 활동 – 매체, 설명**

반복되는 새소리를 들으면서 반복이라는 개념을 스스로 알아갈 수 있도록 하고 교사의 설명을 보충하여 확실하게 개념이 형성될 수 있도록 한다.

준비 단계(10')

학습 과정 (학습 집단)	교수 · 학습 활동	배움중심 PCK 전략			자료(★) 및 유의점(※)
		배움 주춤	배움 전략	배움 원리	
노래 익히기 (전체, 개별)	• **제재곡 익히기** – 반주를 듣고 곡의 느낌과 특징 이야기하기 반복되는 곡의 특징과 노래 제목과 연관시켜 찾아보기 – 반복되는 리듬꼴과 가사 찾아보기 – 노래 익히기 곡의 특징을 살려 부르기 – 4박자 셈여림 살리며 노래 부르기 – 손뼉 및 리듬악기로 리듬치며 노래 부르기		시범 설명	격려 수용	★ 악보자료 ※ 곡의 특징을 찾을 때 교사는 아이들이 스스로 특징을 찾아볼 수 있도록 기다려 준다. 교사 평가
	• **뛰어가기, 차례가기 가락 찾기** – 악보에 뛰어가기 가락, 차례가기 가락 찾아 표시하기 – 곡의 특징을 살려 노래 부르기 반복되는 리듬의 특징, 뛰어가기, 차례가기 노래의 특징을 살려 실감나게 노래 부르기	신개념	설명 예시	도전	

신개념 **새로운 개념 지도를 위한 활동 – 설명, 예시**

이 단계는 이 노래의 특징을 살려 노래를 익히는 단계이다. 따라서 곡의 특징을 찾는 부분에서 새로운 용어가 등장한다. 이때 교사는 설명과 예시를 통해 학생들이 나머지 부분을 스스로 찾아내게 하는 것이 필요하다. 그렇게 함으로써 학생들이 곡의 특징을 살려 실감나게 노래 부르는 데 어려움이 없게 된다.

기능 습득 단계(15')

학습 과정 (학습 집단)	교수 · 학습 활동	배움중심 PCK 전략			자료(★) 및 유의점(※)
		배움 주춤	배움 전략	배움 원리	
오스티나토 연주하기 (전체 – 개별 – 짝)	**• 실로폰 오스티나토 연주법 익히기** – 교사 시범 관찰하기 – 시범을 보고 질문하기, 연습하기 – 연주 잘하는 학생과 어려워하는 학생을 연결시켜 팀티칭하기 교사는 교실을 순회하면서 연주에 능숙한 학생과 어려워하는 학생을 연결시켜 동료 팀티칭을 할 수 있도록 하며 서로 연주하는 것을 듣고 평가하게 함	난기능	시범 연습	관찰 연결	★ 연주 자료 실로폰 그림자료 동료 평가 교사 평가 ★ 실로폰, 리듬스틱, 윷가락 등
	• 리듬 오스티나토 연주 익히기 – 교사 시범 관찰하기 – 악보 보고 쉼표 길이 익히기 – 연주 잘하는 학생과 어려워하는 학생을 연결하여 팀티칭하기 – 다양한 자료로 연주하기 리듬스틱 자료, 윷가락, 소고 등 교실에서 쉽게 구할 수 있는 자료로 리듬연주를 할 수 있도록 함	오개념	설명 예시	관찰 연결	

난기능 **실로폰 오스티나토 연주 기법 익히기 – 시범, 연습**

교사의 시범 보이기를 통해 정확한 연주 기법을 익히도록 하고 반복 연습을 통해 익히도록 한다. 이 과정에서 교사는 교실 순회를 통해 연주 기능이 우수한 학생과 어려워하는 학생을 연결시켜 팀티칭이 이루어질 수 있도록 한다.

오개념 **쉼표의 박자 길이에 대한 개념 형성 – 설명, 예시**

3학년 학생들은 즐거운 생활에서 통합으로 음악을 배웠지만 음악적 개념 형성이 안 되어 있는 경우가 있다. 특히 박자에 대한 확실한 개념이 형성되어 있지 않은 경우가 많은데, 그 중에서도 쉼표 길이에 대한 개념 형성이 잘못된 경우가 많다. 따라서 설명과 예시 자료를 통해 길이에 대한 개념이 형성될 수 있도록 지도하는 것이 필요하다.

연주 단계(5')

학습 과정 (학습 집단)	교수 · 학습 활동	배움중심 PCK 전략			자료(★) 및 유의점(※)
		배움 주춤	배움 전략	배움 원리	
노래 부르며 연주하기	**• 실로폰, 리듬 오스티나토 합동 연주하기** – 파트 나누어 연주하기 – 파트 바꾸어 연주하기 다른 사람의 연주 소리를 들어가며 연주하는 것이 필요함 **• 노래 부르며 연주하기** – 노래의 특징을 살려 연주하며 부르기 – 파트 바꾸어 연주하며 부르기 이 활동 과정에서 음악에 재미를 느끼면서 노래와 연주를 할 수 있도록 함		발표	표현 격려	정의적 영역 평가 ※ 연습 과정을 거쳐 합동 발표를 할 때 서로 다른 사람을 배려하면서 할 수 있도록 하는 것이 필요하다.

배움 정리 단계(5')

학습 과정 (학습 집단)	교수 · 학습 활동	배움중심 PCK 전략			자료(★) 및 유의점(※)
		배움 주춤	배움 전략	배움 원리	
정리하기 (전체)	**• 오늘 학습하면서 알게 된 것 이야기하기** – 오스티나토 연주에 대해 알게 됨 – 쉼표의 길이에 대해 알게 됨 – 실로폰 연주 방법을 확실하게 알게 됨 **• 학습하면서 느낀 점 이야기하기** – 연주가 재미있었음 – 노래가 재미있었음 – 노래가 새소리를 흉내 내어 더 재미있었음		메모	반성	자기 평가 배움공책에 배움 성찰 적기
차시 예고	**• 다음 시간에는 리듬꼴 만들기를 해봄** – 오늘 배운 리듬꼴 외에 다른 4박자 리듬꼴을 만들어 볼 예정임				

수업 후기

김혜정
경기 화홍초등학교 교사

학생 배움 중심의 음악과 PCK 수업 설계를 하고 실제로 수업에 적용하면서 3학년 학생들의 수준에 맞춘 수업으로 학생들의 배움이 일어났는지에 대하여 나 자신의 수업을 되돌아보았다.

'반복되는 리듬꼴을 찾아 노래에 맞추어 오스티나토 연주하기' 수업을 준비하면서 나의 고민은 오스티나토라는 단어가 생소한 3학년 학생들에게 어떻게 쉽고, 흥미를 유도하며 학습할 수 있도록 할 것인가 하는 것이었다. 그래서 리듬악기로 활용할 수 있는 악기를 주위에서 찾아 좀 더 친근하게 리듬을 익힐 수 있는 방법으로 흥미를 유발하고자 하였다.

내용적 측면에서 본시 수업을 준비할 때 어려웠던 점은 쉼표의 개념을 잘 이해시키는 것이었다. 그리고 곡 전체를 피아노로 들려주면서 반복되는 리듬을 찾고 리듬부분을 손뼉으로 치면서 리듬 익히기를 쉽게 하는 것과 3학년 학생 수준에 맞는 교과서와 교사용 지도서, 동영상 자료 등을 활용하여 리듬을 충분히 익히는 데 중점을 두었다.

방법적 측면에서는 학생들에게 리듬악보와 반복적인 새소리의 울음을 들려줌으로써 학습이 효과적으로 이루어지도록 유도하였다.

수업 중 나타난 오개념으로 음표와 쉼표의 길이 이해, 난기능으로 실로폰 잡는 방법 등을 교사가 시범을 보여 줌으로써 학생들이 쉽게 받아들이게 했으며, 팀티칭을 통해 리듬감이 떨어지는 학생을 짝이 도와주는 방법을 택함으로써 학생들이 서로 협력하는 모습이 아주 좋았다.

수업을 마친 후엔 늘 아쉬움이 남는데, 이번 수업도 역시 마찬가지였다. 흔히 수업의 왕도는 없다고 하는데, 최고의 수업도 없음을 느낀다. 그렇지만 최고보다는 최선을 찾는 것을 목표로, 수업 설계 단계에서부터 쏟은 연구와 열정, 무수한 시행착오와 고민의 결과인 이번 수업은 학생의 적극적인 수업 참여와 학생 간 또는 학생과 교사 간의 역동적인 상호작용을 이끌어 냄으로써 학생을 성장시키고 또한 교사인 나도 성장하는 계기가 되었음을 확신한다.

2 CoRe 활용 학생 배움중심의 도덕과 PCK 수업 설계

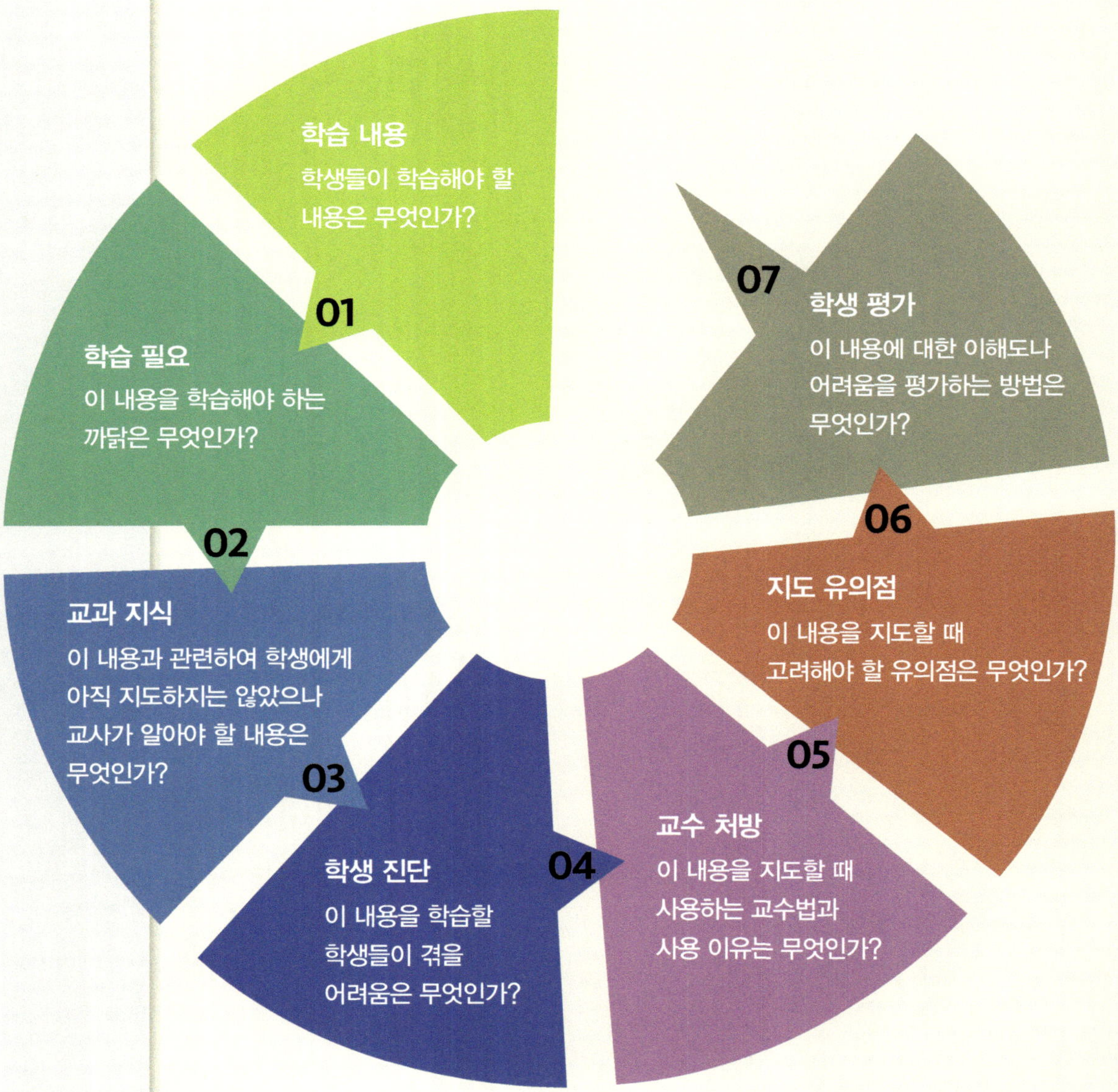

01

학습 내용

학생들이 학습해야 할 내용은 무엇인가?

이 단원은 다양한 문화를 이해하고 존중해야 하는 이유를 알고 문화에 대한 편견과 차별의 극복을 통해 다문화 사회에서의 올바른 행동 양식과 정체성을 기르는 데 주안점이 있습니다.

단원의 지도 내용

- 다양한 문화의 이해와 존중
- 편견과 차별 극복 방법
- 다양한 문화를 대하는 올바른 태도
- 다문화 사회에서의 바른 생활

교과서 살펴보기 | 단원 도입 살펴보기

학년 학기
4학년 2학기

단원(차시)
8-1. 다양한 문화를 존중해요(1/4)

학습 주제
다양한 문화를 존중하는 마음 갖기

'다른 사람들을 이해·존중하기 위해서는 어떤 노력을 해야 할까요?' 질문을 통해 다문화 사회 속에서 더불어 사는 방법에 대해 공부하는 것임을 알 수 있습니다.

교과서의 단원 도입을 살펴보고 그림과 질문을 통해 단원의 학습 목표가 무엇인지 먼저 확인합니다.

다양한 문화적 배경을 가진 가정이 많아졌다는 것은 본 단원의 성취 기준을 제시하는 것입니다.

이 수업은 1차시 수업으로 우리 주위에 다양한 문화가 있음을 알고, 다양한 문화를 존중하는 마음을 기르는 수업입니다.

이 수업의 학습 문제인 다양한 문화를 존중하는 마음 기르기를 해결하는 방법은 다양한 문화가 세상에 존재함을 인식하고 다른 문화를 이해하고 존중해야 하는 이유를 알고 실천하는 자세 갖기입니다.

본시 학습 문제

- 우리 주위에 다양한 문화가 있음을 알고 다양한 문화를 존중해야 하는 이유와 방법을 알아봅시다.

다양한 문화의 이해와 존중

- 세계 여러 나라의 인사법과 다양한 문화 찾아보기

본시 학습의 교과서 살펴보기

탐구하기

다양한 문화를 존중해야 하는 이유를 알아봅시다.

◈ 여러분이 가 보고 싶은 나라는 어디인가요? 가 보고 싶은 나라 세 군데를 정해서 친구와 함께 그 나라의 인사법을 연습해 봅시다.

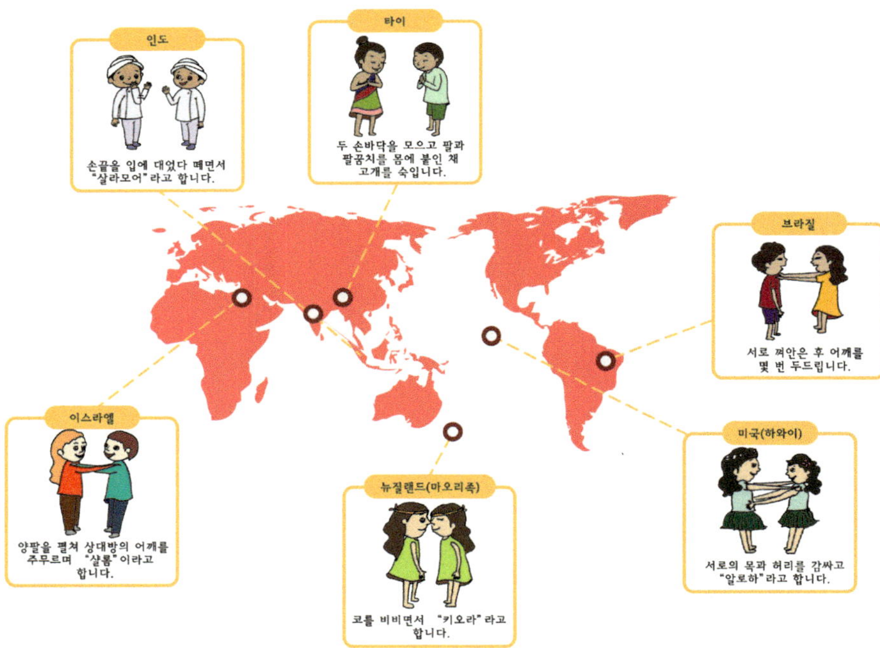

◈ 그 나라의 인사법을 존중해야 하는 이유는 무엇일까요?

나라마다 문화나 풍습이 다르기 때문입니다.

◈ 어색하다는 이유로 우리나라 인사법만 고집한다면 어떤 어려움이 생길까요?

다른 나라 사람과 친해지기 어렵고 서로 오해가 생길 수 있습니다.

이를 위해 학생들은 인사법을 즐겁게 연습해 보고 이해와 존중을 실천으로 옮길 수 있어야 합니다. 이 활동을 통해 다른 문화를 이해하고 다른 문화를 가진 사람을 만났을 때 어떻게 해야 하는지 알 수 있습니다.

본시의 학습 요소

1. 우리와 다른 사람들과 어울려 살아가야 하는 이유와 필요성 알기
2. 우리 주위에서 볼 수 있는 다양한 문화에 대해 이야기하기
3. 다른 문화 존중하는 마음 갖기

1 다양한 문화를 존중해요

우리가 사는 세상에는 다양한 문화들이 있습니다. 다른 문화를 이해하고 존중해야 하는 이유를 알고, 다른 문화를 가진 사람을 만났을 때 어떻게 해야 하는지 알아봅시다.

이 수업에서 아이들이 꼭 알아야할 내용이구나!

생각 열기

각 나라마다 다른 인사법과 생활 모습을 통해 다양한 문화를 이해시키는 거구나.

지역, 전통, 언어, 종교 등에 따라 생활방식이 각각 다릅니다. 이를 문화라고 합니다.

◈ 여러분이 알고 있는 우리와 다른 문화에는 어떤 것이 있나요?

아이들이 알고 있는 다른 나라의 문화를 찾아서 발표할 수 있도록 지도해야겠구나.

02

학습 필요

이 내용을 학습해야 하는 까닭은 무엇인가?

다양한 문화를 존중해야 하는 까닭을 찾기 위해서는 반드시 교사용 지도서를 살펴보아야 합니다. 단원 설정의 취지를 살펴보면, 단원의 지도 목표를 먼저 찾을 수 있습니다. 다른 문화를 이해하고 존중해야 하는 이유를 알고, 다문화 사회를 살아가는 데 필요한 태도와 방법을 생활 속에서 실천하는 데 주안점을 두고 있습니다. 이것이 바로 본시 학습을 해야 하는 까닭입니다.

성취 기준 도덕 p.434. 문화에 대해 종합적인 관점에서 올바르게 이해하고 다문화 사회에서의 타인의 인권을 존중하는 바람직한 생활 태도를 지닐 수 있다.

교사용 지도서 살펴보기

다문화 사회에서 바람직한 삶의 필요성을 알게 해 줍니다.

① 단원 설정의 취지 및 지도의 중점

이 단원은 교육과정상 '사회 · 국가 · 지구 공동체와의 관계' 영역의 '다문화 사회에서의 바람직한 삶'이라는 주제를 다룬다. 타인의 문화에 대한 '배려'가 중심 가치 · 덕목이고 이와 관련된 가치 · 덕목은 '존중'과 '인류애'이다. 다문화 사회에서 바람직한 삶을 영위하기 위해서는, 우선 우리 사회의 본격적인 다문화 사회로의 진입을 학생들이 인식하도록 하고 다양한 문화가 혼재하는 현재의 사회 현상 속에서 다른 문화에 대한 이해와 존중의 의미를 깨닫고 실천하도록 해야 한다. 세계 여러 나라의 인사법 연습을 통해 학생들이 세계의 문화를 접하게 함으로써 우리나라 안에서 다른 문화를 접하게 될 때의 경험 혹은 같은 내용, 다른 형식으로 나타나는 문화적 차이를 이해하도록 설계하였다. 또한 우리 사회의 난제로 회자되고 있는 다문화 가정 자녀에 대한 편견과 차별의 극복은 그들의 아픔 공감 및 긍정적인 사례를 통해 관용과 존중의 생활 실천을 강조하였다. 이러한 일련의 학습 과정은 글로벌 사회에서 학생들이 갖추어야 할 다문화 소양을 증진시키는 데 기여할 것이다.

이 단원의 선수 학습은 '더불어 나누는 이웃 사랑'이다. 이어서 본 단원 '다양한 문화, 조화로운 세상'을 학습한 뒤, 5 · 6학년군의 '지구촌 시대의 인류애'에 대한 학습으로 발전하게 된다.

본 단원에서는 다문화 사회를 살아가는 데 필요한 다문화 소양을 증진시킬 수 있도록 깊이 있는 학습이 이루어져야 한다.

성취 기준에 따른 단원의 지도 목표를 알 수 있습니다.

② 단원의 목표

다른 문화를 이해하고 존중해야 하는 이유를 알고, 다문화 사회를 살아가는 데 필요한 태도와 방법을 생활 속에서 실천한다.

③ 단원의 내용 체제 및 차시 배당

다양한 문화, 조화로운 세상

1. 다양한 문화를 존중해요	2. 편견과 차별은 안 돼요	3. 함께 살아가는 마음을 키워요	4. 함께해서 아름다워요
• 다양한 문화 이해하기 • 다른 문화를 이해하고 존중해야 하는 이유 알기	• 우리가 가진 편견과 차별 알아보기 • 다름에 대한 이해와 관용의 태도 갖기	• 꿈을 이루기 위해 노력하는 친구들의 모습 알기 • 다문화 사회에서의 올바른 생활 태도 알고 실천하기	• 인권을 존중하는 태도 갖기 • 다양한 문화가 함께 어울려 살아가는 사회를 만들기 위한 마음 다지기
• 세계 여러 나라의 인사법 • 모둠 생각 쪽지 만들기	• 경수의 고민 • 진희의 일기	• 꿈을 향해 노력하는 모습 • 다문화 태도 체크 리스트 ※ 마음의 양식	• 공익 광고 만들기 • '하나 되는 대한민국 만들기' 캠페인

다양한 문화를 가진 사람들과 어울려 살아가는 어린이

본 제재의 지도 이유가 어린이들이 다양한 문화를 가진 사람들과 어울려 살아갈 수 있게 하기 위함임을 알 수 있습니다.

03

교육과정 교과 지식

이 학습 내용과 관련하여 교사가 알아야 할 내용은 무엇인가?

본시 학습을 더 잘 가르치기 위해 교사가 미리 알아 두어야 할 관련 내용이 있습니다. 그 중에서도 가장 먼저 알아 두어야 할 내용은 다양한 문화와 관련한 학습의 계열입니다. 이것은 본시 학습 내용의 가르칠 범위를 결정하는 데 도움을 줍니다. 또한 다양한 문화에 대한 관련 지식을 알아 두어야 합니다. 이러한 관련 지식을 알아 두면 학생들이 다양한 문화와 관련하여 여러 가지 질문을 던졌을 때 학생의 수준이나 상황을 고려하여 적절한 답을 할 수 있습니다.

학습의 계열

3학년 사회과에서 우리나라 여러 곳의 다양한 문화에 대한 학습이 이루어졌고 4학년 도덕 3단원에서 이웃과 관련하여 다문화 가정에 대하여 학습했으며 5, 6학년군에서 다루는 지구촌 시대의 다문화에 대한 학습 내용이 연계되어 있음을 알아야 합니다.

구분	내용	덕목
선수 학습	• 교육과정 성취 기준 도덕 (2) 우리 · 타인과의 관계 – 이웃 간 예절의 중요성을 종합적으로 이해하고 다양한 생활 장면에서 이웃 간에 일어나는 갈등을 해결하는 방법과 지켜야 할 예절을 찾아 구체적으로 실천할 수 있다. [4학년 1학기 3단원] – 이웃의 의미와 소중함을 알고 이웃과 화목한 생활을 하기 위해 지켜야 할 예절을 꾸준히 실천할 수 있다.	존중 예절 배려 덕목 신장
본시 학습	• 교육과정 성취 기준 도덕 (3) 사회 · 국가 · 지구 공동체와의 관계 – 문화에 대해 종합적인 관점에서 올바르게 이해하고 다문화 사회에서의 타인의 인권을 존중하는 바람직한 생활 태도를 지닐 수 있다.	배려 존중 인류애 덕목 함양

(계속)

본시 학습	[4학년 2학기 8단원] **1차시:** 다른 문화를 이해하고 존중해야 하는 이유를 알고, 다문화 사회를 살아가는 데 필요한 태도와 방법을 생활 속에서 실천할 수 있다. **2차시:** 우리가 가진 편견과 차별에 대해 알아보고, 편견 극복과 관용의 올바른 태도를 판단할 수 있다. **3차시:** 다양한 배경을 가진 친구들이 꿈을 키워 가는 모습을 알고 올바른 다문화 태도를 가질 수 있다. **4차시:** 다양한 문화를 존중하며 함께 어울려 살아가는 태도를 익히고 생활 속에서 꾸준히 실천할 수 있다.	배려 존중 인류애 덕목 함양
후속 학습	• **교육과정 성취 기준** **도덕 (3) 사회 · 국가 · 지구 공동체와의 관계** – 인류가 서로 돕고 평화롭게 살아야 하는 이유와 중요성을 명확하게 이해하고 인류를 사랑하고 평화로운 세상을 만들기 위해 노력하는 적극적인 태도를 가질 수 있다. **[5, 6학년군. 지구촌 시대의 인류애]** – 지구촌 시대에 인류가 서로 돕고 평화롭게 사는 이유를 이해하고 인류를 사랑하고 평화로운 세상을 만들기 위해 노력하는 태도를 기를 수 있다.	사랑 정의 관용 인류애 덕목 심화

교과 핵심 지식

문화, 문화의 다양성

■ 문화의 다양성(지도서 386쪽)

문화는 지역, 인종, 종교 등에 따라 다양한 모습으로 나타난다. 학생들 주변에서 보았던 다양한 문화를 수업의 소재로 활용할 수 있다.

■ 문화의 의미(지도서 386쪽)

문화란 인간에게만 있는 생각과 행동 방식 중 사회 구성원들로부터 배우고 전달받은 모든 것을 의미한다. 의식주, 언어, 풍습, 종교, 학문, 예술, 제도 등을 모두 포함하며, 문화(culture)의 어원은 라틴어의 'Cultus'('지배하다', '경작하다', '마음을 돌보다', '지적인 개발을 하다' 등의 뜻이 있다.)이다.

■ 다문화 교육의 여러 개념들(지도서 386쪽)

다문화 교육은 학생들의 교육에 중대한 변화를 추구하는 하나의 개혁 운동으로 학교나 다른 기관을 변화시키고자 모든 사회 계층, 성별, 인종, 문화적 집단 등이 학습을 위해 균등한 기회를 갖게 하는 것이다.(뱅크스)

다문화 교육은 민주주의 신념과 가치에 기초를 두고, 상호 의존성이 높은 세계, 문화적으로 다양한 사회 안에서 문화 다원주의를 지지하는 교수 · 학습 방법이다.(베네트)

■ 같은 음식을 먹는 방법의 차이(지도서 389쪽)

한국 사람들은 패스트푸드 가게에서 햄버거를 먹을 때에 햄버거를 싼 채로 먹는 경우가 많다. 미국 사람들은 포장지를 모두 벗긴 후에 맨손으로 먹는다.

한국 사람들도 감자튀김을 먹을 때에는 미국 사람들처럼 손으로 집어 먹는다. 독일 사람들은 손에 기름을 묻히기 싫어해서 나무로 만든 일회용품으로 감자튀김을 찍어 먹는다. 한국 사람들은 독특하게도 친구들과 먹을 때에는 감자튀김을 한꺼번에 쟁반에 부어 놓고 함께 먹는다. 마치 밥상의 반찬을 가족이나 친지들이 나누어 먹듯이 각자 주문한 감자튀김을 여럿이 나누어 먹는 것이다.

햄버거나 감자튀김을 먹는 것과 같은 일상적 행동도 다른 문화와 비교해 보면, 왜 그러한 행동를 무의식적으로 하고 있는지 그 이유를 새롭게 볼 수 있다.

〈출처: 유네스코, '함께 사는 세상 만들기(유네스코 아시아 · 태평양 국제 이해 교육원 편)'(서울: 일조각, 2004), pp.22~23〉

도덕과 교육과정 운영

첫째, 도덕과 교육과정에 대한 바른 이해를 바탕으로 이를 잘 구현해 갈 수 있는 안목과 능력을 구비해야 한다. 즉 교육과정에 의거해서 도덕과 교육의 의의와 기본 성격을 잘 인식하고 교육과정에서 도달하려고 하는 목표와 가르칠 내용이 무엇인지, 바람직한 학습 지도 방법과 평가, 지도상의 유의점이 어떤 것인지 잘 알아 적절히 운용할 수 있는 이론적 지식과 실제 지도 능력을 길러야 한다.

둘째, 교사의 관심과 열정, 그리고 도덕교육과 관련된 적절한 능력과 노력으로 수업 속에 반영된 교육과정을 새로이 구현해야 한다.

셋째, 도덕 수업을 통해 국가 수준의 문서로 된 교육과정이 학생들 수준에서 실현되는 교육과정이 되도록 노력해야 한다. 즉 도덕 수업 시간을 넘어 필요에 따라서는 학교에서 다른 교과 학습과 생활 장면, 잠재적 교육과정, 그리고 학교와 가정과 지역 사회의 연계에 의한 도덕 교육 영역으로까지 확대되어 그 준거가 되고 적용되어야 하는 교육과정으로 운영해야 한다.

04

학생 진단

이 내용을 학습할 학생들이 겪을 어려움은 무엇인가?

본시 학습 내용에 대한 성취도를 높이기 위해서는 학습 내용에 대한 학생들의 이해도가 어떤지, 학생들의 이해도를 높이는 데 방해되는 걸림돌이 무엇인지 미리 예상하거나 실태를 파악하고 걸림돌을 제거하거나 이해도를 높이기 위한 대비책을 마련해 두는 노력이 필요합니다. 여기서는 학습 내용의 핵심 지식을 먼저 알아보고, 이에 대한 학생들의 이해도나 어려움에는 어떤 것이 있는지 살펴봅니다.

다양한 문화에 대한 이해와 수용

다양한 문화를 이해하더라도 받아들이는 건 쉽지 않아요.

이 수업에서 학생들이 가장 많이 하는 고민 중의 하나는 '이해는 하는데 직접 내가 겪는다면 고민이 될 것이다'라는 것입니다.

주변에서 다양한 문화를 많이 접하고, 외국인도 많이 보고, 말해 본 적도 있습니다. 그들과 어울리고 같이 살아가야 한다는 것을 이해하고 다문화에 대하여 알고 있는 것도 많습니다. 그러나 나에게 큰 영향을 미치지 않으면 별다른 관심을 갖지 않고 지나칩니다. '그들은 그들대로, 나는 나대로'라는 생각이 일반적입니다. 이런 학생들은 현실에서 특정한 문화를 접할 때 그 부담감으로 선뜻 마음으로 받아들이지 못합니다. '이해는 하겠는데 쉽지가 않다'고 생각하는 것입니다. 아는 것과 실천하는 것은 다르기 때문입니다.

"다른 나라 문화를 이해하고 존중해.
그렇지만 특별하게 생기거나
이상한 냄새가 난다면 짝하기 싫어."

"다른 나라 문화는 아주 다양하고
재미있는 것도 많아."

이러한 의문을 가지는 것은 실제로 체험을 할 때에도 나타납니다. 학생들은 다른 나라 생활 양식을 체험할 때 '이상해요', '못 하겠어요', '어색해요', '웃겨요' 등 안 하려고 할 것입니다. 이런 혼란을 막기 위해 교사가 먼저 시범을 보이고, 적극적으로 하는 학생을 먼저 해 보게 하여 다른 친구들이 부담 없이 따라 할 수 있도록 해야 합니다.

문화란 그 나라(지역)의 독특한 생활 양식으로 우리와 많이 다릅니다. 따라서 우리가 보기에 이상해 보여도 그것을 이해하고 존중하게 해야 합니다. 우리 것만 고집하면 함께 살아가는 데 갈등을 겪을 수도 있고 이웃과 원만한 관계를 유지하기 어렵기 때문입니다. 따라서 교사는 학생들이 다양한 문화를 알게 하고 주변에서 볼 수 있는 문화를 찾고 체험할 수 있게 하여 어색함을 제거하도록 하는 것이 중요합니다. 이런 시도를 통해 학생들이 직접 다른 문화를 접하게 될 때 이해하고 존중하는 마음으로 대하게 될 것입니다.

여기서 잠깐!

학생들이 겪을 어려움이 더 있다면 적어 보세요.

학습 내용

핵심 지식 : 다양한 문화 이해와 존중

– 여러 나라의 인사법과 생활 방식을 비교해 보고 다른 문화를 존중해야 하는 이유를 찾는다.

본시 학습에서 학생들에게 꼭 가르쳐야 할 세 가지 핵심 지식의 내용입니다.

핵심 지식 1 문화의 의미와 다양성 ➡ 문화

- 문화란 지역, 전통, 인종, 언어, 종교 등에 따라 생활 방식이 각각 다른 것을 말한다.
- 문화의 다양성 : 문화란 인간에게만 있는 생각과 행동 방식 중 사회 구성원들로부터 배우고 전달받은 모든 것을 의미한다. 의식주, 언어, 풍습, 종교, 학문, 예술, 제도 등을 모두 포함하며 나라마다 다르다. 매체나 세계 여행 등을 통해 이미 생활 속에서 경험한 학생들도 있을 것이므로 학생들에게 먼저 브레인스토밍으로 이야기 나누거나 마인드맵으로 연결하여 용어를 안내하는 것도 좋을 것이다.

핵심 지식 2 우리나라와 다른 나라의 생활 양식 탐색 ➡ 다양한 생활 양식

• 우리나라와 다른 생활 양식은 무수히 많다. 학생들이 쉽게 이해하고 체험할 수 있는 것이 인사법이다.

• 세계의 다양한 문화
  - 밥을 먹을 때에는 밥그릇을 손으로 들고 먹는다.
  - 머리와 얼굴을 천으로 가리고 다닌다.
  - 식사할 때 주로 포크와 나이프(칼)를 사용한다.
  - 생선을 날것으로 먹는다.
  - 돼지고기를 먹지 않는다.
  - 실내에서도 신발을 신고 다닌다.
  - 달팽이 요리를 즐겨 먹는다.
  - 물 위에 집을 짓고 산다.

핵심 지식 3 우리와 다른 문화에 대한 존중의 필요성 ➡ 다양한 문화 존중

• 서로 문화가 다르다고 무시한 사례를 알아보고 다른 사람들이 우리 문화를 무시한다면 어떤 생각이 들지 생각해 본 후 서로 문화가 다르다고 무시하면 안 되는 이유를 토의한다.

• 다문화 사회에서 존중하고 이해하는 태도가 올바른 태도임을 확인한다.

여기서 잠깐!

핵심 지식으로 추가할 내용이 있다면 적어 보세요.

난개념

본시에서 학습해야 할 내용 중에서 학생들이 가장 이해하기 어려워하는 내용(난개념)이 무엇인지 미리 알아 두어야 합니다. 그럼, 본시 학습의 난개념을 자세히 살펴보기로 할까요?

난개념 1 문화의 개념 ➡ 문화

- 문화의 개념을 명확히 표현하지 못한다. 우리가 살아가는 많은 생활 모습이 곧 문화임을 인식시킨다.
- 각 나라의 생활 양식이 다르다는 것은 인식하나 문화로 표현하는 것은 어려움을 느낀다.
- 나쁜 습관이나 개인적으로 좋아하는 것을 문화로 여긴다(혐오스런 음식, 욕 등).

난개념 2 다양한 문화를 존중하는 방법 ➡ 존중하는 방법

- 인사법, 음식, 생활 양식 등이 이상하다고 느껴져도 존중해야 한다는 것을 알고 있으나 어떻게 하는 것이 존중하는 것인지 구체적인 방법을 잘 모른다.

여기서 잠깐!

난개념에 추가할 내용이 있다면 적어 보세요.

오개념

본시에서 학습해야 할 내용과 관련하여 학생들이 이미 갖고 있는 선개념 중에서 잘못 알고 있거나 본시 학습 중에 잘못 이해할 가능성이 있는 내용이 무엇인지도 파악하여야 합니다. 이것을 오개념이라고 합니다. 특히 본시 수업에서는 학생은 물론, 교사 가운데에도 생활 속에서 다양한 문화를 접했을 때의 반응이 다른 경우를 볼 수 있습니다. 흔히 볼 수 있는 오개념에는 어떤 것들이 있는지 예시를 통해 같이 고민해 보기로 할까요?

오개념 1 다양한 문화를 다문화 가정으로 이해함

- 우리 사회에 다문화 가정이 많아지고 있어 다양한 문화의 의미를 다문화 가정의 문화로 한정시킨다.

오개념 2 문화에 대한 선입견

- 우리나라 문화가 동남아시아 문화보다 우월하다는 생각을 한다.
- 잘사는 나라의 문화는 좋은 문화가 많고 못사는 나라의 문화는 미개하다고 생각한다.

여기서 잠깐!

오개념에 추가할 내용이 있다면 적어 보세요.

흥미, 태도

본시 수업에서는 '다양한 문화를 존중하는 마음 기르기'를 위한 체험해 보기, 모둠 토의, 모둠 생각 쪽지 쓰기 활동을 통해 다른 문화를 이해하고 존중하는 태도를 기르며 모둠 토의 시 자기의 의견을 바르게 말하기, 문화 존중에 대한 자기 생각을 편지로 표현할 수 있는 능력을 길러야 합니다. 따라서 본시 학습과 관련한 학생들의 흥미나 태도 등을 살펴보고, 학습 목표 도달과 관련하여 지도해야 할 내용을 찾아보기로 하지요.

- 다른 나라 문화에 대해 많이는 모르고 있으나 우리와 다른 특별한 문화에 관심을 보이고 매우 흥미로워한다.
- 내 것, 내 문화는 무척 소중하게 여기나 다른 사람의 생활 방식에 대해 이해하고 존중하려는 태도가 부족하다.
- 역할놀이 활동, 모둠 토의 활동에 비교적 적극적으로 참여한다.
- 스마트 기기, 컴퓨터 정보 활용에 대한 관심과 능력이 뛰어나다.

여기서 잠깐!

흥미, 태도와 관련하여 추가할 내용이 있다면 적어 보세요.

05

교수 처방

이 학습 내용을 지도할 때 사용하는 교수법과 사용 이유는 무엇인가?

본시 수업 내용은 '우리 주위에 다양한 문화가 있음을 알고 다양한 문화를 존중하는 마음 기르기'입니다. 앞에서 살펴본 학생들의 이해도, 즉 선개념과 난개념, 오개념을 지도하기 위해서는 학생 이해도의 내용 및 수준에 따라 적절한 표상 방법을 활용한 교수 처방이 필요하고, 이를 뒷받침하기 위해서는 교사와 학생의 상호작용을 활발하게 하는 수업 대화가 필요한데, 이것은 대체적으로 마중물 수업 전략으로 가능합니다. 따라서 교수법을 연구할 때에는 표상 전략과 마중물 전략을 함께 연구해야 합니다.

[전시 학습 상기] 단계에서의 선개념과 교수 처방

본시 수업에서 '우리 주위에 다양한 문화가 있음을 알고 다양한 문화를 존중하는 마음 기르기'를 하기 위한 선개념을 어느 정도 갖추고 있는지 파악하는 것이 필요합니다.

본시 수업과 관련된 선개념

① 문화를 옷, 음식, 집 등으로 한정하는 학생이 많다.
② 자료를 제시하고 발문을 통하여 다양한 문화의 양상을 떠오르게 한다. [연결, 예시, 발문, 브레인스토밍, 마인드맵]

예시 자료 ① 다양한 생활 모습을 자료로 제시하여 학생들이 지구촌에서 살아가는 사람들의 다양한 모습을 이해하고 있는지 확인한다.

연결 제시한 자료를 통해 전에 배운 내용과 연결시켜 보고 학생들의 다양한 반응을 알아보고 의견을 수용하며 격려한다.

교사 예시 선생님이 보여 주는 그림 자료를 보세요. 무엇을 나타낼까요?

학생 지구 전체가 한 마을처럼 가깝게 지내는 것을 나타내는 것으로 지구촌 이웃입니다.

학생 생활 환경이나 생각에 따라 문화가 다릅니다.

교사 그렇다면 문화는 무엇이라고 생각하나요?

학생 음식, 옷, 집, 말, 사는 모습 등이요.

교사 그렇군요. 그럼 여러분이 생각하는 문화를 각자 마인드맵으로 나타내어 봅시다.

학생 활동 각자 배움 공책에 마인드맵으로 표현한다.

마인드맵을 위한 브레인스토밍

학생 마인드맵 하기

예시 자료 ② 학생들에게 마인드맵을 직접 해 보게 함으로써 문화에 대해 더 생각하게 하며 교사는 학생의 이해 정도를 파악한다.

교사 다양하게 잘 표현했습니다. 누가 설명을 해 볼까요?

학생 저는 문화란 전통, 노래, 춤, 사는 곳, 먹는 음식, 예절, 인사 등 여러 가지를 포함한다고 생각합니다.

학생 저는 그 나라의 자랑거리나 특징, 종교도 문화라고 생각합니다.

교사 설명 칠판에 학생들이 생각하는 문화를 마인드맵으로 나타내어 학생들의 문화에 대한 개념 이해를 돕는다.

지구촌 이웃 간에 우리와 다른 생활 모습이 많군요. 즉, 문화가 매우 다양하다는 뜻입니다.

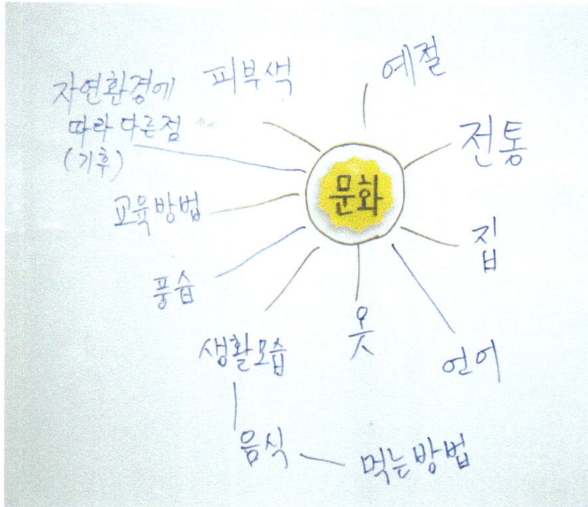

문화에 대한 인식 마인드맵

[배움 3] 단계에서의 난개념과 교수 처방

학생들이 다양한 문화를 존중해야 한다는 것은 이해하나 존중하는 방법에 대하여는 잘 모릅니다. 따라서 어떻게 하는 것이 존중하는 것인지 의견을 나누고 반례를 적용하여 존중하는 방법을 알 필요가 있습니다.

본시 수업과 관련된 난개념 문화를 존중하는 방법

① 나와 다른 문화를 존중하지 않는 사례(반례–교실에서 일어난 일, 김치와 된장찌개의 냄새로 외국에서 어려움을 겪은 일)를 들어 존중의 필요성을 깨닫게 한다.
② 존중하는 방법에 대하여 의견을 나눈다.

교사 우리나라에서 문화가 달라서 생기는 어려움은 없을까요? 195쪽 '교실에서 일어난 일'을 살펴봅시다.
윤주와 승수는 무슨 일로 다투었나요?

학생 추석 때 먹는 음식이 달라서 다투었습니다.

교사 여러분은 추석 때 배추전이나 돼지고기전을 만들어 먹나요?

학생 아니요, 저는 외갓집에 갔을 때 외할머니께서 해 주신 배추전을 먹어 봤습니다.

교사 다른 친구들은 돼지고기전이나 다른 음식을 먹어 본 적이 있나요? 있으면 경험을 이야기해 보세요.

학생 감자전을 먹어 본 적이 있습니다.

교사 그렇군요. 우리나라에도 지역마다 다른 것들이 많이 있는데 그것은 무엇이 다르다고 이야기 할 수 있을까요?

학생 음식 문화가 다릅니다.

학생 음식이 가문마다 다르기도 합니다. 제사 음식도 다릅니다.

교사 네. 우리나라에도 이렇게 다른 문화들이 있답니다. 지훈이와 수잔도 음식 때문에 어떤 일이 있었나요?

학생 수잔이 음식박람회에서 우리나라 김치 냄새를 싫어하는 모습을 보여서 기분이 안 좋았다고 이야기하고 지훈이도 인도에서 있었던 일을 부끄러워했습니다.

교사 예시 (기사 자료 제시) 우리 음식에 대한 생각도 모두 다르군요. 우리나라 사람들이 가장 좋아하는 김치나 된장찌개 냄새 때문에 다른 나라에서 일어난 일을 살펴봅시다. 우리 음식에 대해 어떻게 생각한다고 하였나요?

학생 김치찌개와 된장찌개 냄새를 역겨워한다고 했습니다.

교사 문화를 존중한다는 것은 어떻게 하는 것일까요?

학생 무시하지 않는 것입니다.

학생 인정하는 것입니다.

학생 쳐다보면서 웃거나 자꾸 쳐다보거나 하지 않고 '우리와는 다르구나'라고 생각하는 것입니다.

교사 여러분이 오늘 존중하는 방법에 대해 잘 말해 주었어요. 그럼 앞으로 다른 나라 친구들을 만났을 때 어떻게 행동해야 할까요? 모둠 토의를 해 봅시다.

모둠 토의

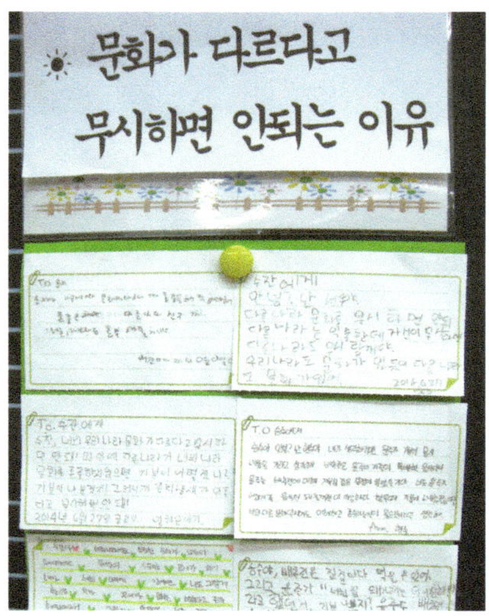

문화 존중의 이유

[동기 유발] 단계에서의 다양한 문화에 대한 오개념 교수법

학생들 중에는 다양한 문화에 대한 개념을 잘못 이해하여 다문화 가정을 다양한 문화로 여기기도 합니다. 따라서 교사는 문화의 이해 부족으로 생길 수 있는 다양한 문화 경험을 예시로 들어 학생들의 잘못된 생각을 수정하는 계획을 세우는 것이 필요합니다.

교사 시연 ▶ 스토리텔링

지훈이는 아빠를 따라 인도 여행을 갔습니다. 어느 날, 인도 가정에 초청을 받아 저녁 식사를 하게 되었는데 손으로 음식을 먹는 것을 보고 더럽다는 생각에 인상을 찌푸렸습니다. 그 가족들이 이런 지훈이를 보고 당황해하는 표정을 보였습니다. 그 가족들은 어떻게 생각하였을까요?

학생 무시하는 것 같아 기분이 나빴을 것 같습니다.

교사 지훈이가 무엇을 미리 알았으면 좋았을까요?

학생 인도의 식사 문화입니다. 인도에는 손으로 먹는 풍습이 있다는 것을 알았으면 좋았을 거예요.

학생 왜 손으로 먹어요?

교사 아는 친구 있으면 설명해 주겠어요?

학생 음식은 오른손으로만 먹는대요.

교사 설명 ▶ 네. 알고 있는 친구들도 있네요. 손의 감각으로 음식의 온도를 먼저 알아보고 식혀 먹기도 하고, 손으로 먹는 게 더 맛있다고 합니다.

교사 이렇게 먹는 것도 나라마다 각각 다른 것은 각 나라마다 무엇이 다르기 때문일까요?

학생 전통이 다르기 때문입니다.

학생 지역이 다르기 때문입니다.

학생 종교가 달라서 그렇습니다.

교사 연결 ▶ 이렇게 각각 다른 생활 양식을 다양한 문화라고 해요. 또 다른 것은 무엇일까요?

학생 다문화 가정이 다양한 문화입니다.

교사 다양한 문화란 다문화 가정이라고 이야기할 수 있을까요?

학생 아니요, 다양한 문화는 우리나라뿐만 아니라 세계의 문화 모두를 포함해요.

교사 다른 사람 의견은 어때요?

학생 다문화 가정의 문화도 포함이 되고 다른 것도 포함이 됩니다.

교사 그래요. 나라마다 지역이나 전통이나 종교 등에 따라 생활 방식이 다르지요. 이것을 다양한 문화라고 해요. 지금부터 다양한 문화를 이해하고 존중해야 하는 까닭을 알아보고 존중하는 마음을 길러 봅시다.

[배움 2] 단계에서의 다양한 문화에 대한 오개념 교수법

'우리 것은 무조건 좋다. 우리 것이 최고다'처럼 학생들은 잘못된 생각을 갖고 있는 경우가 있습니다. 따라서 학생들이 일반적으로 막연하게 알고 있는 다양한 문화에 대한 선입견을 수정해야 할 필요가 있습니다.

본시 수업과 관련된 오개념 **문화에 대한 선입견**

① 잘사는 나라의 문화는 좋은 문화가 많고, 못사는 나라의 문화는 미개한 것이다.
② 우리나라 문화가 동남아시아 문화보다 우월하다는 생각을 한다.

교사 세계 여러 나라의 생활 모습이 우리와 모두 같지 않습니다. 왜 그럴까요?
학생 자연 환경이 다르기 때문입니다.
학생 생각하는 것이 다르기 때문입니다.
학생 생산되는 물건들이 다르기 때문입니다.
교사 예시 (사진을 제시하며) 왜 물 위에 집을 지을까요?
학생 날씨가 너무 덥고, 물에서 고기를 잡아 생활하기 때문입니다.
교사 예시 (사진을 제시하며) 아프리카 부족들은 왜 이 벌레를 먹을까요?
학생 유일하게 단백질을 보충해 준다고 합니다. 영양덩어리예요.
교사 잘 알고 있군요. 우리나라에서도 죽은 벌레를 먹기도 하는데 그것이 무엇일까요?
학생 번데기입니다.
교사 연결 그렇군요. 우리도 이런 벌레를 먹습니다. 인사할 때 얼굴에 침을 뱉는 나라도 있다고 합니다. 왜 그럴까 누가 아는 친구 있으면 이야기해 볼까요?
학생 들어본 적은 있는데 잘 모릅니다. 더러운 것 같아요.
교사 다른 사람 의견은요?
교사 연결 (잠시 기다린 후) 네. 아프리카에는 물이 부족해서 침을 뱉는 것은 소중하게 여기는 것이라는 의미가 담겨 있답니다.
교사 예시 (세계문화백과를 보여 주며) 세계의 다양한 문화에 대해 좀 더 알아봅시다.
학생 활동 교사가 보여 주는 세계의 다양한 자료를 보며 이야기를 나눈다.
교사 (다 보여 주고 난 후) 그렇다면 우리가 좋은 문화, 나쁜 문화라고 이야기해도 될까요?
학생 좋다거나 나쁘다고 이야기하면 안 될 것 같아요.
학생 그 나라마다 생각과 전통이 다르기 때문이에요.
교사 잘 이해했어요. 문화는 좋고 나쁨으로 이야기하면 안 되겠어요.

06

지도 유의점

이 학습 내용을 지도할 때 고려해야 할 유의점은 무엇인가?

본시 학습의 내용은 다양한 문화를 존중해야 하는 이유를 알고 다른 문화를 가진 사람을 만났을 때 어떻게 대해야 하는지 알아보는 것입니다. 요즘은 일상생활 속에서 다양한 문화를 많이 접할 수 있고 매체를 통해서도 받아들일 수 있습니다. 따라서 이러한 다양한 문화를 존중해야 하는 이유를 알기 위해 다양한 문화를 접할 수 있는 학생의 주변 환경 상황과 교사의 수업 전문성 수준을 고려하여 지도하면 좋겠습니다.

학생의 발달 수준에 따른 학습

본시 수업과 관련한 학생의 주변 환경 상황을 고려하기 위해서는 생활 속에서 다양한 문화를 접해 본 경험적 지식과 '문화'라는 낱말에 대한 배경 지식을 확인하여야 합니다. 특히, 직접 다른 나라의 생활 방식을 경험해 본 것을 확인하고 존중했던 경험을 공유한다면 본시 학습의 필요성을 인식할 수 있어 학습 동기 유발에 매우 효과적입니다.

주변에서 다양한 문화를 직접 체험한 경험이 있는지를 확인하는 방법으로는 전 차시 학습의 차시 예고 단계에서 학생들에게 경험의 유무를 물어보는 방법이 가장 좋습니다. 이때 교사는 학생들의 경험 내용을 확인하면서 동시에 학생들이 지닌 다양한 문화에 대한 이해, 생활 방식의 차이에 대한 이해를 확인할 수 있어야 합니다. 이 과정에서 교사는 경험을 통해 다양한 문화를 접한 경험이 있는 학생들보다 경험을 통한 배경 지식이 없는 학생들이 많은 경우에 수업 내용과 수준을 더 쉽게 준비해야 합니다.

전 차시 학습의 차시 예고 단계에서 학생의 경험과 이해도를 확인하지 못했다면, 수업 시작 전 아침 시간이나 쉬는 시간에 물어보기, 수업 중 동기 유발 단계에서 경험을 물어보기 등이 가능합니다. 다만, 수업 중에 경험을 묻고 이해도를 확인하여 그 수준에 맞춰 수업을 전개하는 것은 대단히 어려우므로 사전에 많은 준비와 수업 노하우가 필요합니다.

여기서 잠깐!

학생들의 주변 환경 상황을 확인하는 방법은 무엇일까요?

학습 목표에 따른 학습

우리 사회는 이미 본격적인 다문화 사회로 진입해 있어 학생들이 다양한 문화가 혼재하는 현재의 사회 현상 속에서 다른 문화에 대한 이해와 존중의 의미를 깨닫고 실천하도록 하는 것이 본 단원의 학습 목표입니다. 본 단원을 통해 학생들은 세계 여러 나라의 인사법을 연습하면서 세계 문화를 접하고 우리나라 안에서 다른 문화를 접하게 될 때의 경험 혹은 같은 내용, 다른 형식으로 나타나는 문화적 차이를 이해해야 합니다. 또한 우리 사회의 어려운 문제로 대두되는 다문화 가정의 자녀에 대한 편견과 차별을 극복하고 그들의 아픔 공감 및 긍정적인 사례를 통해 관용과 존중의 생활 실천을 갖추어야 합니다. 본시 수업에서 교사는 단원을 통해 다양한 문화를 수용하고 이해하고 존중하면서 우리의 문화와 접목시키고 글로벌 사회에서 학생들이 갖추어야 할 다문화 소양을 증진시킬 수 있도록 합니다.

사전 수업 협의

4학년 선생님들을 대상으로 수업 시연을 통해 본시 수업의 PCK를 함께 연구하는 컨설팅 시간을 여러 차례 가졌습니다. 그럴 때마다 다양한 문화를 이해하고 받아들이고 적응해야 하는 학생들 사이에서 일어날 수 있는 교사의 고민거리와 지도 방향에 대하여 생각을 함께 나눌 수 있었습니다.

교사 Q 학생들이 말로는 이해하고 존중한다고 하면서도 막상 다른 문화를 대하거나 비슷한 상황이 오면 자기도 모르게 무시하고 멀리하는 시선을 보낼 때가 있습니다. 특히 학급에 다문화 친구가 한두 명 있을 때 다른 친구들이 차별을 한다면 어떤 방법으로 지도하는 것이 효과적인가요?

교사 A 학급에 다문화 가정 학생들이 있다면 교사는 신중할 필요가 있습니다. 수업 중에도 다문화 가정 학생들이 상처받는 일이 없도록 신경을 써야 합니다. 차시 활동을 진행하면서 누구나 소수 문화 집단에 속할 수 있다는 가능성과 편견과 차별의 대상이 될 수 있다는 점을 알게 하고 학생들이 문화적 다양성을 인정할 수 있는 태도를 기르는 데 주력해야 합니다.

교사 Q 특히 어떤 점에 중점을 두어 지도하면 좋을까요?

교사 A 교사는 자신의 경험과 생각만으로 내용을 가르치기보다 교육과정에서 이 내용을 가르치도록 다루는 이유가 무엇인지를 바르게 파악하고, 역할극을 해보든지 하여 학생들이 올바른 배움의 시간을 가질 수 있도록 문화의 의미를 바르게 이해해야 합니다. 또한 '역지사지(易地思之)', '배려(配慮)'의 정신을 살려 상대방의 입장이 되어 보게 하면 더 좋습니다.

교사 Q 실제 다문화 학생에게는 어떤 위로가 필요할까요?

교사 A 처음 와서 어색한 시간을 적응해야 하는 것처럼 학급의 학생들도 다른 문화를 받아들일 준비가 필요하다는 것을 이해하도록 하면 좋습니다.

여기서 잠깐!

이 단원의 수업 전문성 신장을 위하여 어떤 노력을 해야 할까요?

07

학생 평가

이 학습 내용에 대한 학생들의 이해도나 어려움을 평가하는 방법은 무엇인가?

본시 학습의 내용은 다양한 문화를 이해하고 존중해야 하는 이유 알기에 대하여 공부하는 것입니다. 따라서 본시 학습 내용에 대한 학생들의 학습 이해도를 확인하려면 다양한 문화를 존중해야 하는 이유를 알고 있는지 확인해야 하며 다른 문화를 만났을 때 어떻게 행동할 것인지 확인해야 합니다. 일반적으로 학습 이해도의 확인을 정리 단계에서 형성 평가를 통해 실시하는 경우가 많으나, 학습 이해도에 따른 교사의 처방을 강화하기 위해서는 정리 단계의 형성 평가 이외에도 전개 단계에서 과정 중심의 평가가 필요합니다. 이를 통해 학생들의 이해도를 확인하고 학생들의 반응에 따라 적절한 처방을 합니다.

평가 1 : 다양한 문화를 존중하는 태도

[배움 2] 단계에서 예시 자료 제시하기

미영이네 반에는 다양한 모습, 다양한 생각, 다양한 취미를 가진 친구들이 많이 있습니다. 어느 날, 미영이네 반에 한 친구가 전학을 오게 되었는데 이 친구는 돼지고기를 전혀 먹지 않았습니다. 이상하게 생각한 친구들은 며칠이 지나서 전학 온 친구에게 한마디씩 하였습니다. 여러분도 궁금하다면 뭐라고 말하겠습니까?

나 :

평가 방법 : 질문–응답	학생의 반응(예시)	평가 결과 및 피드백
1) 어떻게 말해야 친구를 존중하고 배려하는 것입니까?	• 넌 왜 그러니? • 돼지고기가 얼마나 맛있는 줄 아니? 참 어리석구나. • 돼지고기를 먹지 않는 이유가 있겠지? 우리 친척 중에도 그런 분이 계셔. 너의 입장을 이해해. • 네가 돼지고기를 먹지 않는다는 것을 선생님께서 잘 모르시는 것 같아. 함께 말씀드리자.	본시 학습 문제에 대한 내용을 잘 이해하고 있다. 잘못된 내용을 찾아 이해할 수 있게 교사, 학생들의 도움이나 설명을 제공한다.

평가 2 : 모둠 생각 쪽지를 활용한 평가

평가는 그 자체가 아니고 학습의 순환적 과정의 일부이므로 학생들이 학습을 통해 자신의 생각과 친구들의 생각을 비교하며 바람직한 방향으로 태도가 형성되도록 해야 합니다. 교사는 자신의 교수 방법의 효과와 효율성을 진단할 수 있습니다.

평가 방법 : 관찰 평가	학생의 반응(예시)	평가 결과 및 피드백
모둠 토의: 문화가 서로 다르다고 무시해서는 안 되는 이유	• 토의 활동에 적극 참여한다. • 다른 문화를 만났을 때의 태도를 잘 말한다.	서로의 생각을 공유하여 태도 형성이 미흡한 학생이라도 다른 친구들의 글을 보면서 내면화할 수 있게 한다.

여기서 잠깐!

평가 내용에 추가할 내용이 있다면 적어 보세요.

PCK 본시 교수 · 학습 과정안

도덕 4-2-8 다양한 문화, 조화로운 세상(1/4)

도덕과 PCK 수업 설계

학습 내용
- **교과:** 도덕
- **학년–학기:** 4–2
- **단원:** 8. 다양한 문화, 조화로운 세상
- **차시:** 1/4
- **학습 목표:** 다양한 문화를 이해하고 존중하는 마음 기르기

학습 필요
- 본격적인 다문화 사회로 진입한 우리나라에서 다양한 문화적 배경을 가진 사람들과 조화롭게 어울려 살기 위해 다양한 문화가 세상에 존재하고 다른 문화를 이해하고 존중해야 하는 이유에 대한 학습이 필요함

학생 평가
- **평가 내용:** 다양한 문화를 이해하고 존중하는 마음이 형성되었는가?
- **평가 방법:** 인사 체험 및 모둠 활동 관찰을 통한 과정 평가, 동료 평가
- **배움 성찰:** 오늘 배운 내용과 느낌 정리하기

교수 처방

〈배움 전략〉		〈배움 원리〉
□ 설명 – 비유		■ 공감 – 수용
■ 설명 – 예시		■ 공감 – 존중
■ 설명 – 그림		■ 공감 – 격려
■ 설명 – 정의		■ 공감 – 표현
■ 설명 – 비교		□ 지원 – 개발
■ 연습 – 요약		■ 지원 – 도전
□ 설명 – 대조		■ 지원 – 참여
■ 시범	■ 관찰	■ 지원 – 연결
■ 발문	□ 추론	□ 지원 – 반성
■ 단서	□ 조작	■ 참여
□ 과제	■ 메모	
■ 매체	■ 발표	
■ 토의		

학습 흐름
1. **인사법을 통해 다양한 문화 알아보기**
   - 문화의 개념 이해하고 여러 나라의 인사법 체험해 보기
2. **세계의 다양한 문화 이해하기**
   - 세계의 다양한 문화와 우리나라의 문화 비교
3. **다른 문화 존중의 필요성 알기**
   - 다양한 문화의 사례 듣고 토의하기

학생 진단
- **선개념**
  문화에 대한 이해
- **난개념**
  (1) 문화에 대한 개념
  (2) 다양한 문화를 존중하는 방법
- **오개념**
  문화에 대한 선입견, 다양한 문화를 다문화 가정으로 이해

학생 배움중심의 수업 설계 개요

교과	도덕(4–2)	단원(차시)	8. 다양한 문화, 조화로운 세상(1/4)
학습 목표	다양한 문화를 이해하고 존중하는 마음을 기를 수 있다		

단계 (시량)	학습 과정	교수 · 학습 활동	배움중심 PCK 전략			자료(★) 및 유의점(※)
			배움 주춤	배움 전략	배움 원리	
배움 열기 (7′)	전시 학습 상기	**• 문화에 대해 알아보기** – 지구촌 그림 보여주기 – 문화에 대한 개념 이해하기	선개념 난개념	예시 발표	참여 격려	★ 지구촌 그림
	학습 동기 유발 학습 문제 확인	**• 단원 도입 글과 그림을 살펴보고 생각 나누기** **• 학습 문제 확인하기** **• 학습 활동 순서 및 규칙 확인하기**	배경 지식	매체 발표		★ 이야기 자료 ※ 선경험 활용 ※ 학습의 필요성 인식 ★ 안내 자료
배움 전개 (30′)	가치 사례 제시 및 관련 규범 (10′)	**배움1 인사로 알아보는 다양한 문화** **• '인사'로 알아보는 다양한 문화 탐색하기** – 세계 여러 나라의 인사법에 대해 알아보기 – 인사 체험하기	선개념 선개념	삽화 설명 연결 시범 짝활동 관찰	지원 예시 공감 격려 칭찬	★ 교과서 인사 확대 자료 ★ 사진 자료 ※ 짝
	가치 규범 탐구 및 문제해결 (10′)	**배움2 세계의 다양한 문화 이해** **• 우리나라와 다른 나라의 생활방식 이해하기** – 세계의 다양한 문화에 대해 알아보기 – 우리와 다른 세계의 문화를 만났을 때 어떻게 할지 알아보기	난개념 난개념 오개념	발문 설명 비교	지원 예시 공감 수용	★ 교과서 그림 확대 자료 ★ 사진 자료 ★ 세계문화백과
	도덕적 정의 및 의지의 강화 (10′)	**배움3 다른 문화를 가진 사람에 대한 존중** – 다른 문화를 이해하고 존중해야 하는 이유 알기 – 음식 문화 사례를 통해 서로 문화가 다르다고 무시하면 안 되는 이유 토의하기 – 모둠 생각 쪽지 쓰기	난개념 오개념	예시 모둠 토의	협력 격려 지원 공감	★ 모둠 생각 쪽지 ※ PPT 교사 평가 정의적 영역 평가
배움 정리 (3′)	학습 정리 평가 및 차시 예고	**• 다른 문화 존중** – 모둠 생각 쪽지 공유하기 **• 형성 평가 및 과제 제시** **• 차시 예고**		정의	격려 존중 공감	★ 모둠 생각 쪽지 자기 평가 ※ 학습 이해도 확인

학생 배움중심의 교수·학습 과정안(약안)

교과	도덕	대상	4학년 2반	지도교사	○○○	장소	○-○교실
단원	8. 다양한 문화, 조화로운 세상			차시	1/4	교과서	190~195쪽
학습 주제	다양한 문화 존중하기						
학습 목표	다양한 문화를 이해하고 존중하는 마음을 기를 수 있다.						
지도 중점	본 차시 수업은 다양한 문화를 존중하기 위해 짝 활동으로 다른 나라 인사법을 즐겁게 체험해 보며 다양한 문화가 있음을 알게 하고 다양한 문화를 이해하고 존중하는 생활로 실천할 수 있도록 한다. 이를 위해 예시, 연습, 시범을 통해 문제를 해결하고자 한다.						
교수 · 학습 자료	교사	세계 여러 나라의 인사 사진, 다양한 생활 모습 사진, PPT, 그림자료, 세계문화백과					
	학생	모둠 생각 쪽지					
학습 조직	전체 ➡ 개별 ➡ 짝 ➡ 모둠 ➡ 전체						

배움 열기 단계(7')

학습 과정 (학습 집단)	교수 · 학습 활동	배움중심 PCK 전략			자료(★) 및 유의점(※)
		배움 주춤	배움 전략	배움 원리	
전시 학습 상기 (전체)	• **지구촌 이웃 이해하기** – 그림 보고 지구촌 이웃이 함께하는 모습에 대하여 이야기하기	선개념	그림 설명	연결 비교 관찰	★ 지구촌 그림 자료
동기 유발 (전체)	• **문화의 개념 이해하기** – 문화가 무엇인지 이야기 나누기 – 마인드맵 나타내기	난개념	대조 매체	비교	
	• **학습 동기 유발하기** – 다른 나라의 생활 모습이 우리와 다른 점 찾아보기 – 스토리텔링으로 다른 나라의 생활 방식을 보고 이상하게 생각했던 예화 듣기	선기능	매체 시범	연결 추론	★ 스토리텔링
학습 문제 확인 (전체)	• **공부할 문제 확인하기**	난개념	설명	연결	

선개념 **선개념 형성 정도를 파악하기 위한 활동 – 그림, 예시**

지구촌 이웃의 그림을 보여 주며 학생들이 다른 나라에 대해 어떻게 생각하고 있는지 알아본다. 문화에 대한 이해를 파악하기 위해 마인드맵을 활용한다.

학습 동기를 유발하기 위한 활동 – 시범, 설명, 발표

다양한 문화를 어떻게 대해야 하는지 알고 있는 정도를 파악하고 문화를 이해하는 것이 왜 필요한지 알게 하기 위해 스토리텔링을 활용하여 대화로 이끌어 낸다.

오개념

오개념 지도를 위한 활동 – 매체, 설명

전체 마인드맵을 통하여 다양한 문화의 개념을 이해하게 하고 그림, 사진 자료 제시 및 교사의 설명을 보충하여 개념이 확실하게 형성될 수 있도록 한다.

준비 단계(10')

학습 과정 (학습 집단)	교수 · 학습 활동	배움중심 PCK 전략			자료(★) 및 유의점(※)
		배움 주춤	배움 전략	배움 원리	
가치 사례 제시 및 관련 규범 (전체, 짝)	• **인사를 통하여 다양한 문화 체험하기** – 알고 있는 다른 나라의 인사법에 대해 이야기 나누기 – 여행하고 싶은 세 나라를 정하여 인사법 알아보고 체험하기 – 교사 학생과 시범 보이기 – 짝끼리 체험하기 – 우리나라와 다른 점 찾아보기 – 느낀 점 이야기하기 • **나라마다 인사법이 다른 이유 알아보기** – 각 나라 인사법의 특징 찾기 – 각 나라의 인사법이 다른 이유 확인하기 – 각 나라마다 다른 인사법에 대해 가져야 할 태도 알기	신개념	시범 설명 예시	격려 수용 격려 도전	※ 다른 나라의 인사법을 체험하며 다른 인사법을 대할 때 가져야 할 태도를 스스로 말하게 한다. 교사 평가 ★ 우리의 문화와 많이 다른 세계의 색다른 인사법 사진

선개념

새로운 개념 지도를 위한 활동 – 시범, 설명, 예시

이 단계는 잘 몰랐던 각 나라의 인사법을 직접 체험하는 단계이다. 학생들은 짝과 함께 하고 싶은 인사법을 정하여 직접 해 본다. 이때 어색해하거나 잘 안 하려고 하는 학생이 있을 경우 교사는 지원하는 학생과 함께 시연을 하고 짝끼리 할 수 있도록 격려해 준다. 그리고 느낀 점을 말하게 하고 특징을 찾아보게 한다. 이를 통하여 각 나라의 인사법이 다른 이유를 알아보고 우리와 다른 인사법에 대해 가져야 할 태도를 스스로 찾아내게 한다.

탐구 단계(10')

학습 과정 (학습 집단)	교수 · 학습 활동	배움중심 PCK 전략			자료(★) 및 유의점(※)
		배움 주춤	배움 전략	배움 원리	
가치 규범 탐구 및 문제 해결 (전체 – 개별 – 짝)	**• 우리나라와 다른 나라의 생활 방식 이해하기** – 여행하기 전에 더 알아야 할 것 알아보기 – 세계의 다양한 문화에 대해 알아보기 – 알고 있는 다양한 문화 말하고 질문하고 알아보기 – 종교, 옷, 음식, 생활 습관 등 – 우리와 다른 세계의 문화를 만났을 때 어떻게 할지 알아보기 **• 다른 문화를 가진 사람에 대한 존중** – 다른 문화를 존중하는 방법에 대해 모둠 토의하기	난개념 난개념 오개념	관찰 발문	격려 칭찬	★교과서 그림 동영상 ★ppt 동료 평가 교사 평가 ★예시 자료 ★세계문화백과

난개념 **다양한 문화 탐색하기 – 예시, 반례, 연습**

학생들이 알고 있는 각 나라의 생활 양식을 중심으로 질문과 답변, 설명과 예시 자료를 활용하며 다양한 문화에 대해 알아본다. 또한 우리와 다른 문화를 만났을 때 어떻게 해야 할지 존중하는 방법을 알아본다. 이때 배려하지 못해서 미안하거나 민망한 경우를 예를 들면 더 구체적으로 존중의 방법을 확인하고 이해를 도울 수 있다.

오개념 **문화에 대한 올바른 개념 형성하기 – 설명, 예시**

4학년 학생들은 문화에 대해 대강 이해하면서도 좋은 문화, 나쁜 문화가 있다는 선입견이 있다. 설명과 예시 자료를 통해 그 나라의 풍습이나 전통 등을 알려 주어 개념을 올바르게 형성해 주어야 한다.

도덕과

일반화 단계(10')

학습 과정 (학습 집단)	교수 · 학습 활동	배움중심 PCK 전략			자료(★) 및 유의점(※)
		배움 주춤	배움 전략	배움 원리	
도덕적 의지 강화 (개별–전체)	• **다른 문화 존중하는 마음 다지기** – 모둠 생각 쪽지에 방법을 적고 모둠 쪽지판에 붙이기 – 친구들의 의견 공유하기 • **다른 문화 존중 실천하기**		발표	표현 격려	정의적 영역 평가 ★ 모둠 생각 쪽지판 ★ 포스트잇 ※ 모둠 생각을 공유하며 다른 문화를 존중하는 올바른 자세를 다진다.

배움 정리 단계(3')

학습 과정 (학습 집단)	교수 · 학습 활동	배움중심 PCK 전략			자료(★) 및 유의점(※)
		배움 주춤	배움 전략	배움 원리	
정리하기 (전체) 차시 예고	• **오늘 학습하면서 알게 된 것 이야기하기** – 문화에 대해 자세히 알게 됨 – 다양한 문화를 존중해야 하는 이유와 존중하는 방법을 알게 됨 – 다른 문화를 존중하고 이해하면 좋은 점을 알게 됨 • **학습하면서 느낀 점 이야기하기** – 다른 문화를 존중해야겠다는 생각이 듦 – 문화가 다양하다는 생각을 함 – 다른 문화에 관심을 갖게 됨 • **다음 시간에 배울 내용 확인하기** – 다양한 문화를 존중하는 이유와 방법을 알고 나서 편견과 차별에 대하여 생각하는 시간을 가질 예정임		메모	반성	자기 평가 배움공책에 배움 성찰 적기

수업 후기

김운자
안산 중앙초등학교 수석교사

문화란 무엇일까? 너무나도 쉬운 말이라 학생들 모두가 잘 이해하고 있으리라 생각하고 있었다. 그러나 막상 문화에 대해 이야기해 보라고 하니 문화가 무엇인지 대답하는 학생이 많지 않았다. 문화는 알겠는데 구체적으로 무엇인지 표현을 못하고, 문화에 대해서 정말로 잘 몰라서 묵묵부답인 학생들…….

이 모습이 우리 학생들의 참 모습이었다. 교사의 생각대로라면 3학년 사회 시간에 학습한 내용이라 학생들은 대체로 잘 알고 있었어야 하는데……. 학생들에 대한 교사의 선개념 예상 판단이 완전히 잘못되었음을 깨닫게 됨과 동시에 왜 선개념의 진단이 필요한지 확인하게 된 순간이었다.

[8. 다양한 문화, 조화로운 세상] 단원 첫 수업을 효과적으로 하기 위해서는 학생들이 먼저 문화에 대한 개념을 잘 알아야 한다. 이때 학생의 실태를 파악하지 못한 채 '학생들이 알고 있겠지'하고 교사의 예상대로 계획하여 수업을 한다면 학생의 배움이 없는 지식 전달의 수업 또는 혼돈의 수업이 될 수도 있다. 따라서 선개념의 진단을 토대로 사진 자료 제시나 브레인스토밍, 마인드맵, 스토리텔링 등을 적용하여 대화를 이끌어 내고 학생의 참여를 통해 문화, 다양한 문화의 개념을 이해시키는 것에 주력하였다.

문화의 개념에 대해 알게 되니 학생들은 다양한 문화에 대해 할 말이 많았다. 다문화 가정이 문화라고 표현하기도 하였고, 잘사는 나라의 문화는 좋은 것이고 우리보다 못사는 나라의 문화는 미개한 것이라고 표현하기도 하였다. 이런 오개념을 바로잡을 수 있도록 다양한 문화 사례와 반례를 사용하기도 하였다.

전개 부분에서는 문화를 뜻하는 넓은 의미의 문화 속에는 세계의 문화뿐만 아니라 우리의 문화도 있다는 것을 생각해 보게 하고, 각 나라마다 가지고 있는 전통과 생각, 자연환경에서 자연스럽게 생겨날 수밖에 없는 문화에 대한 이해와 존중의 필요성을 알게 하는 것이 필요하였다. 그래서 우리의 행동 양식과 다르거나 음식이나 옷, 사는 곳에 따라 학생들이 더럽다거나 이상하다고 생각하는 것들을 함께 알아보고 PCK 수업 설계대로 오개념과 난개념에 대한 지도를 위해 전략적인 예시와 시범, 설명 등 학생들의 배움 목표를 도달하기 위한 수업으로 이끌어 갔다. 이렇게 하니 몇몇 우수한 학생이 아닌 학생 전체가 자기가 아는 대로 이야기를 토해 내고 생각을 말하면서 자연스럽게 학생 전체가 참여하는 수업으로 연결되었다.

도덕과는 다른 과목과 다르게 눈에 보이지 않는 가치관과 행동으로 나타나는 태도가 차지하는 비중이 크다. 오개념이 하루 아침에 형성된 것이 아니듯 그것이 행동의 변화로 이어지는 데도 시간이 걸릴 것이다. 하지만 학생들 경험을 중심으로 오개념과 난개념을 찾고 스스로 탐구하는 수업을 이끌어 간다면 진정한 배움이 있는 수업이 될 것으로 확신한다.

3

CoRe 활용 학생 배움중심의 미술과 PCK 수업 설계

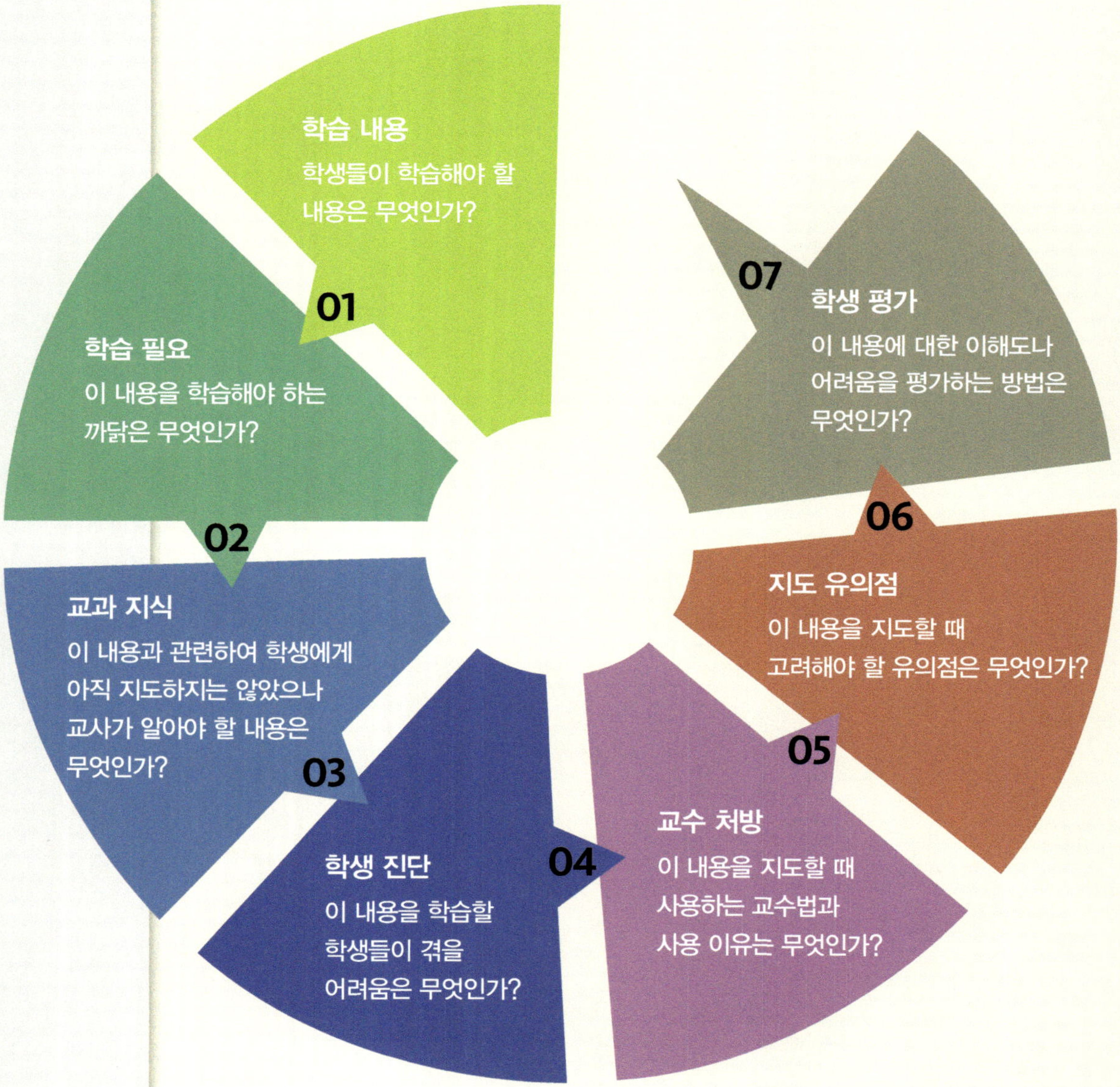

01

학습 내용

학생들이 학습해야 할 내용은 무엇인가?

이 단원은 미술 작품의 특징을 분석함으로써 미술 작품의 내용과 형식을 찾아보고 미술 용어를 활용하여 작가와 작품에 관해 토론할 수 있는 능력을 배양하는 데 주안점이 있습니다.

단원의 지도 내용

- 미술 작품의 감상 단계 알아보기
- 이중섭의 '도원'을 감상하고, 감상문을 써 보기
- 두 그림을 서로 비교, 감상하고 이야기하기
- 동 · 서양의 풍속화를 감상하고 감상 관점을 활용하여 이야기하기

교과서 살펴보기 | 단원 도입 살펴보기

13. 감상

1 미술 작품, 어떻게 볼까요? 기초

미술 작품의 특징을 분석하고, 내용과 형식을 찾아 감상해 봅시다.

학년 학기 5학년

단원(차시) 13. 감상(1. 미술 작품 어떻게 볼까요?)(1~2/4)

학습 주제 미술 작품 감상하기

교과서를 살펴보면 대단원(13. 감상)과 소단원(1. 미술 작품, 어떻게 볼까요?)을 알 수 있습니다. 소단원 제목을 통해 작품을 감상하는 방법에 대해 공부할 것임을 알 수 있습니다.

'미술 작품의 특징을 분석하고, 내용과 형식을 찾아 감상해 봅시다.'는 본 단원의 학습 목표를 제시하는 것입니다.

이 수업은 1, 2차시로 미술 작품의 특징을 분석하고 내용과 형식을 찾아가며 미술 작품의 감상 단계를 알고 감상하는 수업입니다.

이 수업의 학습 문제인 미술 작품의 감상 단계를 알고 감상하기를 해결하는 방법은 이중섭의 '도원'을 감상 관점에 따라 감상하고 미술 작품 감상문을 쓰는 것입니다.

본시의 학습 문제

- 미술 작품의 감상 단계를 알고 감상하기

미술 작품의 감상 단계를 알고 감상하기

- 이중섭의 '도원'을 감상 관점에 따라 감상하고 감상문을 쓴다.

본시 학습의 교과서 살펴보기

미술 작품의 감상 단계에 따라 미술 작품을 감상하기 위해 이중섭의 '도원'을 감상하고 감상문을 쓰는구나.

이중섭의 '도원'을 감상하고, 감상문을 써 봅시다.

도원(유채/65×76 cm/1954년 작) 이중섭(1916~1956/한국)

따라서 이 수업에서 학생들은 감상 관점에 따라 작품을 자세히 보고 작가의 표현 의도를 토의를 통해 알아보며 미술 작품 감상문을 쓰는 활동을 해야 합니다. 이 활동을 통해 미술 작품을 감상하고 평가하는 능력을 기를 수 있습니다.

본시의 학습 요소

1. 감상 관점에 따라 작품 자세히 보기
2. 작가의 표현 의도 토의하기
3. 미술 작품 감상문 쓰기

감상 관점

- 무엇이 보이나요?
- 무슨 색이 보이나요?
- 선의 굵기는 어떠한가요?
- 작가는 무엇을 표현하려 했을까요?
- 작품이 마음에 드나요? 그 이유는 무엇인가요?

감상 관점에 제시된 질문에 따라 작품을 감상하도록 지도해야겠구나.

미술 작품 감상문

5학년 2반 ○○○

그림에는 커다란 잎과 맛있어 보이는 열매가 달려있는 나무가 있습니다. 그리고 나무 주변에서 놀고 있는 아이들이 보입니다. 가운데는 초록색 바다가 있고 멀리 산도 보입니다. 이 그림은 선이 굵어 그림이 선명하게 보이고 전체적으로 노란빛을 띠어 따뜻한 느낌을 줍니다. 나는 아이들이 즐거워 보이고 따뜻한 느낌이 들어서 이 그림이 마음에 듭니다. 화가는 아이들이 즐겁게 노는 낙원을 꿈꾼 것 같습니다.

미술 작품 감상문의 예시 자료를 분석해 보니 감상 관점에 따라 작품 감상문을 쓰는 거구나.

02

학습 필요

이 내용을 학습해야 하는 까닭은 무엇인가?

미술 작품의 특징을 분석하고 내용과 형식을 찾아 감상하는 까닭을 찾기 위해서는 반드시 교육과정에서 제시된 성취 기준을 확인하고 교사용 지도서를 살펴보아야 합니다. 단원 개관을 살펴보면 단원의 지도 목표를 먼저 찾을 수 있습니다. 단원 개관에서는 미술 작품의 특징을 분석함으로써 미술 작품의 내용과 형식을 찾아보고 미술 용어를 활용하여 미술가와 작품에 관해 토론할 수 있는 능력을 배양하는 것을 주안점으로 제시하고 있습니다. 이것이 바로 본시 학습을 해야 하는 까닭입니다.

성취 기준 31. 미술 작품의 특징을 분석하고 감상한다.

교사용 지도서 살펴보기

1 미술 작품, 어떻게 볼까요? 기초

단원 개관

현대는 문화의 시대라고 한다. 이 시대를 살아가는 학생들에게 미술의 가치를 이해하고 판단할 수 있는 능력을 길러주는 것은 미술과의 중요한 목표 중 하나이다. 이 단원에서는 미술 작품을 보고 특징을 분석하며 미술 작품의 내용과 형식을 찾아보고 미술 용어를 활용하여 작품과 작가에 대해 토론할 수 있는 능력을 키우고자 한다. 3, 4학년의 감상영역의 목적이 미술 작품을 이해하고 감상하는 활동에 흥미와 관심을 갖게 하는 기초적인 능력과 태도를 기르는 데 있다면, 5, 6학년에서는 미술 작품의 감상 관점과 방법을 이해하고 미술 작품의 특징을 찾아 설명하며 감상문을 작성하는 등 미술 비평 활동의 과정과 방법을 익히는 데 그 목적이 있다. 5, 6학년이 되면 미술 작품을 보고 자신의 생각을 구체적으로 나타낼 수 있다. 이때 미술 용어와 작가에 대한 지식을 접하게 되면 비평적인 감상활동에 관심을 가지게 된다. 그러므로 작품에 대해 너무 이해 중심적으로 접근하는 것보다 자유롭게 미술 작품에 대한 생각을 이야기하고 작가의 의도에 대해 토의하며 작품을 이해해 가도록 한다.

본 제재의 지도 이유가 작품을 보고 특징을 분석하고 내용과 형식 등을 찾아가며 감상할 수 있도록 하는 것임을 알 수 있습니다.

성취 기준에 따른 단원의 지도 목표를 알 수 있습니다.

03

교육과정 교과 지식

이 학습 내용과 관련하여 교사가 알아야 할 내용은 무엇인가?

본시 학습 내용을 더 잘 가르치기 위해서는 교사가 관련 내용을 미리 알아 두어야 합니다. 그 중에서도 가장 먼저 알아 두어야 할 내용은 작품 감상과 관련한 성취 기준(31. 미술 작품의 특징을 분석하고 감상한다.)과 학습의 계열입니다. 이것은 본시 학습 내용의 가르칠 범위를 결정하는 데 도움을 줍니다. 또한 미술 작품의 감상 단계와 감상의 관점, 작품과 작가에 대한 지식을 알아 두어야 합니다. 이러한 관련 지식을 알아 두면 학생들이 작품이나 작가와 관련하여 여러 가지 질문을 던졌을 때 학생의 수준이나 상황을 고려하여 적절한 답을 할 수 있습니다.

학습의 계열

5, 6학년의 미술은 3, 4학년 미술과 연계성을 고려하면서, 이후 전개될 미술 학습에 대한 준비로서 설정되어 있습니다. 본시 학습은 3, 4학년의 '미술 작품에 흥미와 관심을 가진다.'와 이후의 '미술 문화의 특징과 중요성을 이해한다.'의 교육과정 성취 기준과 연계되어 있음을 알아야 합니다.

구분	교육과정 성취 기준	
선수 학습	미술(3, 4학년) 3. 작품 감상	〈2009개정〉 32. 미술 작품에 흥미와 관심을 가진다.
본시 학습	미술(5, 6학년)	〈2007〉 31. 미술 작품의 특징을 분석하고 감상한다. 〈2009개정〉 미6321. 미술 작품의 감상 관점과 방법을 안다.
후속 학습	미술(5, 6학년)	〈2007〉 32. 미술 문화의 특징과 중요성을 이해한다. 〈2009개정〉 미6322. 미술 작품의 특징을 설명할 수 있다. 미6323. 전시회를 관람하고 감상문을 작성할 수 있다.

교과 핵심 지식

미술 작품의 감상 단계와 감상 관점

1. 보이는 그대로 바라보기

- 작품에서 보이는 것을 말해 보세요.
- 작품을 처음 보았을 때 어떤 느낌이 들었나요?

2. 자세히 살펴보기

- 작품 속에 나타난 선, 형, 색은 어떠한가요?
- 어떤 재료를 사용했나요?
- 작품에서 사용된 조형 원리는 무엇인가요?

3. 작가의 표현 의도 해석하기

- 작가는 무엇을 표현하려 했을까요?

4. 자신의 생각 나타내기

- 작품의 어떤 점이 마음에 드나요?
- 작품의 가치에 대해 자신의 생각을 말해 보세요.

미술 용어

1. 미술 작품 감상

작품을 보며 그 아름다움과 가치를 발견하고 이해하려는 모든 활동, 작품의 형식을 이루는 조형 요소의 아름다움을 발견해 내고 감흥을 일으키는 것과 작품이 가지고 있는 내용이나 맥락적 지식, 작가의 생각이나 의도 등을 파악하고 감동을 느끼는 것을 모두 포함한다.

2. 조형 요소

- 점 – 모든 형태의 근원이며 출발점
- 선 – 선은 하나의 대상을 묘사할 때 윤곽이 되기도 하고 덩어리를 암시하기도 함
- 형 – 형은 사실형, 반추상형, 추상형으로 구분할 수 있음
- 색 – 빛에 의해 지각되는 요소로 사람의 개성과 감정 표현의 적극적 수단이 됨
- 양감 – 덩어리에서 느낄 수 있는 크기나 부피, 무게 등이 감각적으로 느껴지는 양
- 질감 – 표면에서 느껴지는 촉각적인 느낌

작가와 작품

이중섭은 일본에서 미술 공부를 하던 시절에 부인인 마사코를 만났어요. 그 당시에는 일본 여자와 결혼하는 것이 쉽지 않았기에 이중섭은 한국으로 돌아와서 마사코를 잊으려 했어요. 그러나 마사코가 한국으로 찾아왔고 둘은 결혼했어요. 그러나 6.25전쟁이 일어나서 제주도로 피난을 갔고 생활이 어려워져 마사코와 아이들을 잠시 처가인 일본으로 보냈어요.

이중섭은 가난해서 미술 재료를 구하기 어려워지자 담뱃값 속의 은지에 그림을 그렸어요. 또, 가족들과 다시 만날 날을 기대하며 편지와 행복한 아이들을 그린 엽서를 보냈어요. 하지만 가난과 병으로 결국 가족들을 만나지 못한 채 세상을 떠나고 말았어요. 이중섭은 작품의 소재로 아이들을 많이 다루었어요. 그것은 작가가 일제 강점기와 한국 전쟁 등 어려웠던 시절을 살아가면서 정신적인 안정을 어린 시절에서 찾았기 때문인 것으로 보여요.

미술 감상 수업에서 학생들이 가장 많이 하는 질문 중의 하나는 '작가가 살아있나요?'라는 것입니다. 이것은 학생들이 작품과 더불어 작가에게도 많은 관심을 가진다는 것입니다. 작가에 대한 지식을 접하게 하여 감상 활동에 많은 관심을 갖게 할 수 있습니다. 특히 '작가는 무엇을 표현하려고 하였나요?'라는 질문은 작가에 대한 연구가 필요한 부분입니다. 또한 작가의 표현 의도를 찾는 것은 학생들에게 어려운 일이므로 표현 의도와 관련한 작가의 짧은 이야기를 단서로 제공하고 학생들끼리 상호작용을 통해 의견을 모으는 토의 활동을 하도록 하는 것이 좋습니다. 학생들은 작가의 이야기를 단서로 추론하며 다른 친구들의 의견을 듣고 생각을 하나로 모으는 과정을 거치며 작가의 표현 의도에 접근합니다. 토의가 끝난 후 학생들의 의견과 연결하며 작가의 이야기를 들려주는 활동은 학생들이 작가에 대해 깊이 이해하며 작품을 보도록 도와줍니다. 이중섭이 늘 아내와 아이들을 그리워하며 그림을 그렸지만 결국 낙원을 그림으로만 남긴 채 가족을 만나지 못하고 세상을 하직한 이야기는 작가의 작품 속 낙원이 왜 아이들이 즐겁게 노는 곳인지를 깨닫게 해 줍니다.

여기서 잠깐!

작가의 이야기로 추가할 내용이 있다면 적어 보세요.

04

학생 진단

이 내용을 학습할 학생들이 겪을 어려움은 무엇인가?

본시 학습 내용에 대한 성취도를 높이기 위해서는 학습 내용의 핵심적인 지식과 이에 대한 학생들의 이해도가 어떤지, 학생들의 이해도를 높이는 것을 방해하는 걸림돌이 무엇인지 미리 예상하거나 실태를 파악하고 걸림돌을 제거하거나 이해도를 높이기 위한 대비책을 마련해 두는 노력이 필요합니다. 여기서는 학습 내용의 핵심 지식을 먼저 알아보고, 이에 대한 학생들의 이해도나 어려움에는 어떤 것이 있는지 살펴봅니다.

학습 내용

핵심 지식 : 미술 작품의 감상 단계와 관점

– 미술 작품의 특징을 분석하고, 내용과 형식을 찾아 감상할 수 있다.

본시 학습에서 학생들에게 꼭 가르쳐야 할 세 가지 핵심 지식의 내용입니다.

핵심 지식 1 미술 작품의 감상 단계

• 감상 단계는 '보이는 그대로 바라보기', '자세히 살펴보기', '작가의 표현 의도 해석하기', '자신의 생각 나타내기(생각하고 판단하기)'이다.

핵심 지식 2 미술 용어

• 미술 작품 감상은 미술 작품을 보며 그 아름다움과 가치를 발견하고 이해하려는 모든 활동을 말한다.

• 조형 요소에는 선, 형, 색 등이 있다.

• 무엇을 표현하였는지는 내용이고, 선과 형, 색을 어떻게 사용하였는지는 형식이다.

핵심 지식 3 작가와 작품에 대한 생각 표현하기

- 작가에 대한 이해를 바탕으로 작가가 무엇을 표현하려 하였는지 토의한다.
- 작품에 대한 이해를 바탕으로 작품이 마음에 드는지 또는 마음에 들지 않는지 이유와 함께 이야기한다.
- 작품의 내용과 형식, 작가의 의도와 작품 평가 등을 중심으로 미술 작품 감상문을 쓴다.

여기서 잠깐!

핵심 지식으로 추가할 내용이 있다면 적어 보세요.

난개념, 난기능

본시에서 학습해야 할 내용 중에서 학생들이 이해하기 어려워하는 내용이 무엇인지 미리 알아 두어야 합니다. 난개념과 난기능을 어떻게 해결하는지가 학습 목표 도달을 결정합니다. 본시 학습의 난개념 및 난기능을 자세히 살펴보기로 할까요?

난개념 1 내용과 형식

- 미술에서 내용은 그림 속에 들어 있는 것과 그림을 통해 전하고자 하는 것을 포함한다.
- 형식은 내용을 담는 구조를 말한다. 선, 형, 색 등의 조형 요소와 조형 원리가 포함된다.

난개념 2 미술 감상 단계

- 미술 감상 단계에 따른 감상은 3, 4학년에서 경험하지만 짧은 시간 접해 보는 내용이라 감상 단계에 따른 감상이 어렵다 .
- 특히 미술의 내용은 보이는 대로 쉽게 이야기하나 형식은 조형 요소와 조형 원리에 대한 이해가 필요하다.

난개념 3 작가와 작품에 대한 이해

• 작가가 왜 그렇게 표현하였는지 알아보려면 작가에 대한 이해가 필요하다.

• 작품에 대한 이해가 부족하여 작품이 왜 마음에 드는지 그 이유를 말하기가 어렵다.

난기능 4 작가의 표현 의도 토의하기

• 작가의 표현 의도를 해석하기 위해 모둠별 토의 활동을 하는 것이 좋은데 토의하는 방법을 잘 모른다.

난기능 5 감상한 내용을 바탕으로 미술 감상문 작성하기

• 감상 단계에 따라 감상한 뒤, 감상 내용을 자기의 언어로 표현해 감상문을 작성하는 데 어려움을 느낀다.

여기서 잠깐!

난개념에 추가할 내용이 있다면 적어 보세요.

오개념

본시에서 학습해야 할 내용과 관련하여 학생들이 이미 갖고 있는 선개념 중에서 잘못 알고 있거나 본시 학습 중에 잘못 이해할 가능성이 있는 내용이 무엇인지 파악하여야 합니다. 이것을 오개념이라고 합니다. 흔히 볼 수 있는 오개념에는 어떤 것들이 있는지 예시를 통해 같이 고민해 보기로 할까요?

오개념 1 미술 작품 감상에 대한 개념을 잘못 알고 있다.

• 미술 작품 감상을 그림 감상으로 잘못 알고 있다.

• 미술 작품 감상은 그림뿐 아니라 조소, 공예, 건축, 서예 등 다양한 영역의 미술품을 감상하는 것이다.

미술과

여기서 잠깐!

오개념에 추가할 내용이 있다면 적어 보세요.

흥미, 태도

본시 수업에서는 '미술 작품 감상하기' 외에도 작가의 의도를 토의하고 미술 감상문을 정리 발표하는 과정을 통해 문화적 소양 능력, 의사소통 능력을 기를 수 있도록 해야 합니다. 따라서 본시 학습과 관련한 학생들의 흥미나 태도 등을 살펴보고, 학습 목표 도달과 관련하여 지도해야 할 내용을 찾아보기로 합니다.

• 미술 작품을 보는 것에는 흥미가 있으나, 미술 작품을 자세히 보고 생각하는 것에 대한 관심이 부족하다.

• 작가의 의도에 대해 서로 토의하는 것을 좋아한다.

• 작품을 감상한 후 자기의 언어로 감상문을 표현하는 것이 부족하다.

여기서 잠깐!

흥미, 태도와 관련하여 추가할 내용이 있다면 적어 보세요.

05

교수 처방

이 학습 내용을 지도할 때 사용하는 교수법과 사용 이유는 무엇인가?

본시 수업 내용은 '미술 작품 감상하기'입니다. 앞에서 살펴본 학생들의 이해도, 즉 개념, 난개념, 오개념을 지도하기 위해서는 학생 이해도의 내용 및 수준에 따라 적절한 방법을 활용한 교수 처방이 필요하고, 이를 뒷받침하기 위해서는 교사와 학생, 학생과 학생의 상호작용을 활발하게 하는 수업 대화가 필요합니다.

[전시 학습 상기] 단계에서의 선개념과 교수 처방

본시 수업에서 '미술 작품 감상하기'를 위한 선개념을 어느 정도 갖추고 있는지 파악하는 것이 필요합니다.

본시 수업과 관련된 난개념 전시 학습 상기 단계

① 미술 작품 감상 단계 알기

교사 미술 작품을 감상하는 수업을 한 경험을 생각하며 어떤 단계에 따라 했는지 이야기해 봅시다.

학생 잘 생각이 나지 않아요.

교사 힌트 미술 작품을 감상하는 수업을 할 때 무엇에 대해 이야기를 나누었는지 생각해 보면 알 수 있을 거예요.

발표 미술 작품을 단계에 따라 감상한 경험을 발표해 봅시다.

학생 그림에서 무엇이 보이는지 이야기했어요.

학생 그림의 선과 색, 형에 대해서 이야기했어요.

학생 작가의 의도에 대해서도 이야기했어요.

교사 그래요. 여러분들이 말한 것처럼 미술 작품을 감상할 때 우리는 다음 네 단계를 거쳐서 감상을 했습니다.

예시 자료 ① 미술 작품 감상 단계를 예시 자료로 제시하여 학생들이 미술 작품 감상 단계를 확인하고 상기시킨다.

미술 감상 단계

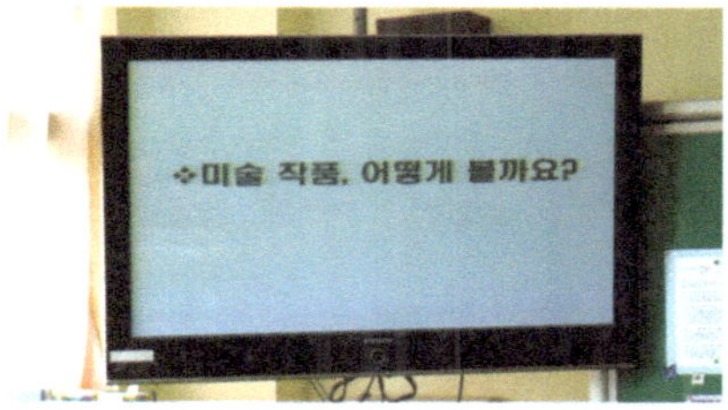

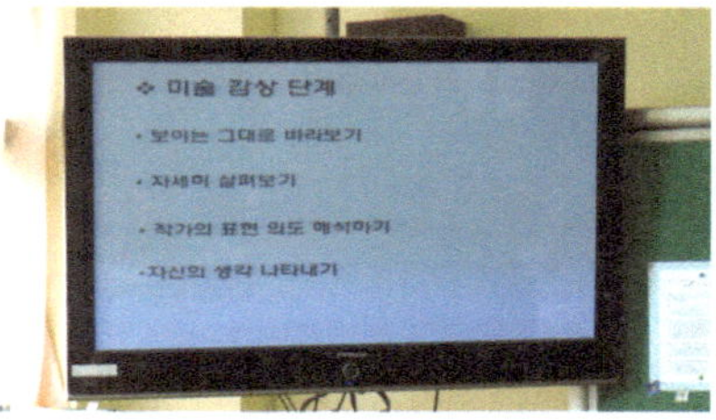

① 보이는 그대로 바라보기
② 자세히 살펴보기
③ 작가의 표현 의도 해석하기
④ 자신의 생각 나타내기

연결 제시한 자료와 경험, 학생들의 생각을 연결해 미술 감상 단계를 확인하게 한다.

교사 그럼 보이는 그대로 바라보기 단계에서 우리는 어떤 이야기를 할 수 있을까요?

학생 보이는 그대로 바라보기는 처음 보았을 때 느낌을 이야기하면 됩니다.

교사 그래요. 그럼 자세히 보기 단계에서는 무엇을 자세히 보았나요?

학생 그림에 무엇이 있는지와 선과 형, 색에 대해 자세히 보았습니다.

교사 네, 그렇죠. 이 친구가 말한 것 외에 자세히 본 것에 대해 말할 친구 있나요?

학생 선의 굵기, 보이는 모양, 보이는 색의 느낌에 대해 이야기했어요.

교사 그래요. 그럼 자세히 살펴볼 때 선, 형, 색 이외에 또 무엇을 봐야 할까요?

학생 어떤 재료와 방법을 사용했는지 살펴볼 수 있습니다.

학생 작품에 사용된 표현의 요소와 원리를 찾아볼 수 있습니다.

교사 모두 그림을 자세히 보는 방법에 대해 잘 알고 있군요. 그럼 작가의 표현 의도 해석하기에서는 무엇을 해야 할까요?

학생 작가가 무엇을 표현하려고 했는지 생각해 보아야 합니다.

교사 그래요. 그런데 작가가 무엇을 표현하려고 했는지 어떻게 알 수 있을까요?

학생 작가에 대해 알아보거나 친구들과 토의해 보는 것이 좋겠습니다.

교사 **수용** 좋은 생각입니다. 작가의 의도를 찾기 위해 토의를 해 보도록 하겠습니다. 마지막으로 자신의 생각을 나타내는 단계에서는 무엇을 했나요?

학생 감상한 내용을 바탕으로 작품이 마음에 드는지에 대해서 자기의 생각을 이야기했습니다.

교사 네. 그렇습니다. 감상 단계에 따른 관점들을 잘 알고 있군요.

여기서 잠깐!

학생들에게 미술 감상 수업 경험이 없다면 미술 감상 수업의 단계를 알아보는 수업을 따로 1차시 구성하는 것이 좋습니다.

[동기 유발] 단계에서의 난개념과 교수 처방

본시 수업과 관련된 난개념 동기 유발 단계

① 작품의 제목 생각해 보기
– 미술 작품에서 제목은 그림의 내용을 대표하는 이름

예시 자료 ① 이중섭의 작품 '도원'을 제시하고 제목을 생각해 보도록 한다.

발표 생각한 제목을 이유와 함께 발표하도록 한다.

교사 이 그림의 제목은 무엇일까요?

학생 아이들입니다.

교사 왜 그렇게 생각했나요?

학생 그림에 아이들이 네 명이 놀고 있습니다.

교사 **칭찬** 작품에 어울리는 좋은 제목이네요.

도전 또 다른 제목을 붙여 봅시다.

학생 그림에 나무가 많이 있어서 '나무'라고 하고 싶습니다.

교사 아! 정말 그림 속에 나무가 눈에 띄네요. 무슨 나무 같나요?

학생 **추론** 복숭아 열매가 보이는 것을 보니 복숭아나무인 것 같습니다.

교사 **수용** 복숭아 열매를 잘 발견하였군요. 이 그림의 제목은 '도원'이고 작가는 '이중섭'입니다. '도원'은 복숭아나무가 있는 낙원을 의미합니다.

[배움 1] 단계에서의 난개념과 교수 처방

본시 수업과 관련된 난개념 배움 단계

① 처음 본 느낌 이야기하기

② 작품 자세히 보기

- 작품의 내용을 알아보기 위해 무엇이 보이는지 찾아보기
- 작품의 형식을 알아보기 위해 작품의 선과 색을 살펴보기

교사 이 작품을 처음 보았을 때 느낌이 어떠했나요?

학생 향토색이 눈에 들어왔습니다.

학생 그림이 복잡하다는 생각을 했습니다.

교사 그림이 복잡하다는 생각이 들었다고 하는데 그럼 우리 이 그림을 자세히 살펴보도록 하겠습니다. 그림을 자세히 볼 때 무엇을 보아야 할지 질문지를 나누어 주겠습니다. 질문지에 따라 작품을 자세히 살펴보며 질문에 대해 간단히 기록하도록 합시다.

단서 작품에서 무엇을 자세히 보아야 하는지, 작품 속의 표현 요소와 표현 원리는 어떻게 찾아보는지 어려워하므로 단서로 질문지를 제시한다.

메모, 격려 질문에 따라 자기의 생각을 정리하여 간단히 메모하게 하고 교사는 학생들을 돌아보며 격려한다.

작품 자세히 보기

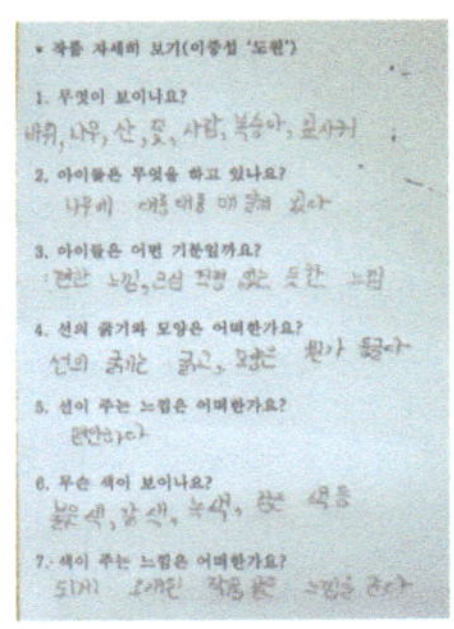
• 작품 자세히 보기(이중섭 '도원')

1. 무엇이 보이나요?

2. 아이들은 무엇을 하고 있나요?

3. 아이들은 어떤 기분일까요?

4. 선의 굵기와 모양은 어떠한가요?

5. 선이 주는 느낌은 어떠한가요?

편안하다

6. 무슨 색이 보이나요?

붉은 색, 갈색, 녹색,

7. 색이 주는 느낌은 어떠한가요?

1. 무엇이 보이나요?
2. 아이들은 무엇을 하고 있나요?
3. 아이들은 어떤 기분일까요?
4. 선의 굵기와 그 선이 주는 느낌은 어떠한가요?
5. 무슨 색이 보이나요?
6. 색이 주는 느낌은 어떠한가요?

발표 ▶ 정리한 내용을 바탕으로 질문에 대한 자기의 생각을 발표한다.

공유 ▶ 친구들의 생각과 연결하고 공유하며 생각을 확장시키도록 한다.

교사 이제 친구들과 함께 이야기를 나누어 봅시다. 무엇이 보이나요?

학생 복숭아나무, 네 명의 아이들, 산과 바다, 꽃, 열매 등이 보입니다.

교사 칭찬 네. 무엇이 보이는지 잘 이야기해 주었어요. 아이들은 무엇을 하고 있나요?

학생 나무에 올라가고 있습니다.

학생 열매를 따고 있습니다.

학생 나무 뒤에 숨어 있습니다.

학생 나뭇잎으로 얼굴을 가리고 있습니다. 숨바꼭질을 하고 있는 것 같습니다.

교사 정말 그렇게 보이네요. 아이들은 기분이 어떠할까요?

학생 즐거울 것 같습니다.

교사 네, 정말 즐거워 보이네요. 다른 생각을 가진 친구 있나요?

학생 들킬까봐 조마조마할 것 같습니다.

교사 네. 그런 기분일 것 같습니다. 선의 굵기는 어떠하고 어떤 느낌을 주나요?

학생 굵은 선을 사용했습니다. 굵은 선은 형태들을 눈에 잘 띄게 합니다.

학생 굵은 선은 그림을 단순하게 보이게 합니다.

교사 칭찬 선의 느낌을 잘 이야기해 주었습니다. 그럼 어떤 색이 사용되었나요?

학생 노란색, 연두색, 초록색, 황토색, 갈색, 붉은색입니다.

교사 색이 주는 느낌은 어떠한가요?

학생 전체적으로 노란 빛이 나서 밝은 느낌입니다.

학생 연결 노란색이 그림이 따뜻하고 행복한 느낌이 들게 합니다.

학생 그러나 노란색의 채도가 낮아 왠지 슬픈 느낌이 듭니다.

학생 노란색 가운데 초록색 강이 강조되어 보입니다.

[배움 2] 단계에서의 난개념과 교수 처방

본시 수업과 관련된 난개념 및 난기능 배움 단계

① 작가의 의도 찾기
 – 작가의 의도 해석하기
 – 토의하는 방법을 알고 토의하기
② 작품 평가하기
 – 작품이 마음에 드는지 이유와 함께 이야기하기

시범 ➔ 작가의 의도를 찾기 위해 모둠 토의판을 이용하여 모둠 친구들과 토의를 한다. 학생들의 토의를 돕기 위해 교사가 모둠 토의판을 이용해 토의하는 방법을 시범 보인다.

교사 시범 작가의 의도를 알아보기 위해 모둠 친구들과 토의를 하겠습니다. 먼저 포스트잇에 자기 생각을 적습니다. 그리고 모둠 토의판에 자기의 의견을 발표하며 붙이도록 합니다. 모둠 친구들의 발표가 끝나면 친구들의 의견을 모아서 아래 칸에 쓰도록 합니다. 의견을 모으는 방법은 같은 의견은 합치고 다른 의견은 덧붙이면 됩니다.

단서 ➔ 학생들이 작가의 의도 찾기를 어려워하므로 작가의 의도와 관련된 단서를 제공한다.

교사 단서 이중섭은 일제 강점기와 6 · 25라는 어려운 시기를 지낸 작가입니다.
도전 '작가는 왜 어린이들이 즐겁게 노는 모습을 낙원으로 표현하였을까요?' 자기의 생각을 포스트잇에 적어 봅시다.

학생 (학생들은 자기의 생각을 포스트잇에 적는다: 아이들처럼 걱정 없이 사는 낙원을 표현하려고 했다, 어린이들처럼 걱정 없는 세상을 표현한 것 같다, 즐겁게 노는 아이들처럼 즐거운 세상

을 표현하고 싶었다 등)

교사 존중 각자의 생각을 적었으면 모둠 토의판에 포스트잇을 붙이고 돌아가며 이야기해 봅시다. 모둠 친구들의 의견을 하나로 모아 모둠 의견지에 정리해 봅시다.

학생 표현 (모둠별로 4명의 의견을 모아 하나의 의견을 크게 적는다: 가족과 함께 걱정 없이 즐겁게 사는 세상을 표현하고 싶었다 등)

교사 토의가 끝났으면 칠판에 게시해 봅시다.

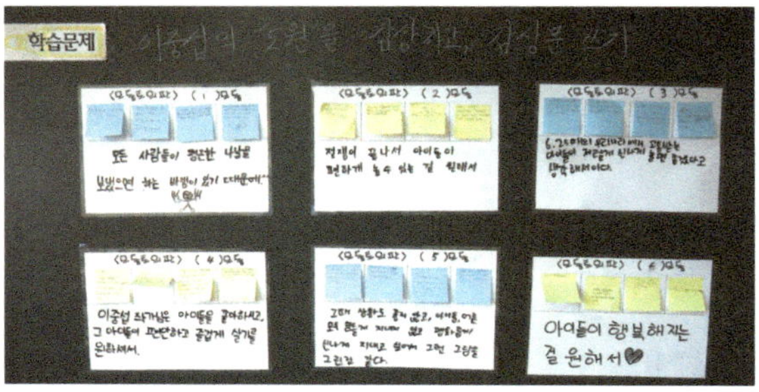

학생 공유 모둠별로 정리된 의견을 발표하고 칠판에 붙인다.

교사 칭찬 수용 모둠별로 토의하여 작가의 의도를 잘 파악하였군요.

연결 학생들의 모둠 토의판의 내용과 연결 지으며 작가에 대한 스토리텔링을 한다.

설명 이중섭은 일본에서 미술 공부를 하던 시절에 부인인 마사코를 만났어요. 그 당시에는 일본 여자와 결혼하는 것이 쉽지 않았기에 이중섭은 한국으로 돌아와서 마사코를 잊으려 했어요. 그러나 마사코가 한국으로 찾아왔고 둘은 결혼했어요. 그러나 6 · 25전쟁이 일어나서 제주도로 피난을 갔고 생활이 어려워져 마사코와 아이들을 잠시 처가인 일본으로 보냈어요. 이중섭은 가난해서 미술 재료를 구하기 어려워지자 담뱃갑 속의 은지에 그림을 그렸어요. 또, 가족들과 다시 만날 날을 기대하며 편지와 행복한 아이들을 그린 엽서를 보냈어요. 하지만 가난과 병으로 결국 가족들을 만나지 못한 채 세상을 떠나고 말았어요. 이중섭은 작품의 소재로 아이들을 많이 다루었습니다. 그것은 작가가 일제 강점기와 한국 전쟁 등 어려웠던 시절을 살아가면서 정신적인 안정을 어린 시절에서 찾았으며 아이들을 그리워했기 때문인 것으로 보입니다.

예시 자료 ① 작가의 다른 작품들을 예시로 보여 준다.

교사 이제 작품이 마음에 드는지 그 이유와 함께 이야기해 봅시다. 작품이 마음에 드는지 아닌지는 개인적인 것이므로 자유롭게 선택하도록 합니다.

예시 자료 ② 학생들이 작품을 평가하여 작품에 대한 선호도는 결정할 수 있으나 선호도에 대한 자기의 생각에 어떤 이유를 들어야 하는지 어려워하므로 예시 자료를 제시하고 시범을 보인다.

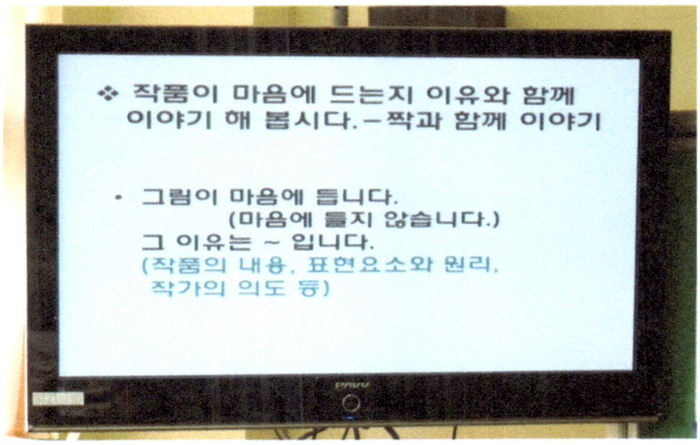

교사 시범 이유를 설명할 때에는 작품의 내용, 형식, 작가의 의도와 연결 지으면 됩니다. 예를 들어 '그림이 마음에 듭니다.(마음에 들지 않습니다.) 그 이유는 ~(작품의 내용, 표현 요소와 원리, 작가의 의도)기 때문입니다.'라고 정리하면 되겠습니다.

표현 작품에 대한 생각이 정리되었으면 짝에게 이야기해 봅시다.

학생 존중 짝이 자기의 생각을 이야기할 때 존중하며 경청하도록 한다.

교사 공유 짝이 이야기한 것 중 인상적이어서 친구들에게 이야기해 주고 싶은 것을 발표해 봅시다.

학생 내 짝은 그림이 마음에 든다고 합니다. 노란색이 그림을 따뜻하게 보이게 하고 그것에 가족과 행복한 시절을 보내고 싶은 작가의 마음이 잘 드러나 있기 때문입니다.

학생 내 짝은 그림이 마음에 들지 않는다고 하는데 그 이유는 색이 단조롭고 노란색을 좋아하지 않기 때문이라고 합니다.

[배움 3] 단계에서의 난개념과 교수 처방

본시 수업과 관련된 난개념 및 난기능 배움 단계

① 미술 작품 감상문 쓰기
- 감상 단계에 따라 감상한 것을 바탕으로 감상문 쓰기

② 미술 작품 감상문 발표하기
- 미술 작품 감상문을 모둠 친구들에게 발표하기

교사 이제 감상한 내용을 바탕으로 감상문을 써 봅시다. 교과서에 있는 감상문 예시 자료를 살펴 봅시다.

예시 자료 ① 학생들이 감상 단계에 따라 감상한 내용을 바탕으로 감상문을 쓸 수 있도록 예시 자료를 제시한다.

교사 예시로 제시한 미술 작품 감상문의 첫 부분에는 어떤 내용이 들어 있나요?

학생 그림에서 보이는 것을 써 두었습니다.

교사 네, 그렇습니다. 그 다음 부분에는 무엇을 썼나요?

학생 색과 선, 그리고 색이나 선이 주는 느낌에 대해 썼습니다.

교사 표현 요소와 표현 원리에 대해 썼군요. 마지막 부분은 어떻게 마무리하였나요?

학생 색과 작가의 의도와 관련해 마음에 드는지 썼습니다.

교사 **설명** 네, 미술 작품 감상문은 이 예시 자료처럼 우리가 감상 단계에 따라 감상한 내용을 글로 정리하면 됩니다. 감상문이 완성되면 모둠 친구들에게 발표하도록 합니다.

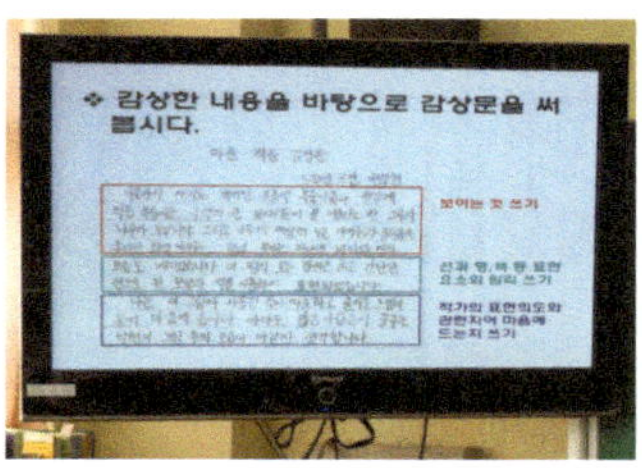

도전, 격려, 발표, 공유, 존중 학생들은 감상 단계에 따라 감상한 내용을 바탕으로 감상문을 작성하고, 모둠에서 돌아가며 발표하고 경청한다.

06

지도 유의점

이 학습 내용을 지도할 때 고려해야 할 유의점은 무엇인가?

이 제재는 미술 작품을 보고 특징을 분석하고 내용과 형식 등을 찾아가며 감상하고, 미술 용어를 활용하여 미술가와 작품에 대해 토의할 수 있는 능력을 배양하며 미술 작품에 관심과 흥미를 갖게 하는 데 주안점이 있습니다. 따라서 학생의 발달 수준과 교사의 수업 전문성 수준에서 고려해야 할 유의점을 알고 있어야 합니다.

학생의 발달 수준에 따른 학습 활동

5, 6학년이 되면 언어 능력이 발달하여 미술 작품을 보고 자신의 의사를 구체적으로 나타내는 것이 가능해집니다. 이때 미술 용어와 작가에 대한 지식을 접하게 되면 비평적인 감상 활동에 많은 관심을 갖게 할 수 있습니다. 본 제재에서는 학생들이 작품을 보고 특징을 분석하고 내용과 형식 등을 찾아가며 감상하도록 해야 합니다. 그러나 너무 이해 중심으로 접근을 하면 미술에 대한 관심과 흥미를 떨어뜨릴 수 있으므로, 자신의 느낌을 자유롭게 이야기하며 한 작품을 통해 다른 작품을 이해할 수 있는 연관성을 가지도록 하는 것이 필요합니다.

수업 전문성 수준에 따른 학습 내용

미술 작품은 일상생활에 여유와 즐거움을 주며, 또 삶의 의미를 깨닫게 해 줍니다. 미술 작품 감상은 미술 작품의 특징을 분석하고 가치를 평가하는 것으로 서술(보이는 그대로 바라보기) – 형식 분석(자세히 살펴보기) – 해석(작가의 표현 의도 해석하기) – 평가(자신의 생각 나타내기)의 단계로 이루어집니다. 이를 통해 미술에 대한 이해력을 자연스럽게 높이고 자신의 생각을 분명히 나타내는 언어적 능력도 신장시킬 수 있으며 미술 용어와 작가에 대한 지식을 통해 비평적인 감상 활동에 관심을 갖도록 할 수 있습니다. 그러나 '미술 작품 감상 단계'는 꼭 순서대로 할 필요는 없으며 학생들의 수준에 따라 적절히 감상할 수 있도록 합니다.

07

학생 평가

이 학습 내용에 대한 학생들의 이해도나 어려움을 평가하는 방법은 무엇인가?

미술과에서는 미술과 목표를 달성하기 위한 총체적이고 종합적인 평가를 지향합니다. 그러므로 미술과 평가는 학생의 미술 활동과 관련된 제반 활동을 점검하고 판단하는 모든 과정으로, 학생이 미술 학습 활동을 수행하는 과정이나 결과를 보고 교사가 그 학생의 미술에 대한 이해, 표현, 감상, 태도 등에 대해 종합적으로 판단하는 평가 방식이 되어야 합니다.

작품의 주제와 내용을 잘 이해하였는가?(이해 영역)

'미술 작품에 대한 주제와 내용을 잘 이해하였는가?'에 대한 평가는 본 차시에서 관찰로 이루어집니다.

활동1에서 작품을 자세히 본 후 자기의 생각을 정리하고 발표하는 과정을 통해 적절한 미술 용어를 사용하는지 관찰 평가가 이루어질 수 있습니다.

활동2에서 작가의 표현 의도에 대해 자기의 생각을 적고 모둠별로 토의하는 과정을 통해 작품에 대해 잘 이해하였는지 관찰하여 평가할 수 있습니다.

작품의 특징적인 부분을 서술하고, 자신의 느낀 점을 잘 나타냈는가?(감상 영역)

작품 감상 후 사용할 수 있는 평가 방법으로는 감상법이 있습니다. 감상법은 작품을 감상한 다음 작품의 주제와 표현 특징, 재료와 기법, 제작 의도, 느낀 점 등에 관해 자신의 의견이나 생각을 기술하는 방법입니다. 감상법은 학습자의 준비도, 이해력, 표현력, 비평 능력, 미술사의 이해 등을 평가하기에 좋은 방법입니다.

이 차시의 감상 영역으로 평가해야 할 내용은 '작품의 특징적인 부분을 서술하고, 자신의 느낀 점을 잘 나타냈는가?'인데, 이 내용에 대한 평가는 학습 활동을 통한 관찰 평가와 학생의 감상문을 통해 이루어집니다.

정리 단계에서는 완성된 감상문을 자기 평가를 통해 확인하고, 결과를 통해 평가 결과를 환류할 수 있도록 합니다.

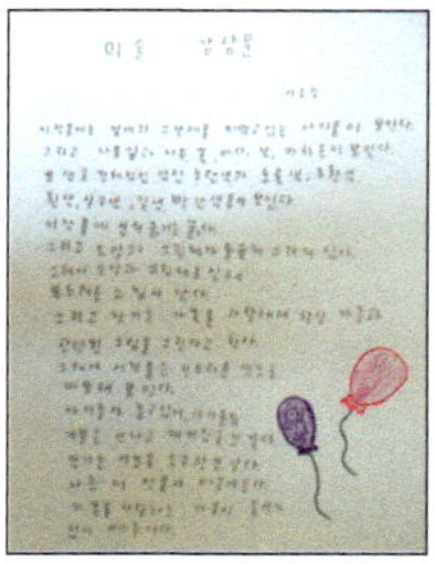

미술 작품 감상문 자기 평가지

5 학년(2)반 (21)번 이름(이소경)

평가내용	평가기준		
	상	중	하
▸ 작품에서 보이는 것이 잘 드러나 있는가?	○		
▸ 작품에 나타난 표현요소(선, 형, 색)와 원리에 대한 내용이 있는가?	○		
▸ 작품의 내용, 작가의 표현의도, 표현요소(선, 형, 색) 등과 관련지어 작품이 마음에 드는지 잘 정리하였는가?		○	
종합의견	작품에서 보이는 것과 선, 형, 색 등 보이는건 잘 나타나 있지만, 선, 형, 색을 이용한 자신의 의견은 잘 드러나 있지 않다.		

미술 작품에 관심과 흥미를 갖게 되었는가?(태도 영역)

미술 작품 감상에 대한 태도 영역은 정의적이며 과정적인 특성을 갖는 학습자 변인인 동시에 학업 성취를 위한 동기를 부여하는 원천입니다. 학생의 흥미, 관심, 학습 동기와 태도는 학업 성취에 큰 영향을 미치기 때문에 이러한 정의적 영역은 평가 시 고려해야 할 중요한 내용이 됩니다.

이 차시에서는 미술 작품의 이해와 감상 활동에 관심을 가지고 능동적으로 감상할 수 있는 자세를 가질 수 있는지를 확인해야 합니다. 학생의 태도는 학습의 전 과정을 통해 발문과 학생들을 돌아보며 하는 체크리스트, 관찰법을 통해 확인할 수 있습니다. 또 활동을 정리하면서 학생의 태도를 확인할 수 있습니다.

여기서 잠깐!

평가 내용에 추가할 내용이 있다면 적어 보세요.

PCK 본시 교수·학습 과정안

미술 13-1 미술 작품, 어떻게 볼까요?

미술과 PCK 수업 설계

학습 내용

- **교과:** 미술
- **학년–학기:** 5–2
- **단원:** 13–1. 미술 작품, 어떻게 볼까요?
- **차시:** 1~2/4
- **학습 목표:** 미술 작품 감상하기

학습 필요

- 미술 작품의 특징을 분석하고 내용과 형식을 찾아가며 미술가와 작품에 관해 토의할 수 있는 능력을 배양할 수 있다.

교수 처방

〈배움 전략〉

□ 설명 – 비유
■ 설명 – 예시
■ 설명 – 그림
■ 설명 – 정의
□ 설명 – 실물
□ 설명 – 비교
□ 설명 – 대조
■ 시범 □ 관찰
□ 서사 □ 탐구
■ 발문 ■ 추론
■ 단서 □ 조작
□ 연습 □ 요약
□ 과제 ■ 메모
■ 매체 ■ 발표

〈배움 원리〉

□ 공감 – 신뢰
■ 공감 – 수용
■ 공감 – 존중
■ 공감 – 격려
■ 공감 – 표현
□ 지원 – 개발
■ 지원 – 도전
■ 지원 – 참여
■ 지원 – 연결
■ 지원 – 반성

학생 평가

- **평가 내용:** 작품을 감상하고 감상문을 작성할 수 있는가?
- **평가 방법:** 관찰 평가, 감상문, 평가지에 의한 자기 평가
- 모둠 토의 활동 자료

학습 흐름

1. **작품 자세히 보기**
   - 작품 자세히 보며 혼자 생각하기
   - 작품에 대해 이야기하며 작품 이해하기
2. **작가의 표현 의도 알기**
   - 작가의 표현 의도 토의하기
   - 작품에 대한 내 생각 정리하기
3. **감상문 작성하기**
   - 미술 작품 감상문 쓰기
   - 감상문 서로 발표하기

학생 진단

- **선개념**
  (1) 미술 작품 감상의 개념
  (2) 기본 미술 용어
- **난개념**
  (1) 내용과 형식
  (2) 미술 작품 감상 단계
  (3) 작가와 작품에 대한 이해
- **오개념**
  미술 작품 감상에 대한 개념

학생 배움중심의 수업 설계 개요

교과	미술(5학년 2학기)	단원(차시)	13–1 미술 작품, 어떻게 볼까요?(1~2/4)
학습 목표	미술 작품의 감상 단계를 알고 감상할 수 있다		

단계 (시량)	학습 과정	교수 · 학습 활동	배움중심 PCK 전략			자료(★) 및 유의점(※)
			배움 추출	배움 전략	배움 원리	
도입 (7′)	전시 학습 상기 동기 유발 학습 문제 확인	• **전시 학습 상기** – 미술 작품 감상 단계 • **학습 동기 유발** – 감상할 작품 제시하고 제목 붙여 보기 • **학습 문제 확인**	난개념 오개념	발표 매체 예시 매체 추론 발표 설명	힌트 연결 칭찬 도전 공유 수용	★ 감상단계 자료 ★ 그림 자료
전개 (65′)	작품 보기 배움1	• **처음 본 느낌 이야기하기** • **작품 자세히 보기** – 질문지에 따라 작품을 자세히 보며 혼자 생각해 보기 – 작품에 대한 생각 발표하며 작품 이해하기	난개념	단서 메모 발표	 격려 연결 공유 칭찬	★ 질문지
	토의하기 배움2	• **작가의 표현 의도 토의하기** – 이중섭은 왜 아이들이 즐겁게 노는 모습을 낙원으로 그렸을까? • **모둠별 의견 게시 후 스토리텔링하기** • **작품에 대한 내 생각 정리하기** – 작품이 마음에 드는지와 이유 말하기	난개념 난기능 난개념	시범 단서 매체 설명 예시 시범	도전 존중 표현 공유 칭찬 연결 표현 공유	★ 모둠 토의판 교사 평가 정의적 영역 평가 ★ 예시 자료
	감상문 쓰기 배움3	• **미술 작품 감상문 쓰기** – 감상문 쓰는 방법 알기 – 감상 단계에 따라 감상한 내용 바탕으로 감상문 쓰기 • **감상문 모둠 친구에게 발표하기**	난개념 난기능	매체 예시 설명 발표	 도전 격려 공유 존중	★ 예시 자료 ★ 감상지 교사 평가
정리 (8′)	정리하기	• **학습 내용 정리하기** – 수업을 하면서 알게 된 점과 생각한 점, 친구의 감상문에서 인상적인 부분 정리하기 – 정리한 내용 발표하기 • **평가하기** – 나의 감상문 자기 평가하기		메모 발표	 격려 표현	★ 배움공책 ★ 자기 평가지 자기 평가

학생 배움중심의 교수·학습 과정안(약안)

교과	미술	단원(차시)	13-1 미술 작품, 어떻게 볼까요?(1~2/4)
학습 목표	미술 작품의 감상 단계를 알고 감상할 수 있다		

학습 과정 (학습 집단)	교수 · 학습 활동	배움중심 PCK 전략			자료(★) 및 유의점(※)
		배움 주춤	배움 전략	배움 원리	
전시 학습 상기 (전체) 동기 유발 (전체)	**• 전시 학습 상기** – 미술 작품 감상 수업 시 경험을 이야기하기 – 미술 작품 감상 단계 이야기하기 **• 학습 동기 유발** – 감상할 작품 제시하고 제목 붙이기 (어떤 제목이 어울리는지 생각해 보기, 제목을 붙인 이유 이야기하기)	난개념 선개념	발표 매체 예시 매체 추론 발표	힌트 연결 칭찬 도전 공유	★감상 단계 자료 ★그림 자료 이중섭 '도원'

선개념 **선개념 형성 정도를 파악하기 위한 활동 – 발표, 힌트**

미술 감상 단계에 대해 알고 있는 것을 파악하기 위해 미술 작품 감상 수업의 경험에 대해 발표하도록 한다.

난개념 **난개념 지도를 위한 활동 – 매체, 연결**

미술 작품 감상 4단계를 예시 자료로 제시하고 학생들의 미술 작품 감상 수업의 경험과 연결하여 각 단계별로 해야 할 일을 정리하도록 한다.

난개념 지도를 위한 활동 – 매체, 추론

작품의 제목 붙이기는 작품의 내용을 보고 추론해 보는 활동으로 작품 감상은 작품의 내용과 형식을 살펴보는 것이라는 선개념을 확인하고 확장해 나간다.

오개념 **오개념 지도를 위한 활동 – 설명, 공유**

공부할 문제를 확인하며 미술 작품 감상은 그림뿐 아니라 다양한 미술품을 감상하는 것임을 설명한다.

학습 과정 (학습 집단)	교수 · 학습 활동	배움중심 PCK 전략			자료(★) 및 유의점(※)
		배움 주춤	배움 전략	배움 원리	
학습 문제 확인 (전체)	**• 학습 문제 확인** – 제목을 붙여 본 작품과 교과서 101쪽을 보고 학습 문제 정하기	오개념	설명	수용	※ 학생 스스로 학습 문제를 찾아보게 하고 수용함으로써 자기주도적 학습 태도를 지니게 한다.
학습 안내	**• 학습 순서 및 방법 탐색** **• 학습 순서 및 학습 활동 방법 알아보기** **공부할 순서** 배움1 작품 보기 배움2 작가의 표현 의도 토의하기 배움3 미술 작품 감상문 쓰기 정리 친구의 감상문을 통해 알게 된 점과 생각한 점 이야기하기		설명	수용	※ 학습 활동 안내는 내용과 방법을 자세히 안내하여 자기주도적 학습을 유도한다.

오개념 **오개념 지도를 위한 활동 – 설명, 수용**

학습 문제를 확인하며 미술 작품 감상에는 그림뿐 아니라 조소, 공예, 건축, 서예 등도 포함됨을 설명한다.

학습 과정 (학습 집단)	교수 · 학습 활동	배움중심 PCK 전략			자료(★) 및 유의점(※)
		배움 주춤	배움 전략	배움 원리	
배움1 작품 보기 (개인 – 전체)	**• 학습 활동 전개** 배움1 작품 보기				★ 질문지
	• 작품을 처음 본 느낌 이야기하기 – 처음 본 느낌을 자유롭게 이야기하기	난개념	단서 메모	격려	※ 먼저 질문지를 보고 자기 생각을 정리하는 시간을 준다.
	• 작품을 자세히 보며 혼자 생각해 보기 – 질문지에 따라 작품을 자세히 보며 간단하게 생각을 메모하기		발표	연결 공유 칭찬	※ 허용적인 분위기에서 자유롭게 작품에 나타난 내용과 형식을 발표한다.
	• 작품에 대한 생각 발표하며 작품의 내용과 형식 살펴보기 – 질문에 따라 발표하는 친구들의 의견을 경청하고 그것과 연결 지어 자기의 생각을 발표하기				

난개념 **난개념 지도를 위한 활동 – 단서, 메모**

학생들이 질문지를 단서로 먼저 혼자 자세히 보기를 하며 메모하는 동안 교사는 학생들을 개별적으로 격려한다. 질문지의 질문에 따라 전체가 함께 이야기할 때 학생과 학생의 의견을 연결시키며 그림의 내용과 형식을 파악하도록 한다.

학습 과정 (학습 집단)	교수 · 학습 활동	배움중심 PCK 전략			자료(★) 및 유의점(※)
		배움 주춤	배움 전략	배움 원리	
배움2 토의하기 (모둠– 전체)	배움2 작가의 표현 의도 토의하기				※ 이중섭이 일제 강점기와 6 · 25 전쟁 등 어려운 시기를 겪은 화가임을 단서로 준다.
	• 작가의 표현 의도 토의하기 – 이중섭은 왜 아이들이 즐겁게 노는 모습을 낙원으로 그렸을까? – 먼저 자기의 생각을 포스트잇에 적어 모둠 토의판에 붙여서 돌려 읽은 후 모둠 의견을 정하기	난개념 난기능	시범 단서 매체	도전 존중 표현 공유 칭찬	※ 모둠 토의판에 의견을 모으는 법을 시범 보인다.
	• 모둠 의견 칠판에 게시하기 – 모둠 의견을 바탕으로 스토리텔링 하기	난개념	설명	연결	★ 포스트잇 ★ 모둠 토의판 교사 평가 정의적 영역 평가

난개념 **난개념 지도를 위한 활동 – 단서, 설명**

학생들이 작가의 의도를 찾는 것을 어려워하므로 단서를 제공하고 토의를 통해 협력하여 찾아가도록 돕는다.

난기능 **난기능 지도를 위한 활동 – 시범, 설명**

모둠 토의판 활용법을 시범으로 보여 주어 학생들이 토의 활동을 잘 할 수 있도록 돕는다.

미술과

학습 과정 (학습 집단)	교수 · 학습 활동	배움중심 PCK 전략			자료(★) 및 유의점(※)
		배움 추출	배움 전략	배움 원리	
배움2 토의하기 (짝)	• **작품에 대한 내 생각 짝에게 말하기** – 나는 작품이 마음에 듭니다. (들지 않습니다.) 그 이유는 ~ 이기 때문입니다	난개념	예시 시범	표현 공유	※ 작품이 마음에 드는지는 개인의 선호이므로 자유롭게 말하도록 한다.

난개념 **난개념 지도를 위한 활동 – 시범, 예시**

작품이 마음에 드는지 이유와 함께 말하기에서 이유를 감상한 내용과 관련 지어 말할 수 있도록 예시 자료를 제시하고 시범을 보인 후 각자 자기의 생각을 정리하여 짝에게 이야기해 보도록 한다.

학습 과정 (학습 집단)	교수 · 학습 활동	배움중심 PCK 전략			자료(★) 및 유의점(※)
		배움 추출	배움 전략	배움 원리	
배움3 감상문 쓰기 (모둠)	배움3 미술 작품 감상문 쓰기 • **미술 작품 감상문 쓰기** • **감상문 쓰는 방법 알기** – 감상 단계에 따라 감상한 대로 보이는 것, 그림의 내용과 표현 요소, 작가의 의도와 작품에 대한 나의 생각 쓰기	난개념	매체 예시 설명	도전 격려	★ 예시 자료 ★ 감상지
	• **감상문 모둠 친구에게 발표하기** • **돌아가며 말하기 구조를 통해 모둠 친구들에게 감상문 발표하기**	난기능	발표	공유 존중	교사 평가

난개념 **난개념 지도를 위한 활동 – 매체, 설명**

미술 작품 감상문을 예시 자료로 제시하고 미술 작품 감상 단계와 연결시키며 감상문 쓰는 법을 설명한다.

난기능 **난기능 지도를 위한 활동 – 발표, 공유**

전체 앞에서 발표하는 것을 힘들어하는 학생들을 위해 모둠 친구들에게 돌아가며 발표하도록 한다.

학습 과정 (학습 집단)	교수 · 학습 활동	배움중심 PCK 전략			자료(★) 및 유의점(※)
		배움 주춤	배움 전략	배움 원리	
정리 (전체)	• **학습 내용 정리하기** – 수업을 하면서 알게 된 점, 생각한 점, 친구의 감상문을 들으며 인상 깊은 점 정리하기 – 정리한 내용 발표하기 • **평가하기** – 미술 작품 감상문 자기 평가하기		메모 발표	격려 표현	※ 자신의 미술 작품 감상문을 자기 평가해 보고 부족한 부분을 수정하도록 한다. ★ 자기 평가지 자기 평가
차시 예고	• **차시 예고하기** – 다음 시간에는 두 그림을 서로 비교 감상하고 이야기를 나누어 보도록 하겠습니다.				

학생 배움중심의 교수·학습 과정안(세안)

교과	미술	대상	5학년 ○반	지도교사	○○○	장소	○-○교실
단원	13-1 미술 작품, 어떻게 볼까요?			차시	1~2/4	교과서	교학사 100~101쪽
학습 주제	미술 작품의 감상 단계를 알고 감상하기						
학습 목표	미술 작품의 감상 단계를 알고 감상할 수 있다.						
지도 중점	본 차시 수업은 이중섭의 '도원'을 보고 내용과 형식을 찾아가며 감상하고 미술 용어를 사용하여 미술 작품 감상문을 쓸 수 있도록 하는 데 중점이 있다. 교사의 예시와 설명, 학생의 감상 활동과 모둠 토의 활동을 통해 문제를 해결해 나간다. 특히 구조화된 토의 활동을 통해 작가의 의도를 함께 찾아가고 작품에 대해 이해하여 미술 작품 감상의 내면화를 실현하고자 한다.						
교수·학습 자료	교사	감상과 관련된 예시 자료, 그림 자료, 칠판, 모둠 토의판, 질문지					
	학생	모둠 토의판, 학습장 등					
학습 조직	전체 ➡ 개별 ➡ 전체 ➡ 모둠 ➡ 전체						

배움 열기 단계(7')

학습 과정 (학습 집단)	교수·학습 활동	배움중심 PCK 전략			자료(★) 및 유의점(※)
		배움 주춤	배움 전략	배움 원리	
전시 학습 상기 (전체) 동기 유발 (전체)	**• 전시 학습 상기** – 미술 작품 감상 수업 시 경험을 이야기하기 – 미술 작품 감상 단계 이야기하기 **• 학습 동기 유발** – 감상할 작품 제시하고 제목 붙이기 (어떤 제목이 어울리는지 생각해 보기, 제목을 붙인 이유 이야기하기)	난개념 선개념	발표 매체 예시 매체 추론 발표	힌트 연결 칭찬 도전 공유	★감상 단계 자료 ★그림 자료 이중섭 '도원'

T 미술 작품을 감상하는 수업을 한 경험을 생각하며 어떤 단계에 따라 했는지 이야기해 봅시다.

S 잘 생각이 나지 않아요.

T 힌트 미술 작품을 감상하는 수업을 할 때 무엇에 대해 이야기를 나누었는지 생각해 보면 알 수 있을 거예요.

발표 미술 작품을 단계에 따라 감상한 경험을 발표해 봅시다.

S 그림에서 무엇이 보이는지 이야기했어요.

S 그림의 선과 색, 형에 대해서 이야기했어요.

S 작가의 의도에 대해서도 이야기했어요.

T 그래요. 여러분들이 말한 것처럼 미술 작품을 감상할 때 우리는 다음의 네 단계를 거쳐서 감상을 했습니다.

예시 자료 ① 미술 작품 감상 단계를 예시 자료로 제시하여 학생들이 미술 작품 감상 단계를 확인하고 상기하도록 한다.

연결 제시한 자료와 경험, 학생들의 생각을 연결해 미술 감상 단계를 확인하게 한다.

T 그럼 보이는 그대로 바라보기 단계에서 우리는 어떤 이야기를 할 수 있을까요?

S 보이는 그대로 바라보기는 처음 보았을 때 느낌을 이야기하면 됩니다.

T 그래요, 그럼 자세히 보기 단계에서는 무엇을 자세히 보았나요?

S 그림에 무엇이 있는지와 선과 형, 색에 대해 자세히 보았습니다.

T 네, 그렇죠. 이 친구가 말한 것 외에 자세히 본 것에 대해 말할 친구 있나요?

S 선의 굵기, 보이는 모양, 보이는 색의 느낌에 대해 이야기했어요.

T 그래요. 그럼 자세히 살펴볼 때 선, 형, 색 이외에 또 무엇을 봐야 할까요?

S 어떤 재료와 방법을 사용했는지 살펴볼 수 있습니다.

S 작품에 사용된 표현의 요소와 원리를 찾아볼 수 있습니다.

T 모두 그림을 자세히 보는 방법에 대해 잘 알고 있군요. 그럼 작가의 표현 의도 해석하기에서는 무엇을 해야 할까요?

S 작가가 무엇을 표현하려고 했는지 생각해 보아야 합니다.

T 그래요. 그런데 작가가 무엇을 표현하려고 했는지 어떻게 알 수 있을까요?

S 작가에 대해 알아보거나 친구들과 토의해 보는 것이 좋겠습니다.

T **수용** 좋은 생각입니다. 작가의 의도를 찾기 위해 토의를 해 보도록 하겠습니다. 마지막으로 자신의 생각을 나타내는 단계에서는 무엇을 했나요?

S 감상한 내용을 바탕으로 작품이 마음에 드는지에 대해서 자기의 생각을 이야기했습니다.

T 네. 그렇습니다. 감상 단계에 따른 관점들을 모두 잘 알고 있군요.

예시 자료 ② 이중섭의 작품 '도원'을 제시하고 제목을 생각해 보도록 한다.

T 이 그림의 제목은 무엇일까요?

S 아이들입니다.

T 왜 그렇게 생각했나요?

S 그림에 아이들이 네 명 놀고 있습니다.

T **칭찬** 작품에 어울리는 좋은 제목이네요.

도전 또 다른 제목을 붙여 봅시다.

S 그림에 나무가 많이 있어서 '나무'라고 하고 싶습니다.

T 아! 정말 그림 속에 나무가 눈에 띄네요. 무슨 나무 같나요?

S 추론 복숭아 열매가 보이는 것을 보니 복숭아나무인 것 같습니다.

T 수용 복숭아 열매를 잘 발견하였군요. 이 그림의 제목은 '도원'이고 작가는 '이중섭'입니다. '도원'은 복숭아나무가 있는 낙원을 의미합니다.

배움 열기 단계(7')

학습 과정 (학습 집단)	교수·학습 활동	배움중심 PCK 전략			자료(★) 및 유의점(※)
		배움 주춤	배움 전략	배움 원리	
학습 문제 확인 (전체)	• **학습 문제 확인** – 제목을 붙여본 작품과 교과서 101쪽을 보고 학습 문제 정하기	오개념	설명	수용	※ 학생 스스로 학습 문제를 찾아보게 하고 수용함으로써 자기주도적 학습 태도를 지니게 한다.
학습 안내	• **학습 순서 및 방법 탐색** • **학습 순서 및 학습 활동 방법 알아보기** **공부할 순서** 배움1 작품 보기 배움2 작가의 표현의도 토의하기 배움3 미술 작품 감상문 쓰기 정리 친구의 감상문을 통해 알게 된 점과 생각한 점 이야기하기		설명	수용	※ 학습 활동 안내는 내용과 방법을 자세히 안내하여 자기주도적 학습을 유도한다.

T 이중섭의 '도원'으로 어떤 공부를 하면 좋을까요?

S 이중섭의 도원을 자세히 감상했으면 좋겠습니다.

S 감상 단계에 따라 감상하면 좋을 듯합니다.

S 작가에 대해서도 알아보고 싶습니다.

T 설명 네, 좋습니다. 그럼 여러분의 의견을 모아 이번 시간에 '미술 작품의 감상 단계를 알고 감상하기'를 공부하도록 하겠습니다. 사전에 여러분들에게 설문조사를 했을 때 미술 작품 감상을 그림 감상으로 생각하고 있는 친구들이 많았어요. 미술 작품 감

상은 그림뿐 아니라 조소, 공예, 건축, 서예 등 다양한 영역의 미술품을 감상하는 것입니다. 학습 문제를 해결하기 위해 무엇을 하면 될까요?

S 먼저 감상 관점에 따라 작품을 자세히 보는 것이 좋겠어요.

S 작가의 표현 의도는 친구들과 토의를 하면 좋겠어요.

S 책에 감상문이 있는데 우리도 우리가 감상한 내용을 감상문으로 써 보고 싶어요.

T 수용 네, 여러분의 의견에 따라 오늘 학습 문제를 해결해 보도록 하겠습니다.

배움 활동 단계(65')

학습 과정 (학습 집단)	교수 · 학습 활동	배움중심 PCK 전략			자료(★) 및 유의점(※)
		배움 주춤	배움 전략	배움 원리	
배움1 작품 보기 (개인 – 전체)	• **학습 활동 전개** 배움1 작품 보기 • **작품을 처음 본 느낌 이야기하기** – 처음 본 느낌을 자유롭게 이야기하기 • **작품을 자세히 보며 혼자 생각해 보기** – 질문지에 따라 작품을 자세히 보며 간단하게 생각을 메모하기 • **작품에 대한 생각 발표하며 작품의 내용과 형식 살펴보기** – 질문에 따라 발표하는 친구들의 의견을 경청하고 그것과 연결 지어 자기의 생각을 발표하기	난개념	단서 메모 발표	격려 연결 공유 칭찬	★ 질문지 ※ 먼저 질문지를 보고 자기 생각을 정리하는 시간을 준다. ※ 허용적인 분위기에서 자유롭게 작품에 나타난 내용과 형식을 발표한다.

T 이 작품을 처음 보았을 때 느낌이 어떠했나요?

S 향토색이 눈에 들어왔습니다.

S 그림이 복잡하다는 생각을 했습니다.

T 그림이 복잡하다는 생각이 들었다고 하는데, 그럼 우리 이 그림을 자세히 살펴보도록 하겠습니다. 그림을 자세히 볼 때 무엇을 보아야 할지 질문지를 나누어 주겠습니다. 질문지에 따라 작품을 자세히 살펴보며 질문에 대해 간단히 기록하도록 합시다.

단서 ➡ 작품에서 무엇을 자세히 보아야 하는지, 작품 속의 표현 요소와 표현 원리는 어떻게 찾아보는지 어려워하므로 단서로 질문지를 제시한다.

메모, 격려 ➡ 질문에 따라 자기의 생각을 정리하여 간단히 메모하게 하고 교사는 학생들을 돌아보며 격려한다.

발표, 공유 ➔ 정리한 내용을 바탕으로 질문에 대한 자기의 생각을 발표하고, 친구들의 생각과 연결하고 공유하며 생각을 확장시키도록 한다.

T 이제 친구들과 함께 이야기를 나누어 봅시다. 무엇이 보이나요?

S 복숭아나무, 네 명의 아이들, 산과 바다, 꽃, 열매 등이 보입니다.

T **칭찬** 네. 무엇이 보이는지 잘 이야기해 주었어요. 아이들은 무엇을 하고 있나요?

S 나무에 올라가고 있습니다.

S 열매를 따고 있습니다.

S 나무 뒤에 숨어 있습니다.

S 나뭇잎으로 얼굴을 가리고 있습니다. 숨바꼭질을 하고 있는 것 같습니다.

T 정말 그렇게 보이네요. 아이들은 기분이 어떠할까요?

S 즐거울 것 같습니다.

T 네, 정말 즐거워 보이네요. 다른 생각을 가진 친구 있나요?

S 들킬까봐 조마조마할 것 같습니다.

T 네, 그런 기분일 것 같습니다. 선의 굵기는 어떠하고 어떤 느낌을 주나요?

S 굵은 선을 사용했습니다. 굵은 선은 형태들을 눈에 잘 띄게 합니다.

S 굵은 선은 그림을 단순하게 보이게 합니다.

T **칭찬** 선의 느낌을 잘 이야기해 주었습니다. 그럼 어떤 색이 사용되었나요?

S 노란색, 연두색, 초록색, 황토색, 갈색, 붉은색입니다.

T 색이 주는 느낌은 어떠한가요?

S 전체적으로 노란 빛이 나서 밝은 느낌입니다.

S **연결** 노란색이 그림이 따뜻하고 행복한 느낌이 들게 합니다.

S 그러나 노란색의 채도가 낮아 왠지 슬픈 느낌이 듭니다.

S 노란색 가운데 초록색 강이 강조되어 보입니다.

배움 활동 단계(65')

학습 과정 (학습 집단)	교수 · 학습 활동	배움중심 PCK 전략			자료(★) 및 유의점(※)
		배움 주춤	배움 전략	배움 원리	
배움2 토의하기 (모둠-전체)	배움2 작가의 표현 의도 토의하기 • **작가의 표현 의도 토의하기** – 이중섭은 왜 아이들이 즐겁게 노는 모습을 낙원으로 그렸을까? – 먼저 자기의 생각을 포스트잇에 적어 모둠 토의판에 붙여서 돌려 읽은 후 모둠 의견을 정하기 • **모둠 의견 칠판에 게시하기** – 모둠 의견을 바탕으로 스토리텔링 하기	난개념 난기능 난개념	시범 단서 매체 설명	도전 존중 표현 공유 칭찬 연결	※ 이중섭이 일제 강점기와 6 · 25 전쟁 등 어려운 시기를 겪은 화가임을 단서로 준다. ※ 모둠 토의판에 의견을 모으는 법을 시범 보인다. ★ 포스트잇 ★ 모둠 토의판 교사 평가 정의적 영역 평가

시범 ➜ 작가의 의도를 찾기 위해 모둠 토의판을 이용하여 모둠 친구들과 토의를 한다. 학생들의 토의를 돕기 위해 교사가 모둠 토의판을 이용해 토의하는 방법을 시범 보인다.

T 작가의 의도를 알아보기 위해 모둠 친구들과 토의를 하겠습니다. 먼저 포스트잇에 자기 생각을 적습니다. 그리고 모둠 토의판에 자기의 의견을 발표하며 붙이도록 합니다. 모둠 친구들의 발표가 끝나면 친구들의 의견을 모아서 아래 칸에 쓰도록 합니다. 의견을 모으는 방법은 같은 의견은 합치고 다른 의견은 덧붙이면 됩니다.

단서 ➜ 학생들이 작가의 의도 찾기를 어려워하므로 작가의 의도와 관련된 단서를 제공한다.

T 이중섭은 일제 강점기와 6 · 25라는 어려운 시기를 지낸 작가입니다.

도전 '작가는 왜 어린이들이 즐겁게 노는 모습을 낙원으로 표현하였을까요?' 자기의 생각을 포스트잇에 적어 봅시다.

S (학생들은 자기의 생각을 포스트잇에 적는다: 아이들처럼 걱정 없이 사는 낙원을 표현하려고 했다, 어린이들처럼 걱정 없는 세상을 표현한 것 같다, 즐겁게 노는 아이들처럼 즐거운 세상을 표현하고 싶었다 등)

T 존중 각자의 생각을 적었으면 모둠 토의판에 포스트잇을 붙이고 돌아가며 이야기해 봅시다. 모둠 친구들의 의견을 하나로 모아 모둠 의견지에 정리해 봅시다.

S 표현 (모둠별로 네 명의 의견을 모아 하나의 의견을 크게 적는다: 가족과 함께 걱정 없이 즐겁게 사는 세상을 표현하고 싶었다 등)

T 모둠 토의가 끝났으면 칠판에 게시해 봅시다.

발표, 공유 ➜ 모둠별로 정리된 의견을 발표하고 칠판에 붙인다.

T 칭찬 수용 모둠별로 토의하여 작가의 의도를 잘 파악하였군요.

연결 ▶ 학생들의 모둠 토의판의 내용과 연결 지으며 작가에 대한 스토리텔링을 한다.

T **설명** 이중섭은 일본에서 미술 공부를 하던 시절에 부인인 마사코를 만났어요. 그 당시에는 일본 여자와 결혼하는 것이 쉽지 않았기에 이중섭은 한국으로 돌아와서 마사코를 잊으려 했어요. 그러나 마사코가 한국으로 찾아왔고 둘은 결혼했어요. 그러나 6 · 25전쟁이 일어나서 제주도로 피난을 갔고 생활이 어려워져 마사코와 아이들을 잠시 처가인 일본으로 보냈어요. 이중섭은 가난해서 미술 재료를 구하기 어려워지자 담뱃갑 속의 은지에 그림을 그렸어요. 또, 가족들과 다시 만날 날을 기대하며 편지와 행복한 아이들을 그린 엽서를 보냈어요. 하지만 가난과 병으로 결국 가족들을 만나지 못한 채 세상을 떠나고 말았어요. 이중섭은 작품의 소재로 아이들을 많이 다루었습니다. 그것은 작가가 일제 강점기와 한국 전쟁 등 어려웠던 시절을 살아가면서 정신적인 안정을 어린 시절에서 찾았으며 아이들을 그리워했기 때문인 것으로 보입니다.

예시 자료 ① ▶ 작가의 다른 작품들을 예시로 보여 준다.

배움 활동 단계(65')

학습 과정 (학습 집단)	교수 · 학습 활동	배움중심 PCK 전략			자료(★) 및 유의점(※)
		배움 주춤	배움 전략	배움 원리	
배움2 토의하기 (짝)	• **작품에 대한 내 생각 짝에게 말하기** – 나는 작품이 마음에 듭니다. (들지 않습니다.) 그 이유는 ~ 이기 때문입니다	난개념	예시 시범	표현 공유	※ 작품이 마음에 드는지는 개인의 선호이므로 자유롭게 말하도록 한다.

T 이제 작품이 마음에 드는지 그 이유와 함께 이야기해 봅시다. 작품이 마음에 드는지 아닌지는 개인적인 것이므로 자유롭게 선택하도록 합니다.

예시 자료 ② ▶ 학생들이 작품을 평가하여 작품에 대한 선호도는 결정할 수 있으나 선호도에 대한 자기의 생각에 어떤 이유를 들어야 하는지 어려워하므로 예시 자료를 제시하고 시범 보인다.

T **시범** 이유를 설명할 때에는 작품의 내용, 형식, 작가의 의도와 연결 지으면 됩니다. 예를 들어 '그림이 마음에 듭니다.(마음에 들지 않습니다.) 그 이유는 ~(작품의 내용, 표현 요소와 원리, 작가의 의도)기 때문입니다.'라고 정리하면 되겠습니다.

T **표현** 작품에 대한 생각이 정리되었으면 짝에게 이야기해 봅시다.

존중 ▶ 짝이 자기의 생각을 이야기할 때 존중하며 경청하도록 한다.

T **공유** 짝이 이야기한 것 중 인상적이어서 친구들에게 이야기해 주고 싶은 것을 발표해 봅시다.

S 내 짝은 그림이 마음에 든다고 합니다. 노란색이 그림을 따뜻하게 보이게 하고 그것에 가족과 행복한 시절을 보내고 싶은 작가의 마음이 잘 드러나 있기 때문입니다.

S 내 짝은 그림이 마음에 들지 않는다고 하는데 그 이유는 색이 단조롭고 노란색을 좋아하지 않기 때문이라고 합니다.

배움 활동 단계(65')

학습 과정 (학습 집단)	교수 · 학습 활동	배움중심 PCK 전략			자료(★) 및 유의점(※)
		배움 주춤	배움 전략	배움 원리	
배움3 감상문 쓰기 (모둠)	배움3 미술 작품 감상문 쓰기				★ 예시 자료 ★ 감상지
	• **미술 작품 감상문 쓰기**	난개념	매체 예시 설명		
	• **감상문 쓰는 방법 알기** – 감상 단계에 따라 감상한 대로 보이는 것, 그림의 내용과 표현 요소, 작가의 의도와 작품에 대한 나의 생각 쓰기			도전 격려	
	• **감상문 모둠 친구에게 발표하기** • **돌아가며 말하기 구조를 통해 모둠 친구들에게 감상문 발표하기**	난기능	발표	공유 존중	교사 평가

T 이제 감상한 내용을 바탕으로 감상문을 써 봅시다. 교과서에 있는 감상문 예시 자료를 살펴봅시다.

예시 자료 ① 학생들이 감상 단계에 따라 감상한 내용을 바탕으로 감상문을 쓸 수 있도록 예시 자료를 제시한다.

T 예시로 제시한 미술 작품 감상문의 첫 부분에는 어떤 내용이 들어 있나요?

S 그림에서 보이는 것을 써 두었습니다.

T 네, 그렇습니다. 그 다음 부분에는 무엇을 썼나요?

S 색과 선, 그리고 색이나 선이 주는 느낌에 대해 썼습니다.

T 표현 요소와 표현 원리에 대해 썼군요. 마지막 부분은 어떻게 마무리하였나요?

S 색과 작가의 의도와 관련해 마음에 드는지 썼습니다.

T 설명 네, 미술 작품 감상문은 이 예시 자료처럼 우리가 감상 단계에 따라 감상한 내용을 글로 정리하면 됩니다. 감상문이 완성되면 모둠 친구들에게 발표하도록 합니다.

도전, 격려, 발표, 공유, 존중 학생들은 감상 단계에 따라 감상한 내용을 바탕으로 감상문을 작성하고, 모둠에서 돌아가며 발표하고 경청한다.

배움 정리 단계(8')

학습 과정 (학습 집단)	교수 · 학습 활동	배움중심 PCK 전략			자료(★) 및 유의점(※)
		배움 주춤	배움 전략	배움 원리	
정리 (전체)	• **학습 내용 정리하기** – 수업을 하면서 알게 된 점, 생각한 점, 친구의 감상문을 들으며 인상 깊은 점 정리하기 – 정리한 내용 발표하기 • **평가하기** – 미술 작품 감상문 자기 평가하기		메모 발표	격려 표현	※ 자신의 미술 작품 감상문을 자기 평가해 보고 부족한 부분을 수정하도록 한다. ★ 자기 평가지 자기 평가
차시 예고	• **차시 예고하기** – 다음 시간에는 두 그림을 서로 비교 감상하고 이야기를 나누어 보도록 하겠습니다.				

T 오늘 미술 작품 감상 단계를 알고 이중섭의 '도원'을 감상하고 감상문을 써 보았습니다. 오늘 수업을 통해 알게 된 점, 생각한 점, 친구의 감상문을 들으며 인상 깊었던 점 등을 공책에 정리해 봅시다.

메모 ➡ 학생들은 공책에 자신의 생각을 정리한다.

T 발표 이제 정리한 내용을 발표해 봅시다.

S 오늘 이중섭이라는 작가가 '도원'이라는 작품을 그렸다는 것을 알게 되었습니다.

S 이중섭이 가족과 떨어져 살았고 아이들을 보고 싶어 아이들을 많이 그렸다는 이야기를 듣고 조금 슬펐지만 열심히 그림을 그린 점을 본받고 싶습니다.

S 미술 작품을 감상하고 감상문을 쓰는 활동이 재미있었습니다.

T 네, 여러분들이 수업을 통해 생각한 점을 잘 이야기해 주었습니다. 이제 자기의 감상문을 보고 자기 평가지에 평가해 보도록 하겠습니다. 평가가 끝나면 부족한 부분을 스스로 수정해 보도록 합시다. 다음 시간에는 두 개의 그림을 비교하여 감상하고 이야기를 나누어 보도록 하겠습니다.

수업 후기

위수지
의왕 덕장초등학교 교사

학생 배움 중심의 미술과 PCK 수업 설계를 하고 실제로 수업에 적용하면서 5학년 학생들의 수준에 맞춘 수업으로 학생들의 배움이 일어났는지에 대하여 나 자신의 수업을 되돌아보았다.

미술교육에 있어서 감상교육의 중요성을 인식하면서도 초등학교 미술 수업은 표현 위주의 수업에 집중되어 있는 것이 현실이다. 그 원인을 찾아보면 감상교육의 방법을 몰라서 혹은 감상교육을 위한 자료가 없어서라는 응답이 대부분이다. 또 가르치는 교사들이 표현 방법은 많이 알고 접해 왔으나 정작 지도를 위한 교과 내용에 대한 지식은 부족하다는 것을 알게 되었다. 따라서 수업의 내용과 방법이 균형을 이루는 미술 감상 수업을 위해 〈미술 작품 감상 단계를 알고 감상하기〉라는 주제로 PCK 교수법을 기반으로 수업을 설계하고자 하였다.

수업을 준비하며 고민한 것은 자칫 지루하고 어려워할 수 있는 감상 수업을 어떻게 하면 학생들의 흥미를 유도하여 쉽고 재미있게 학습할 수 있도록 할 것인가 하는 것이었다. 적절한 감상 작품 선정에 대한 고민도 있었는데, 이는 교과서와 교사용 지도서 등을 참고하여 친숙한 우리나라 화가의 명화를 선택함으로써 작품이 좀 더 가깝게 느껴지도록 유도하였으며, 작품과 작가에 대한 스토리텔링을 도입하여 집중과 흥미를 높이도록 하였다.

또한 활동 중 질문을 통해 작품에 대한 이해를 확장시켜 깊이 있는 사고를 하고 서로의 생각을 비교함으로써 고등 사고 능력을 향상시킬 수 있도록 계획하였으며, 작품과 작가 이해의 핵심적 요소를 토의 문제로 제시하여 모든 학생이 자신의 의견을 발표하고 서로의 생각을 공유하며 좀 더 깊이 있는 감상을 할 수 있도록 설계하였다.

수업에서 나타난 오개념으로는 미술 감상을 그림이라는 한 영역에 국한시켜 생각하는 것이었고, 난개념으로는 조형 요소와 조형 원리 등 미술의 형식과 미술 감상의 단계 이해에 어려움을 느끼며 작가와 작품에 대한 이해도 부족하였다. 이는 수업을 통해 교정, 보충하였다.

평소 미술 수업에 관심을 가지면서도 깊이 있고 체계적인 감상 수업에 대한 아쉬움과 고민이 있었는데, 이번에 수석선생님과 함께 수업을 준비하고 진행하면서 개인적으로 많은 공부가 되었다. 설계부터 수업까지 열심히 고민하고 준비한 결과 학생들의 적극적인 수업 참여와 학생 간 또는 학생과 교사 간의 역동적인 상호작용을 이끌어 냄으로써 학생, 교사 모두에게 배우고 성장하는 계기가 된 의미 있는 수업이 되었다.

4 CoRe 활용 학생 배움중심의 실과과 PCK 수업 설계

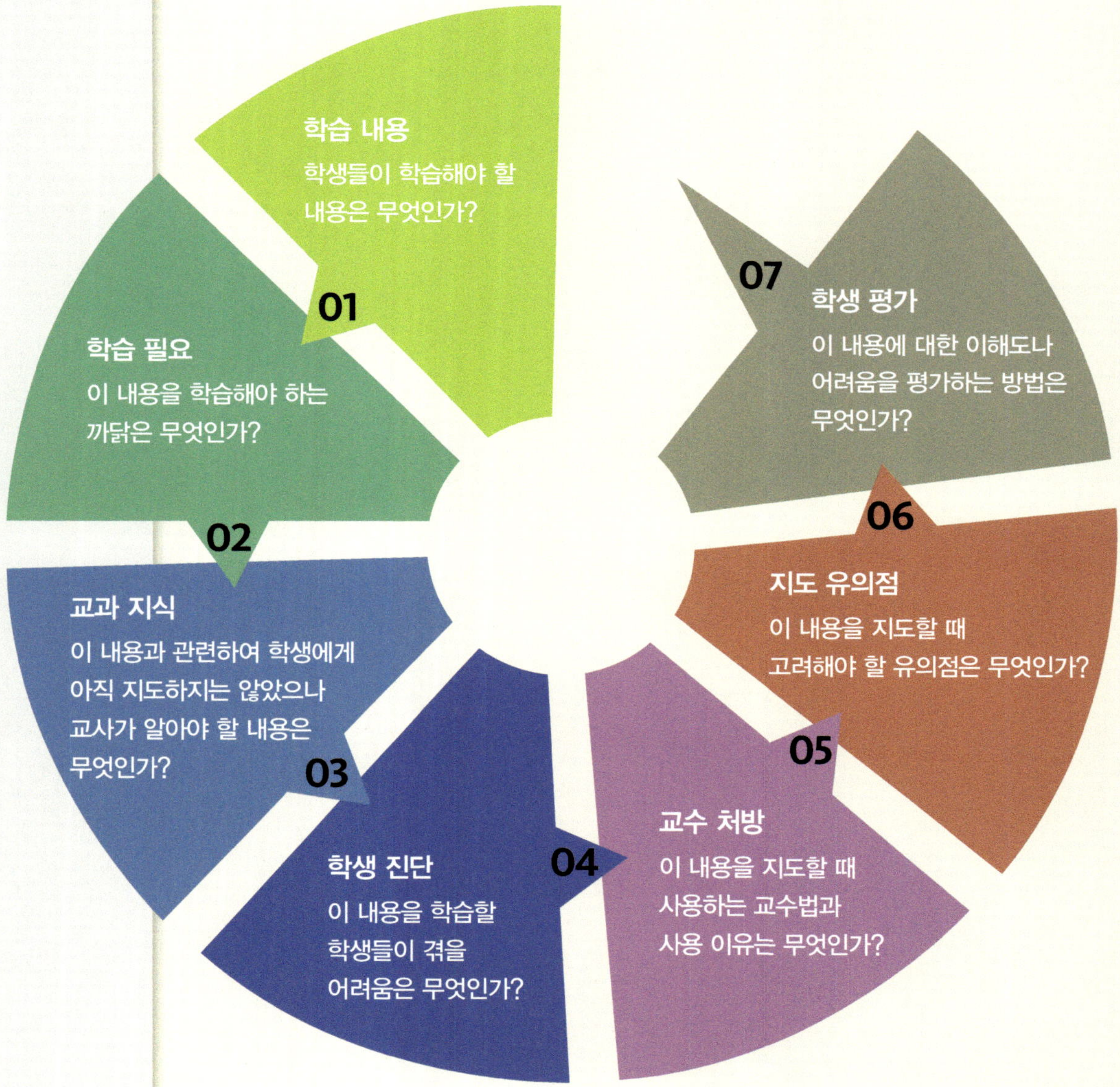

01 학습 내용

학생들이 학습해야 할 내용은 무엇인가?

이 단원은 지속가능한 환경 유지를 위한 '지속가능한 생활'의 밑걸음이 되는 단원입니다. 쾌적한 환경을 위하여 정리 정돈과 청소, 쓰레기의 올바른 처리가 필요하다는 것을 이해하고, 실천을 넘어 습관화되게 하는 것이 중요합니다.

그러므로 이 단원은 자신의 생활 속에서 정리 정돈과 청소, 쓰레기를 처리하는 올바른 방법을 익혀 실천함으로써 환경 친화적 생활 태도를 기르도록 하는 데 주안점이 있습니다.

단원의 지도 내용

- 정리 정돈과 청소의 필요성 알고 정리 정돈하기
- 청소 계획을 세워 순서와 방법에 맞게 청소하기
- 쓰레기 줄이는 방법 및 올바른 쓰레기 처리 방법 알기
- 재활용의 가치를 이해하고 재활용품 이용하여 만들기

교과서 살펴보기 | **단원 도입 살펴보기**

4 쾌적한 주거 환경

1 정리 정돈과 청소
2 쓰레기 처리와 재활용

생활에 필요한 여러 활동을 하다 보면 쓰레기가 생기고 먼지가 발생하여 주변이 더러워집니다. 쾌적한 주거환경을 유지하기 위해 정리 정돈과 청소는 우리 생활에 꼭 필요합니다.

이 단원을 공부하고 나면

1. 생활 속에서 정리 정돈과 청소가 필요한 이유를 말할 수 있습니다.
2. 계획을 세워 나의 생활 주변을 직접 청소할 수 있습니다.
3. 발생한 쓰레기를 분리하고 처리하여 재활용의 가치를 실천할 수 있습니다.

학년 학기
5학년 1학기

단원(차시)
4. 쾌적한 주거 환경
02. 쓰레기 처리와 재활용(5–6/8)

학습 주제
올바른 쓰레기 처리 방법 알기

교과서의 단원 도입을 살펴보고 그림과 질문을 통해 학습할 내용을 확인합니다.

본 단원의 성취 기준은 정리 정돈과 청소, 쓰레기 분리 처리 방법과 실천임을 알 수 있습니다.

이 수업은 소단원 2. 쓰레기 처리와 재활용 5~6/8차시 수업으로 쓰레기를 버릴 때 쓰레기의 종류와 배출 방법에 따라 분류하여 처리해야 함을 알게 하는 수업입니다. 이것을 바탕으로 우리 교실의 쓰레기를 줄이기 위한 구체적 실천 방안을 모색하여 생활에 적용하도록 합니다.

본시의 학습 문제

- 올바른 쓰레기 처리 방법을 알아봅시다.
- 교실 쓰레기 줄이는 방법을 제안하여 봅시다.

본시 학습의 교과서 살펴보기

02 쓰레기 처리와 재활용

쓰레기 처리하기

재활용하기

생각 열기

쓰레기 처리하기

쓰레기 종량제 봉투

정리 정돈과 청소를 하고 나면 불필요한 물건이나 버려야 할 물건이 나옵니다. 쓰지 않는 물건은 재활용할 수 있는 것과 다른 사람에게 줄 수 있는 것이 있는지를 확인합니다. 쓰레기를 버릴 때에는 쓰레기의 종류와 배출 방법에 따라 분류하여 처리하면 쓰레기의 양을 줄일 수 있습니다.

재활용이 가능한 제품, 음식물 쓰레기, 대형 쓰레기 등 종류에 따라 배출 방법이 다릅니다. 또한, 지역마다 쓰레기의 분류와 수거에는 차이가 있을 수 있으므로, 우리가 사는 지역의 쓰레기 처리 방법을 알아보아야 합니다.

이 수업의 학습 문제는 올바른 쓰레기 처리 방법을 알고, 교실에서 발생하는 쓰레기를 줄이기 위한 방법을 찾는 것입니다. 그러므로 쓰레기를 줄이는 방법으로서 쓰레기 종류에 따라 어떻게 분리 배출해야 하는지 익히고, 교실 쓰레기를 줄이기 위한 실천 방안을 찾아 생활에 적용하도록 합니다.

더 나아가 지속가능한 생활을 위한 지구 시민으로서 쓰레기를 어떻게 처리하는 것이 책임 있는 행동인지 판단하도록 합니다.

올바른 쓰레기 처리 방법

- 쓰레기 분리 배출 방법을 안다.
- 교실 쓰레기 줄이는 방법을 제안한다.

본시의 학습 요소

- 올바른 쓰레기 처리 방법
- 교실 쓰레기 줄이는 방법

실과

조사 활동 쓰레기 배출 방법

쓰레기 배출 방법은 지역마다 다릅니다. 우리 집의 쓰레기 배출 방법에 대해 조사하여 봅시다.

구분	배출 방법	
쓰레기는 어떻게 나누어 배출하나요?		
쓰레기를 버리는 날이 정해져 있나요?	예	아니요
	월 : 화 : 수 : 목 : 금 :	
쓰레기를 처리하는 더 좋은 방법은 무엇인가요?		

체험 활동 쓰레기 분리 수거 방법

쓰레기 종량제 봉투에 여러 종류의 쓰레기가 섞여 있습니다.
쓰레기를 함께 분리, 처리하여 봅시다.

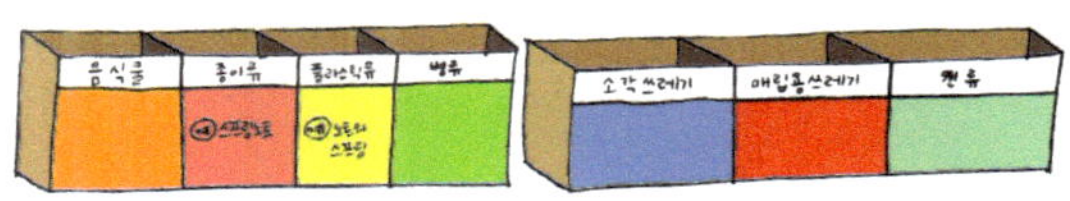

쓰레기의 종류에 따라 어떻게 분류하여 배출해야 하는지 방법을 학습해야겠네.

우리 집과 우리가 사는 지역의 쓰레기 배출 방법을 조사해야겠구나.

교실에서 나오는 쓰레기를 재활용되는 것과 그렇지 않은 것으로 분류해 보면 좋겠구나.

02

학습 필요

이 내용을 학습해야 하는 까닭은 무엇인가?

'올바른 쓰레기의 처리 방법'에 대하여 학습하는 까닭은 교육과정에서 제시된 성취 기준과 교사용 지도서에서 살펴볼 수 있습니다.

단원 학습 개관에 의하면 이 단원의 학습을 통해 정리 정돈, 청소, 쓰레기 처리와 재활용 과정을 경험해 보고, 환경 친화적 생활 태도를 기르도록 하는 데 주안점이 있습니다.

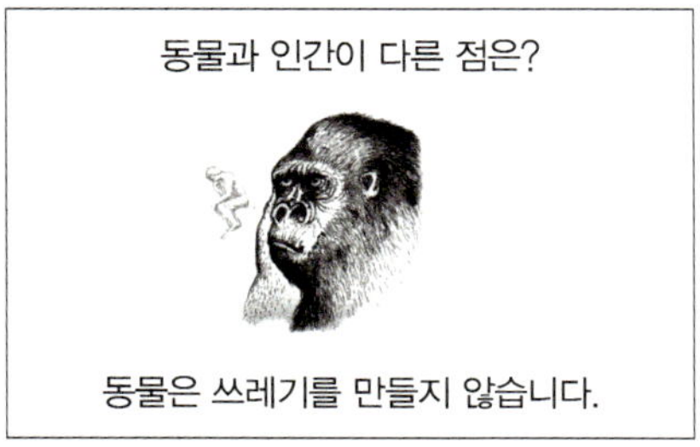

〈출처: 선생님을 위한 환경교육이야기 15분(임종길 글, 그림)〉

이 그림은 경기도교육청 환경교육자료 '선생님을 위한 환경교육이야기 15분'에서 발췌한 것입니다. 인간은 자연 속에서 순환되지 않는 쓰레기를 많이 만들고 있습니다. 이것을 해결하는 방법 또한 그림에 제시된 것처럼 분리수거를 하는 것이다.

정리 정돈과 청소, 쓰레기 처리 등의 일상적 행동은 삶과 분리된 것이 아닙니다. 이것은 개인과 가족의 주거 환경을 넘어, 사회적으로 쓰레기로 인한 환경 문제와 물자의 소비와도 밀접한 관련이 있습니다. 그러므로 내가 만든 쓰레기가 재활용되도록 분리 배출하면 소중한 자원이 되어 후손에게 잠시 빌려온 이 땅의 환경을 조금 덜 오염시키고, 지구를 터전으로 살아가는 수많은 생명을 지킬 수 있습니다. 이것이 바로 본시 학습을 해야 하는 까닭입니다.

학교마다 쓰레기를 분리 배출하는 수준이 다릅니다. 학급, 학교의 실정에 맞게 내용 구성이 필요한 부분입니다. 2013년 6월 환경부의 보도 자료에 의하면 재활용품으로 분리 배출이 가능한 유용 자원이 종량제 봉투 안에 약 70% 포함되어 쓰레기 배출량이 증가

하였다고 합니다. 재활용품만 잘 분리해 내면 연간 약 1,800억 원의 매립 비용이 절감된다고 합니다. 교실에서 가장 많이 나오는 쓰레기가 바로 종이류입니다. 이 종이류의 상당부분이 종량제 봉투에 들어갑니다. 그러나 대부분의 학생은 쓰레기 분리하는 방법을 정확히 알고, 잘 실천하고 있다고 생각합니다. 무엇이 문제일까요? 마치 아는 것처럼 생각되나 실제로는 잘 모르고 있는 것입니다. '분리하는 방법은 알지만 행동하지 않는다.' 이것도 쓰레기 문제의 심각성과 쓰레기가 자원이 될 수 있다는 것을 제대로 이해하지 못한 것입니다. 그러므로 쓰레기를 줄이는 방법으로서 쓰레기를 분리하는 방법을 익히고, 쓰레기 분리 배출이 왜 필요한 것인지 환경적 측면뿐 아니라 경제적, 사회적 측면에서의 가치 탐구가 이루어져야 합니다.

이를 바탕으로 우리 교실과 학교, 나아가 지역 사회의 쓰레기 발생량과 쓰레기 처리 실태에 관심을 가지고 잘된 점과 개선점을 찾아 문제를 파악하고, 문제 해결 방안을 탐색하여 그 구체적 실행 방안을 구안하는 등 지속가능한 학급, 학교, 마을 만들기로 연결하는 것이 좋습니다. '4. 쾌적한 주거 환경' 단원은 '지속가능한 생활'의 밑바탕이 되도록 이해를 넘어 실천으로 이어질 수 있도록 총체적, 통합적 접근이 이루어져야 더욱 의미있습니다 .

성취 기준 6141-1. 생활 쓰레기의 올바른 분리 처리와 재활용 방법을 설명할 수 있다.
6141-2. 생활 쓰레기를 줄임으로써 자원의 낭비를 막고 쾌적한 주거 환경을 유지할 수 있는 능력을 기를 수 있다.

03

교육과정 교과 지식

이 학습 내용과 관련하여 교사가 알아야 할 내용은 무엇인가?

본시 학습 내용을 잘 지도하기 위해서 교사는 다음과 같은 관련 내용을 미리 알아야 합니다. 우선 쾌적한 주거 환경과 관련된 학습의 계열을 이해하는 것이 중요합니다. 이것은 본시 학습 내용을 어디까지 지도해야 할 것인가의 범위를 결정하는 데 도움을 줍니다. 또한 쓰레기 발생량, 쓰레기 처리 비용 및 처리 방법, 지역의 쓰레기 분리 배출 및 수거 방법, 자원 재활용의 가치 및 감량 효과 등 쓰레기에 관한 정보를 알아 두어야 합니다. 이러한 관련 정보는 학생이 올바른 쓰레기 처리 방법을 익히고 교실 쓰레기의 양을 줄이는 방안을 모색하는 데 도움을 줄 수 있습니다. 학생의 수준이나 상황을 고려하여 개인별 탐구 학습으로 이어질 수 있도록 쓰레기와 합리적 소비 등과 관련된 책 목록 및 자원 재활용 체험관 등의 정보를 안내하는 것이 필요합니다.

학습의 계열

실과 교과는 학생의 실생활에 밀착된 경험과 생활 속에서의 실천 및 유용성이 강조되며 5~6학년에서 이수하는 교과입니다. 이러한 실과 교과의 특성과 사회의 일원으로서 지속가능한 생활을 고려하면서 학습의 계열을 살펴보아야 합니다.

청소와 쓰레기 처리 등의 행동은 일상생활과 밀접한 관련이 있는 내용입니다. 그러므로 5학년에서 정리 정돈과 청소, 쓰레기 처리와 재활용 등의 기초적인 내용을 학습하고, 생활 자원의 소비와 환경과의 관계 이해, 환경 친화적 소비 태도 등은 6학년에서 학습합니다.

선수 학습	• **교육과정 성취 기준** 통합 교실과 주변을 청소하는 방법을 익히고, 봄을 맞이하여 교실과 주변을 깨끗이 청소하고 정리 · 정돈할 수 있다. **[1학년 1학기 바른생활 봄]** – 청소가 필요한 곳을 찾아보고, 교실 청소하기
본시 학습	• **교육과정 성취 기준** 실과 생활 쓰레기의 올바른 분리 · 처리와 재활용 방법을 설명할 수 있다. **[5학년 1학기 4. 쾌적한 주거 환경]** – 올바른 쓰레기 처리 방법을 알고 쓰레기를 줄이기 위한 방법 토의하기
후속 학습	• **교육과정 성취 기준** 실과 생활 자원의 의미와 관리의 중요성을 설명할 수 있다. **[6학년 1학기 4. 생활 자원과 소비]** – 생활 자원과 환경과의 관계를 이해하고, 생활 자원을 관리하기

교과 핵심 지식 및 기능

쓰레기의 종류와 배출 방법

분리 배출 및 분리수거는 각 지방자치단체별로 기준이 다를 수 있으므로 지방자치단체 청소과 또는 청소행정과 분리수거 담당자에게 문의하여야 합니다.

종류		처리 방법	
대형 쓰레기	가구, 가전제품	사용 가능	중고물품고환매장(재활용센터)에 보냄
		수리 불가능	지방자치단체에 연락하여 수수료를 내고 스티커를 부착하여 배출
		신제품 구입	판매자에게 동일 제품 및 포장재 회수 요청
재활용 쓰레기	종이류 외	종이류, 병류, 캔류, 플라스틱류, 비닐류 등(종류별로 분리하여 수거함에 넣기)	
음식물 쓰레기	사료화 가능한 음식	* 물기를 줄여 음식 쓰레기 봉투나 수거함에 넣기 * 쌀겨, 동물 뼈, 생선 뼈, 옥수수 껍질, 한약재 찌꺼기, 녹차 티백, 호두 껍데기, 큰 씨앗 등은 종량제 봉투에 넣어 배출	
생활 쓰레기	재활용 불가능한 쓰레기	매립	타지 않는 쓰레기를 매립용 봉투에 넣어 배출
		소각	타는 쓰레기를 소각용 종량제 봉투에 넣어 배출

(계속)

종류		처리 방법
위험하거나 특별한 처리가 필요한 폐기물	형광등	깨어지지 않은 상태에서 형광등 분리 배출 용기에 배출
	건전지	* 전지를 제품에서 분리하여 배출 * 전자제품 대리점 및 시계점 등 역회수 루트를 통하여 배출 * 주요 거점에 비치된 수거함에 배출하거나 지정된 전지류 수거일, 장소에 배출
	의약품	* 근처 약국의 '폐의약품 수거함'에 배출(알약과 캡슐, 시럽 : 약과 겉포장을 분리하여 약은 폐의약품 수거함에, 겉포장은 재질에 따라 분리 배출)

종류	위험하거나 특별한 처리가 필요한 까닭
형광등	형광등에 토끼 한 마리 죽일 정도의 25mg의 수은 포함 – 뇌와 신경조직에 손상, 심하면 사망
건전지	• 망간, 황산, 수산화나트륨 등 토양을 오염시키는 유해물질이 있음. • 철, 니켈, 아연 등은 재활용 금속 자원
의약품	• 방치 의약품은 어린이 약화사고나 약물 오남용의 원인. • 항생물질 등의 의약 성분이 하천이나 토양에 스며들어 생태계에 위험을 초래, 환경오염의 원인

학생들은 분리 배출 방법이 복잡하고 까다롭다고 생각합니다. 평소 생활하면서 잘못 알고 있는 것이 무엇인지를 스스로 발견할 수 있도록 자료로 활용할 수 있습니다.

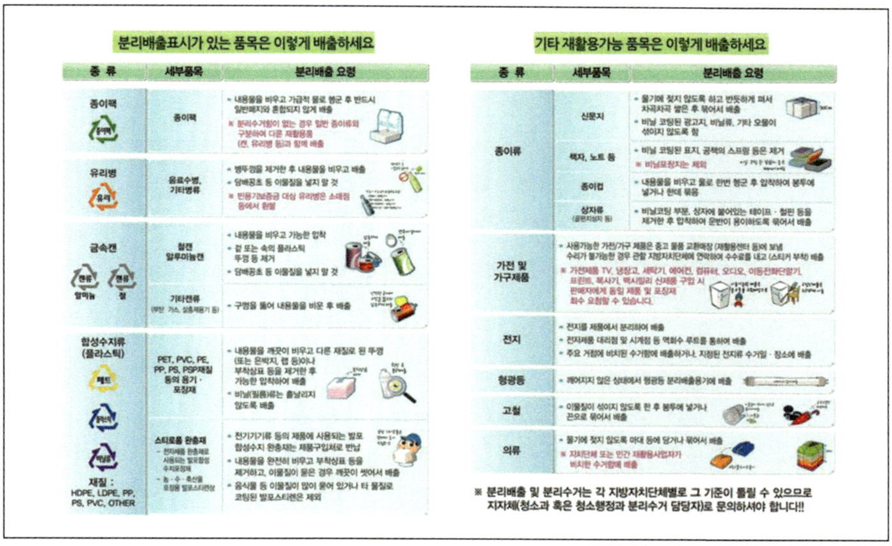

〈출처: 한국환경공단(www.keco.or.kr)〉

쓰레기 분리 배출 표시

생산자가 소비자를 위해 표시해 둔 것으로 대부분 포장재의 겉면에 부착되어 있으며 화살표 세 개가 삼각형으로 맞물린 모양으로 되어 있습니다. 우리나라뿐만 아니라 세계 여러 나라에서 재활용을 쉽게 할 수 있도록 표시합니다.

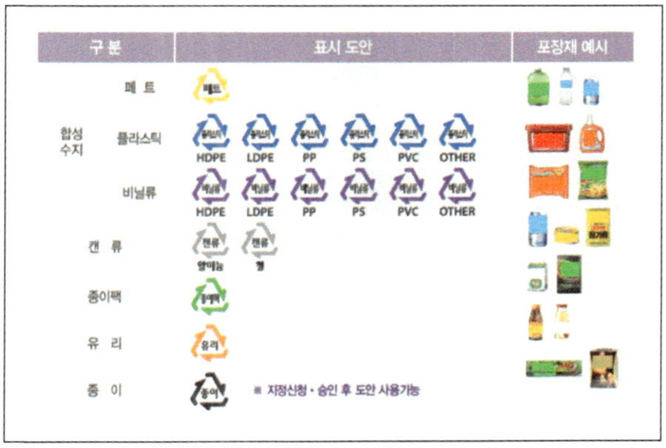

〈출처: 한국환경공단(www.keco.or.kr)〉

재활용의 경제적 가치 및 처리 비용

재활용할 수 있는 쓰레기를 따로 모을 수 있게 되므로 자원을 절약할 수 있고, 버려야 할 쓰레기의 양도 줄어듭니다. 또한 버려진 쓰레기는 매립, 소각, 재활용 등으로 처리됩니다. 매립과 소각에 소용되는 비용과 재활용할 때 자원 절감의 효과를 비교하여 볼 수 있습니다.

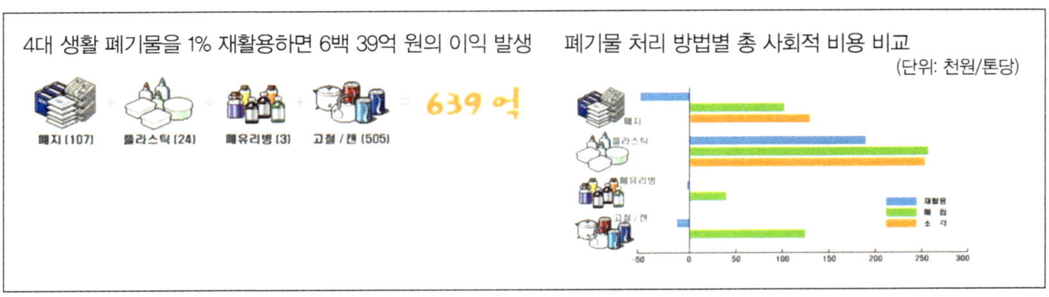

〈출처: 한국환경공단(www.keco.or.kr)〉

04

학생 진단

이 내용을 학습할 학생들이 겪을 어려움은 무엇인가?

본시 학습 내용에 대한 성취도를 높이기 위해서는 학습 내용의 핵심적인 지식(기능)과 이에 대한 학생들의 이해도(기능 정도) 및 학생들의 이해도(기능)를 높이는 데 방해하는 걸림돌이 무엇인지 학생 실태를 파악하고, 걸림돌을 제거하거나 이해도(기능 숙달도)를 높이기 위한 대비책을 마련해 두는 것이 필요합니다. 여기서는 학습 내용의 핵심 지식을 먼저 알아보고, 이에 대한 학생의 이해도 및 기능 습득에 어떤 어려움이 있는지 살펴봅니다.

학생들은 스스로 분리 배출 방법에 대하여 잘 알고 있다고 생각하고(87.0%), 잘하고 있다고 생각합니다(91.0%). 그러나 실제 교실 쓰레기통에는 종이류, 비닐류 등의 재활용 쓰레기가 상당히 많은 양을 차지합니다. 플라스틱이나 캔 등의 음료수를 마시고 세척하지 않고 그냥 버립니다. 음료수의 뚜껑이나 상표를 따로 분리하지 않습니다. 제대로 알지 못하는 것입니다.

분리 배출을 하지 않는 까닭은 더러워서, 귀찮아서, 시간이 걸려서, 분리 배출 방법이 복잡하고 까다로워서, 재활용을 하면 어떤 이익이 있는지 모르기 때문이라고 합니다. 쓰레기와 관련된 낱말의 정확한 의미를 모르는 경우가 많습니다. 따라서 교사는 학생들 수준을 고려하여 다양한 배움 전략을 통해 지도하는 것이 필요합니다.

다양한 문화에 대한 이해와 수용

핵심 지식 : 올바른 쓰레기 처리 방법 알기

핵심 지식 : 교실의 쓰레기를 줄이는 방법 토의하기

본시 학습에서 학생들에게 꼭 가르쳐야 할 두 가지 핵심 지식의 내용입니다.

핵심 지식 1 올바른 쓰레기 처리 방법

• 쓰레기와 관련된 기본 용어를 이해한다.

– 쓰레기를 분리할 때의 기준과 쓰레기를 버릴 때 어떻게 처리되는지 관련 용어에 대한 이해가 필요하다.

• 쓰레기의 종류에 따라 처리하는 방법을 안다.

– 집에서 분리 배출한 경험을 바탕으로 물품에 따라 분리 배출하는 방법을 이해하고, 위험하거나 특별 처리가 필요한 폐기물은 처리 방법뿐 아니라 특별하게 처리해야 하는 까닭을 알게 하는 것이 필요하다. 또한 각 지방자치단체별로 분리 배출 및 수거 기준이 다를 수 있음을 이해하는 정도로 학습 범위를 정하는 것이 좋다.

핵심 지식 2 교실의 쓰레기 줄이는 방법 제안하기

• 교실 쓰레기통에 비닐류, 종이류 등 재활용 쓰레기가 들어가지 않는 방법을 찾는다.

– 쓰레기 배출량이 늘어나는 가장 큰 이유는 재활용 쓰레기가 쓰레기통에 들어가기 때문이다. 교실 쓰레기통에 비닐류, 종이류 등 재활용 쓰레기가 들어가지 않도록 하는 방법을 생각하여 제안하고 설명할 수 있어야 한다. 무임승차가 없도록 개인별 1개 이상의 아이디어를 포스트잇 등에 기록하게 하면 문제 해결 과정을 평가할 수 있다.(브레인스토밍 방식)

• 각자의 아이디어를 모둠별로 설명하고 토의한 후 평가한다.

– 각자 제안한 방법을 설명하고 그 효과에 대하여 토의하는 것은 민주적 의사결정 과정의 기본 바탕이 되는 기능이다. 자신의 생각을 논리적으로 표현하고, 상대의 의견을 경청하는 태도를 기를 수 있도록 지도한다. 이러한 의사결정 과정에 모든 학생이 참여하면 결정된 사항을 잘 실천한다. 지속적으로 실천할 수 있도록 학생의 의사를 존중하고 격려한다.

여기서 잠깐!

핵심 지식으로 추가할 내용이 있다면 적어 보세요.

난개념, 난기능

본시에서 학습해야 할 내용 중에서 학생들이 이해하기 어려워하는 내용(난개념)이나 기능(난기능)이 무엇인지 미리 알아 두어야 합니다. 가장 기본적인 난개념은 학습 목표입니다. 이러한 난개념과 난기능을 어떻게 해결하는지가 학습 목표 도달을 결정하기 때문입니다. 본시 학습의 난개념 및 난기능을 자세히 살펴봅시다.

난기능 1 이해, 실천을 넘어 습관이 중요

- 정리 정돈, 청소, 쓰레기 분리 배출의 방법을 알아도 실천과 습관화가 어렵다.
  - 쓰레기 처리는 일상적 행동으로 삶과 분리된 것이 아니다. 지속가능한 환경 유지를 위하여 아는 것에서 멈추지 않고, 실천을 넘어 습관화되게 하는 것이 중요하다.

난개념 2 쓰레기의 종류에 따른 분리 배출 방법

- 종류에 따라 쓰레기 처리 방법이 다르기 때문에 분리하는 방법이 복잡하고 까다롭다고 생각한다.
  - 학생뿐 아니라 어른도 쓰레기 분리 배출을 복잡하고 까다롭다고 생각한다. 이것은 쓰레기가 무엇이냐에 따라 배출하는 방법이 다르고, 사는 지역에 따라 같지 않기 때문이다. 그러므로 쓰레기를 세분화하여 분리 배출 방법을 자세히 지도하는 것은 자칫 쓰레기에 대하여 좋지 않은 결과를 초래할 수 있다.

난개념 3 쓰레기 관련 용어

- 쓰레기 관련 용어에 대한 이해가 부족하다.
  - 쓰레기, 배출, 매립, 소각, 재활용, 재사용, 종량제 봉투, 대형 폐기물, 위험 폐기물, 음식물 쓰레기, 분리 배출 표시 등 용어에 대한 정리가 필요하다.

난기능 4 문제 해결 방법 탐구

- 문제 파악과 문제 정의 및 해결 방법 모색 등 일련의 문제 해결 과정을 어려워한다.
  - 문제 해결 방법을 찾기 위해서는 쓰레기 배출량이 늘어나는 문제 상황을 이해하고, 그 원인을 분석할 수 있어야 한다. 이것을 토대로 원인을 제거할 수 있는 방법이나 창의적인 생각으로 문제 해결 방법을 찾아야 한다. 또한 제안된 아이디어를 토의하고 평가하기 위

해서는 학생 간 상호 존중과 경청의 태도가 필요하다. 이것은 민주 시민의 기본적 자질이 될 수 있다. 이러한 일련의 과정을 이해하는 것은 쉽지 않다.

여기서 잠깐!

난개념, 난기능에 추가할 내용이 있다면 적어 보세요.

오개념, 오기능

본시에서 학습해야 할 내용과 관련하여 학생들이 이미 갖고 있는 선개념, 선기능 중에서 잘못 알고 있거나 본시 학습 중에 잘못 이해할 가능성이 있는 내용(오개념)과 기능(오기능)이 무엇인지 파악하여야 합니다. 흔히 볼 수 있는 오개념, 오기능에 어떤 것들이 있는지 예시를 통해 함께 생각해 봅시다.

오개념 1 쓰레기 처리 태도에 대한 인식

- 나는 쓰레기 분리 배출 방법을 알고, 분리 배출을 잘하고 있다.
  - 스스로 분리 배출을 잘 한다고 생각한다. 그러나 종량제 봉투에 종이류와 비닐류 같은 재활용 쓰레기가 소각용 쓰레기보다 많다. 교실 쓰레기통의 실상을 바로 알고, 쓰레기 배출량이 증가하는 이유와 연결 지어 자신의 쓰레기 처리 습관에 대한 반성이 필요하다.

오개념 2 쓰레기의 경제적 가치에 대한 인식

- 쓰레기 분리 배출했을 때 나에게 오는 이익이 얼마나 되겠는가? 거의 없다.
  - 내가 분리 배출하였을 때 직접적인 이익이 없다고 생각한다. 그러나 쓰레기를 분리 배출하면 개인적으로는 종량제 봉투 비용이 적게 들고, 사회적으로는 매립이나 소각 처리 비용이 줄어들며, 자원으로서 재활용하면 경제적인 가치가 높아진다. 또한 현 세대뿐 아니라 미래 세대도 쾌적한 환경에서 살아갈 수 있다.

- 분리수거만 잘 해도 연간 약 1,800억 원이 절감된다.
- 980kg의 비닐로 벙커C유 7통, 경유 2통, 휘발유 14*l* 총 200*l*의 기름을 생산한다.

〈출처: 2014.02.26. SBS 일요 특선 다큐멘터리 '황금구리와 폐비닐 휘발유'〉

오기능 3 교실의 재활용 쓰레기 분리 배출 방법

- 재활용 쓰레기를 세분화하여 분리할 때 다음과 같은 오류를 보인다.
  - 캔, 플라스틱, 유리병 등의 음료를 마신 후 세척하지 않고 버린다.
  - 두 개 이상의 재질로 만든 물품을 분리하지 않는다.
  - 캔이나 플라스틱은 발로 밟아 쓰레기 부피를 줄여 버려야 하지만 그냥 버린다.
  - 재활용이 불가능한 코팅 광고지나 테이프, 기름 등이 묻어 있는 용기도 재활용으로 분리한다.

여기서 잠깐!

오개념, 오기능에 추가할 내용이 있다면 적어 보세요.

흥미, 태도

이 수업은 쓰레기를 버릴 때 쓰레기의 종류와 배출 방법에 따라 분류하여 처리해야 함을 알고, 교실 쓰레기를 줄이기 위한 구체적 실천 방안을 모색하여 생활에 적용하도록 하는 수업입니다. 그러므로 개념 이해에서 나아가 실천적 행동으로 변화되도록 쓰레기 문제를 환경적, 경제적, 사회적 관점에서 바라볼 수 있는 확산적 사고가 필요합니다.

쓰레기를 처리하는 올바른 방법을 익혀 실천함으로써 환경 친화적 생활 태도를 기를 수 있도록 본시 학습과 관련한 학생들의 흥미와 태도를 살펴보고, 지도해야 할 내용을 찾아보기로 합시다.

- 환경과 생태에 대하여 관심과 호기심이 많다.
- 놀이 활동을 좋아하며 의욕이 넘치고 적극적으로 참여한다.
- 자기주도적으로 문제를 발견하고 해결하려는 노력이 필요하다.
- 평소 쓰레기 분리 배출의 문제점을 인식하지 못하고 제대로 실천하지 않는다.
- 의견을 제시할 때, 자신의 의견을 고집하고 순서를 지키지 않는 학생이 있다.
- 친구를 비난하거나 장난치는 등 경청하는 자세가 다소 부족하다.

여기서 잠깐!

흥미, 태도와 관련하여 추가할 내용이 있다면 적어 보세요.

05

교수 처방

이 학습 내용을 지도할 때 사용하는 교수법과 사용 이유는 무엇인가?

본시 수업 내용은 '올바른 쓰레기 처리 방법을 알고 우리 교실의 쓰레기를 줄이기 위한 방법 토의하기'입니다. 앞에서 살펴본 학생들의 이해도, 즉 난개념, 오개념을 지도하기 위해서는 학생 이해도의 내용 및 수준에 따라 적절한 표상 방법을 활용한 교수 처방이 필요합니다. 수업 대상 반의 학생은 흥이 많고 에너지가 넘쳐 평소에도 움직임이 있는 놀이 학습을 선호합니다. 그러므로 생활 속 경험이 중요시되는 실과 교과의 특성을 고려하여 교수 처방은 놀이와 지식(기능)을 연결하는 것이 필요합니다. 또한 교사와 학생, 학생과 학생의 상호작용을 활발하게 하는 수업 대화가 필요한데, 이것은 대체적으로 마중물 수업 전략으로 진행하는 것이 좋습니다. 따라서 교수법을 연구할 때에는 대상 학생의 수준과 특성을 고려한 표상 전략과 마중물 전략을 함께 연구해야 합니다.

[전시 학습 상기] 단계에서의 난기능과 교수 처방

쾌적한 환경을 유지하기 위해서는 지속적인 관심과 실천이 필요합니다. 교실의 정리 정돈과 청소 상태를 점검하여 인정과 격려의 방법으로 행동이 내면화되도록 하는 것이 좋습니다.

본시 수업과 관련된 난기능 전시 학습 상기 단계

① 정리 정돈, 청소, 쓰레기 분리 배출 방법은 알아도 지속적인 실천과 습관화가 어렵다.
 – 칭찬과 격려를 통하여 이해와 실천을 넘어 습관화되도록 긍정적 강화를 준다.

상황 연출 ① ➡ 평소 교실 청소와 정리 정돈이 필요한 학생이나 자존감을 높이기 위한 의도적 칭찬이 필요한 학생을 2~3명 선정한다. 다른 학생에게는 비밀로 하고, 수업 전 틈새시간을 활용하여 정리 정돈 및 청소하도록 협조를 구한다.

사전 정리 정돈 및 청소하기

실물 ➡ 의도한 상황 연출을 통해 지난 시간에 학습한 내용과 연결시킨다. 쾌적한 환경을 유지하기 위해서는 아는 것에 그치지 않고 생활 속에서 지속적으로 실천하는 것이 중요함을 강조한다. 이 과정에서 교사의 칭찬하기와 격려하기를 통해 이해와 실천을 넘어 지속가능한 생활이 습관화되도록 유도한다.

교사 (교실 바닥을 둘러보고 웃음 지으며) 교실이 다른 때보다 더 깨끗해요. 선생님의 기분이 참 좋아요. 여러분은 어떻게 느끼세요?

학생 네. 정리 정돈이 되고 깨끗해서 공부가 잘 될 것 같아요.

교사 교실에서 무슨 일이 있었나요?

학생 ○○가 청소를 했어요. □□가 교실 정리 정돈을 했어요.

교사 그랬군요. ○○와 □□가 아는 것에서 멈추지 않고 실천했군요. 지난 시간에 학습한 내용과 관련이 있을 것 같아요. 무엇인지 기억하나요?

학생 정리 정돈과 청소하는 법을 공부했어요.

교사 맞아요. 그런데, 정리 정돈이나 청소를 해야 한다는 것은 알지만 실천은 쉽지 않지요. ○○와 □□ 덕분에 우리가 깨끗한 교실에서 공부할 수 있게 되었어요. 어떻게 감사한 마음을 표현하면 좋을까요?

학생 박수를 해요.

학생 고맙다고 인사해요.

교사 그럼, ○○와 □□에게 각자 감사하는 마음을 나타내어 주세요.

학생 **활동** 박수하기, '고마워' 말하기 등 각자 감사한 마음을 나타낸다.

교사 여러분이 정리 정돈과 청소를 잘 이해하고 실천하는 모습을 보여 주어 매우 기쁩니다. △△가 책상 위를 정돈하는군요. △△야, 고마워요. 우리도 잠시 책상 위를 정리 정돈할까요?

학생 **활동** 책상 위와 서랍을 정리 정돈한다.

[동기 유발] 단계에서의 오개념(오기능)과 교수 처방

학생들은 스스로 쓰레기 분리 배출을 잘 알고 실천하고 있다고 생각합니다. 무심코 버리는 습관화된 행동에 어떤 문제가 있는지 의식하지 못합니다. 그러므로 교사는 사람들이 쓰레기를 어떻게 버리는지 알 수 있는 자료와 교실의 쓰레기통을 활용하여 쓰레기 배출량이 증가하는 이유를 생각해 보고, 자신의 쓰레기 처리 습관을 돌아보게 함으로써 문제의식을 갖도록 합니다. 이를 바탕으로 사람들이 쓰레기를 정확하게 분리 배출하지 않는 이유가 무엇인지를 생각해 보고, 쓰레기와 관련된 오늘의 학습 문제와 범위를 결정하도록 합니다.

본시 수업과 관련된 오개념(오기능) 동기 유발 단계

① 나는 쓰레기 분리 배출 방법을 알고, 분리 배출을 잘하고 있다고 생각한다.
- 자신의 쓰레기 처리 습관을 돌아보게 함으로써 문제의식을 갖도록 한다.

② 쓰레기를 분리 배출했을 때, 나에게 오는 이익이 거의 없다고 생각한다.
- 쓰레기 분리 배출의 효과를 경제적 관점과 환경적 관점에서 설명하여 긍정적 행동 강화를 유도한다.

그림 자료 ① [선생님을 위한 환경이야기 15분](임종길/글 · 그림)에 수록된 삽화 2컷(①, ②)과 [환경부 보도 자료](③, ④, ⑤)를 활용하여 잘못된 분리가 쓰레기 배출량 증가의 주 원인이며, 이것은 엄청난 경제적 손실임을 인지시킨다.

①

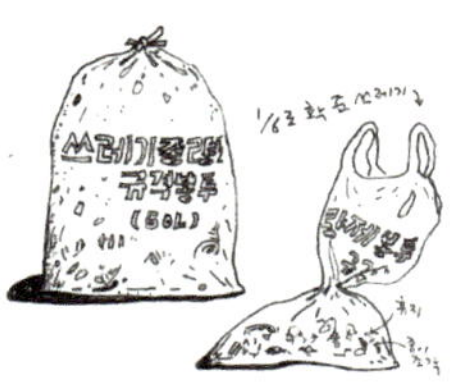

②

③

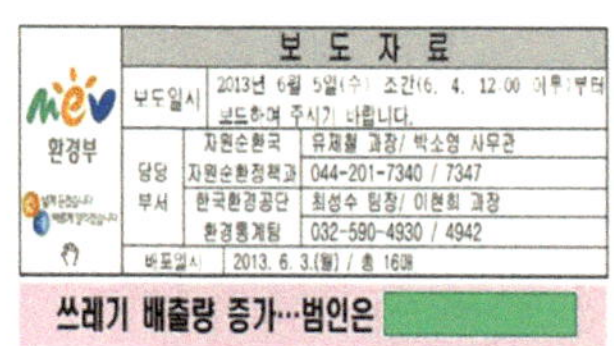

보 도 자 료		
보도일시	2013년 6월 5일(수) 조간(6. 4. 12:00 이후)부터 보도하여 주시기 바랍니다.	
담당 부서	자원순환국 자원순환정책과	유제철 과장/ 박소영 사무관 044-201-7340 / 7347
	한국환경공단 환경통계팀	최성수 팀장/ 이현희 과장 032-590-4930 / 4942
배포일시	2013. 6. 3.(월) / 총 16매	

쓰레기 배출량 증가…범인은

④

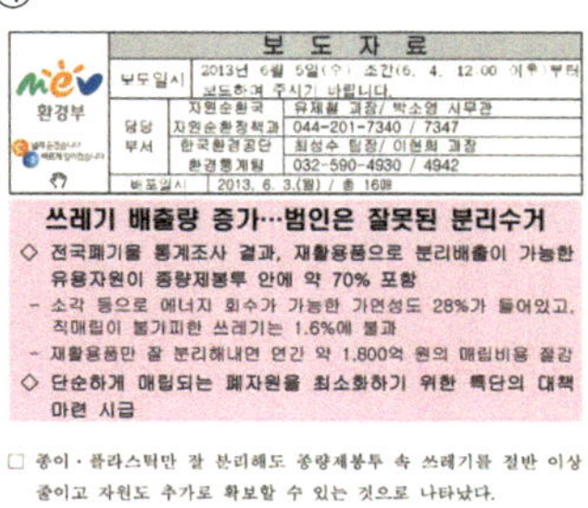

보 도 자 료		
보도일시	2013년 6월 5일(수) 조간(6. 4. 12:00 이후)부터 보도하여 주시기 바랍니다.	
담당 부서	자원순환국 자원순환정책과	유제철 과장/ 박소영 사무관 044-201-7340 / 7347
	한국환경공단 환경통계팀	최성수 팀장/ 이현희 과장 032-590-4930 / 4942
배포일시	2013. 6. 3.(월) / 총 16매	

쓰레기 배출량 증가…범인은 잘못된 분리수거

◇ 전국폐기물 통계조사 결과, 재활용품으로 분리배출이 가능한 유용자원이 종량제봉투 안에 약 70% 포함
- 소각 등으로 에너지 회수가 가능한 가연성도 28%가 들어있고, 직매립이 불가피한 쓰레기는 1.6%에 불과
- 재활용품만 잘 분리해내면 연간 약 1,800억 원의 매립비용 절감

◇ 단순하게 매립되는 폐자원을 최소화하기 위한 특단의 대책 마련 시급

□ 종이 · 플라스틱만 잘 분리해도 종량제봉투 속 쓰레기를 절반 이상 줄이고 자원도 추가로 확보할 수 있는 것으로 나타났다.

⑤

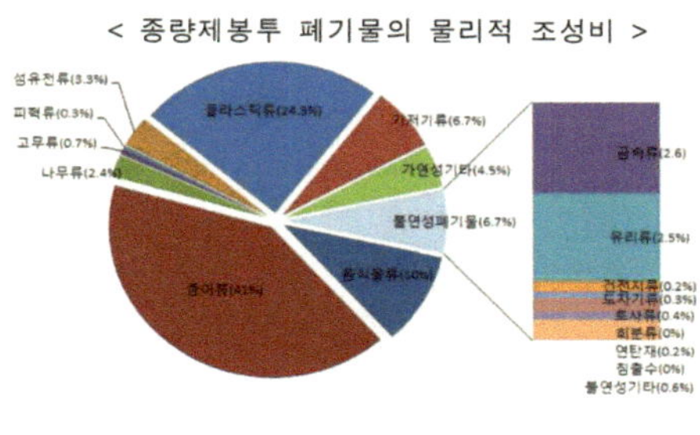

실물 자료 ② 교실 쓰레기 봉투를 실물 자료로 제시하여 스스로 쓰레기를 어떻게 처리하고 있는지 살펴보고, 쓰레기 관련 문제를 파악하도록 하는 것이 필요하다. 이것은 본시 학습 내용인 쓰레기 분리 배출 방법을 익히고, 교실의 쓰레기양을 줄이는 아이디어 생성으로 연결된다.

교실 쓰레기통(종량제 봉투) – 대상 학급은 종량제 봉투를 쓰레기통 안에 끼워 사용

추론, 예시 ①, ②, ③, ④, ⑤ 그림 자료를 통하여 쓰레기 배출량 증가의 이유를 추론해 보고 쓰레기 분리 배출을 해야 하는 이유를 경제적, 환경적으로 어떤 효과가 있는지를 예를 들어 설명한다.

교사 (① 제시) 두 그림을 비교해 보세요. 어떤 그림인가요?

학생 왼쪽 쓰레기 봉투는 꽉 차 있고, 오른쪽은 덜 차 있어요.

학생 오른쪽 쓰레기 봉투가 1/6로 줄었어요.

교사 쓰레기양이 1/6로 확 줄었어요? 무슨 일이 일어난 것일까요?

학생 왼쪽은 아무거나 다 버린 것이고 오른쪽은 분리를 잘 했어요.

학생 종량제 봉투 안에서 재활용 쓰레기를 꺼냈을 것 같아요.

교사 (② 제시) 종량제 봉투에서 재활용품을 골라냈더니 이렇게 줄었대요. 이것은 ○○ 선생님이 근무하는 학교에서 실제 있었던 일이라고 해요. 이 학교만 그럴까요?

교사 (③ 제시) 2013년 6월 5일 환경부 보도 자료에 의하면 쓰레기 배출량이 증가했대요. 무엇 때문일까요?

학생 종량제 쓰레기 봉투 안에 재활용 쓰레기가 들어갔을 것 같아요.

학생 잘못된 분리 배출이요.

교사 (④ 제시) 맞아요. 종량제 봉투에 재활용품의 유용한 자원이 70%나 포함되었대요. 분리수거만 잘 해도 연간 약 1,800억 원이 절감된다고 해요. 자료를 보니까 어떤 생각이 들어요?

학생 쓰레기가 큰돈이 될 수 있다니 놀라워요. 분리 배출만 잘 하면 부자가 되겠어요.

학생 쓰레기 분리를 더 잘 해야겠어요. 엄마에게도 말해야겠어요.

교사 쓰레기를 정확하게 분리하여 배출하는 작은 행동이 모이면 우리나라를 부자로 만들 수 있어요.

교사 (⑤ 제시) 잘못된 분리수거란 무엇을 말하는지 알아봅시다. 종량제 봉투에 어떤 것이 많이 들어갔나요?

학생 종이류가 가장 많고 플라스틱류, 음식물 쓰레기 순이에요.

교사 네. 종이류가 41%나 돼요. 우리가 평생 살면서 나무를 몇 그루나 심을 것 같아요?

학생 거의 안 심을 것 같아요.

교사 나무를 심는 것은 쉬운 일이 아니에요. 대부분은 나무를 심지 않아요. 그러나 나무를 심는 것과 같은 활동에는 적극적으로 참여합니다. 바로 종이를 재활용하는 겁니다. 폐지 1톤이면, 30년 된 나무 17그루를 살릴 수 있다고 해요. 30년이면 여러분이 살아온 날의 2.5배를 더 살아야 해요. 종이를 분리하지 않는다는 것은 나무의 30년 세월을 쓰레기통에 구겨서 버리는 행동과 같아요. 나무가 우리에게 어떤 이익을 줄까요?

학생 맑은 공기를 얻을 수 있어서 숨쉬기가 좋아요.

학생 가뭄과 홍수를 막아 주고 먹을 것을 얻을 수 있어요.

교사 그렇지요. 여러분이 잘 아는 것처럼 나무는 공기청정기, 에어컨이 되어 주지요. 댐의 역할을 해서 홍수나 가뭄을 막아 주어요. 이것보다 더 중요한 사실은 나무는 단순히 나무만을 뜻하지 않아요. 나무를 터전으로 살아가는 다양한 곤충과 새, 야생동물 그리고 나무가 자라는 흙에 의지해서 살아가는 작은 생물들을 모두 의미합니다. 그래서 종이류를 재활용한다는 것은 많은 생명을 구하는 숭고한 일이 되는 겁니다. 자원 절약뿐 아니라 나무를 살리고 지구를 살리고, 결국 자신을 살리는 일이라고 할 수 있어요.

관찰 ➔ 교실의 쓰레기 봉투를 자료로 활용하여 쓰레기 봉투에 어떤 쓰레기가 담겨 있는지 관찰하도록 한다. 교실에서는 어떤 쓰레기가 많이 나오는지, 종량제 봉투에 재활용 쓰레기는 없는지 등을 살펴 스스로 문제를 발견하도록 한다.

교사 (쓰레기통을 보여 주며) 우리 반 쓰레기통은 어떠할까요? 제대로 버렸을까? 무엇이 들어 있는지 살펴봅시다.

교사 **활동** 학생들이 관찰하기 쉽도록 쓰레기통을 뒤집어 쓰레기를 공개한다.

학생 **활동** 쓰레기통에 어떤 종류의 쓰레기가 들어 있는지 관찰한다.

교사 쓰레기를 제대로 버렸나요?

학생 아니에요. 종이와 비닐이 많이 들어 있어요.

교실 쓰레기통

추론 ➔ 교실의 쓰레기통에 비닐과 종이가 많이 들어간 까닭을 추론하여 스스로의 행동을 돌아볼 수 있도록 한다. 학생들의 의견을 칠판에 판서한다.

교사 종량제 쓰레기 봉투에 재활용 쓰레기가 70%나 들어가는 까닭이 무엇일까요? 우리 중에서 서너 명을 제외하고는 분리 배출이 꼭 필요하고 잘 실천한다고 생각하는데 왜 분리 배출이 제대로 안 되는 것일까요?

학생 귀찮아서요.

학생 분리 배출이 복잡하고 어려워요.

교사 분리 배출이 복잡하고 어렵다는 것은 분리 배출 방법을 사람들이 잘 모른다는 뜻인가요? 또 다른 이유가 있을까요?

학생 쓰레기를 분리 배출하는 것이 나한테 어떤 이익이 있는지 몰라요.

교사 중요한 이야기군요. 우리나라는 자원이 부족해서 재활용 쓰레기는 유용한 자원이 될 수 있는데, 사람들이 어떤 이익이 있는지 모른다는 것이지요?

학생 시간이 걸려서 하기 싫어요.

학생 이름이 쓰레기통이라 쓰레기를 다 넣는 것 같아요.

교사 선생님이 생각하지 못한 의견이 나왔어요. 쓰레기는 버리는 모든 것을 말하니까, 쓰레기통이라는 이름을 가졌으니까, 이것저것 그냥 한꺼번에 버린다. 그럴듯해요. 또 다른 의견 있어요?

학생 쓰레기는 더럽고 냄새 난다고 생각해서 그냥 버려요.

교사 그럴 수 있겠군요. '쓰레기' 하면 '더러워', '냄새 나', '번거로워' 하는 생각이 든다면 당연히 싫겠지요. 분리 배출 안 되는 이유에 대하여 덧붙일 사람 있어요?

학생 쓰레기 분리함이 없어서 못한 경우도 있어요.

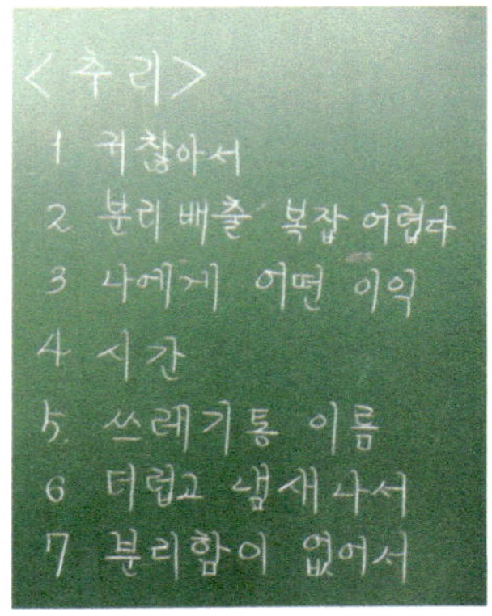

분리 배출 안 되는 이유

수용 ➔ 학습 내용과 학습 목표 설정을 위하여 교사는 학생들의 의견을 칠판에 판서하여 수용한다.

교사 쓰레기 배출량이 늘어나는 것은 잘못된 분리 배출 때문이고 분리 배출이 잘 안되는 이유가 무엇인지 찾아보았어요. 그렇다면 우리가 어떤 공부를 하면 쓰레기 배출량이 줄어들까요?

학생 쓰레기를 어떻게 분리 배출하는지 방법을 알아보아요.

학생 우리 교실의 쓰레기양을 줄이는 방법을 찾아요.

학생 쓰레기를 분리 배출하면 나한테 어떤 이익이 있는지 알아보아요.

학생 쓰레기가 어떻게 재활용되는지, 얼마나 경제적 이익이 있는지 알아보아요.

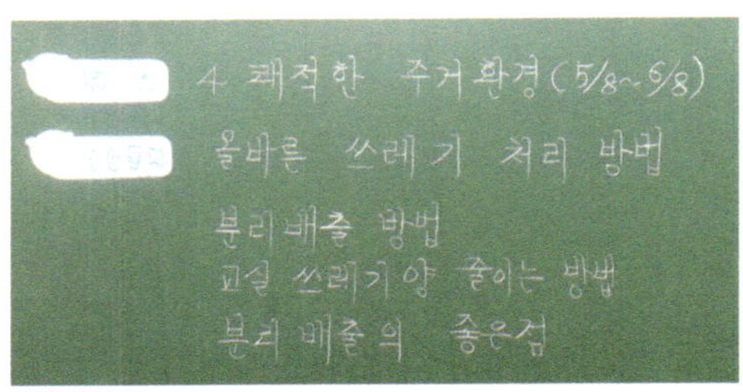

학습 문제와 학습 내용 선정

교사 좋아요. 그럼 오늘 두 시간 동안에는 쓰레기 분리 배출 기본 요령을 알아보고, 교실 쓰레기양을 줄일 수 있는 방법을 찾아보도록 합시다. 나에게 어떤 이익이 되는지는 분리 배출의 필요성 측면에서 생각을 정리하면 어떨까요? 다음 실과 시간에는 재활용을 주제로 재활용의 과정과 가치 그리고 리사이클과 업사이클에 대하여 공부하면 어떨까요?

학생 네. 좋아요.

교사 동의해 주어 고마워요. 쓰레기가 내 눈 앞에서 사라지면 끝인 것처럼 보이지만 쓰레기를 어디에 어떻게 버려야 할지, 내가 버린 쓰레기가 어떻게 처리되는지 관심을 가져야 합니다. 오늘은 그 첫걸음으로 '도전, 낱말퀴즈'와 '쓰레기 분리체험(쓰레기 릴레이)'을 통하여 쓰레기를 제대로 버리는 법을 알아보고, 교실의 쓰레기를 줄이기 위한 아이디어를 제안해 봅시다. 즐거운 학습이 되길 기대합니다.

[지식 습득] 단계에서의 난개념과 교수 처방

자칫 이론적으로 접근하는 경우 쓰레기에 대한 반감으로 역효과가 생길 수 있으므로 즐겁게 학습에 참여하도록 학생의 특성과 수준, 눈높이를 고려해서 지도 계획을 세우는 것이 필요합니다.

본시 수업과 관련된 난개념과 오개념 지식 습득 단계

① 쓰레기 관련 용어에 대한 이해가 부족하다.
- '도전, 낱말퀴즈'를 통하여 쓰레기 처리와 관련된 낱말 11종의 용어를 확인한다.

② 쓰레기 종류에 따른 분리 배출 방법이 까다롭고 복잡하다.
- 마을과 집에서의 경험을 짧은 문장으로 만들어 분리 배출 방법을 익힌다.

③ 재활용 쓰레기의 자원으로서 경제적 가치에 대한 인식이 낮다.
- 실물을 이용하여 쓰레기는 더러운 것이 아니라 자원으로서 가치가 높다는 것을 인식시킨다.

실물 자료 ① 쓰레기 관련 용어에 대한 이해를 돕기 위한 자료이다. 낱말카드는 쓰레기가 발생하지 않도록 재생 가능한 판에 직접 써서 활용한다.

① 낱말카드 11종(쓰레기, 배출, 매립, 소각, 재활용, 재사용, 종량제 봉투, 분리 배출 표시, 대형 폐기물, 위험 폐기물, 음식물 쓰레기)
② 독서대
③ 비닐

놀이 방법 ② 낱말퀴즈 진행 방법이다.

〈도전, 낱말퀴즈〉
- 교실 상황을 고려하여 낱말을 설명할 학생 한두 명을 선정한다.
- 1명이 낱말을 설명하고 전체 학생이 답을 말한다.
- 맞춘 낱말은 칠판에 부착한다.

실물 퀴즈 놀이 방법을 시범 보이면서, 학생이 가지고 있는 '쓰레기는 더럽다'라는 생각 대신에 작은 비닐도 버리면 환경 오염의 원인이 되지만 자원으로 재활용되면 환경적, 경제적 가치가 크다는 것을 알게 한다.

교사 퀴즈 놀이를 하려고 합니다. 어떻게 하는지 시범을 보이겠습니다.

교사 시범 (낱말카드를 보고) [정리 정돈을 하면 많이 생기는 것으로 쓸모없게 되어 버려야 하는 것입니다. 아직 쓸 수 있지만 나에게 필요 없는 물건도 이것으로 부릅니다.]

학생 [쓰레기]입니다.

교사 (낱말카드를 칠판에 붙이며) 정답입니다.
(비닐을 하나 들고) 이것이 쓰레기지요. 그런데 이것이 더러운가요?

학생 아니요. 더럽지 않아요.

교사 그래요. 선생님 눈에는 부자로 만들어 주는 자원으로 보여요. 이런 비닐이 모여 기름이 될 수 있다는 사실, 알고 있어요? '황금구리와 폐비닐 휘발유'라는 주제로 방송된 적이 있었어요. 다음 시간에 영상 자료를 짧게라도 함께 보기로 해요. 쓰레기가 더럽다고 생각하는 것은 쓰레기를 제대로 관리하고 버리지 않았기 때문이에요. 제대로 처리해서 쓰레기는 줄이고, 자원으로 재활용될 수 있도록 하는 것이 이 시간의 목표랍니다.

정의 퀴즈 풀이를 좋아하는 학생의 특성을 반영한 놀이 활동이다. '도전, 낱말퀴즈'를 통하여 학생의 언어로 쓰레기와 관련된 기본 용어를 설명하게 함으로써 학생의 난개념을 파악하여 처방한다.

교사 놀이 방법 이해되었어요? 한 사람이 선생님처럼 낱말카드를 보고 쓰레기와 관련된 낱말을 설명하면 여러분이 정답을 말하면 됩니다. 문제를 설명할 사람? 누가 해 볼까요?

학생 네. 제가 하겠습니다.

교사 좋습니다. 나오세요. 준비되었나요? 시작하세요.

학생 활동 도전, 낱말퀴즈 놀이를 한다.

교사 활동 교사는 학생의 활동 모습을 관찰하고 낱말에 대한 설명이 부족한지 살펴본다.

교사의 시범

'도전, 낱말퀴즈' 놀이

교사 선생님이 기대했던 것보다 훨씬 더 많은 것을 알고 있군요. 수고하였어요.

단서, 예시 낱말퀴즈에서 등장한 용어를 서로 관련 지어 유의미한 글을 만들어 보게 한다. 우리 집에서 하고 있는 분리 배출 방법이나 알고 있는 지식을 활용하도록 격려한다. 쓰레기 처리 지도가 완성되도록 낱말카드와 칠판을 적절히 활용한다.

교사 낱말들을 이용해서 짧은 글을 만들어 봅시다. 집에서 하고 있는 분리 배출 방법 또는 알고 있는 내용으로 만들면 좋겠지요. 선생님이 먼저 해 볼게요.

교사 시범 "쓰레기는 소각, 매립되어 폐기되거나 다시 사용하면 재활용, 재사용될 수 있습니다." 쓰레기가 처리되는 마지막 모습이지요. 할 수 있을까요? 해 봅시다.

학생 소각하는 쓰레기는 종량제 봉투에 담아 버려야 합니다.

교사 잘했어요. 종량제 봉투는 소각용과 매립용 두 가지가 있어요. 주로 소각용 봉투를 사용하지요. 소각용 봉투에 종이, 비닐이 들어가지 않도록 합시다.

학생 대형 폐기물은 스티커를 사서 붙여 배출해야 합니다.

교사 네, 맞아요. 스티커를 붙여야 하지요. 크기에 따라 가격이 달라요. 집에서 세탁기, 냉장고, 컴퓨터 등 새것을 사면 사용하던 것은 어떻게 했어요?

학생 대리점에서 가져갔어요.

학생 "세탁기, 냉장고, 컴퓨터 삽니다.~" 재활용센터에서 가져가기도 합니다.

교사 세 개의 낱말이 남았어요. 문장을 어떻게 만들 수 있을까요?

학생 음식물 쓰레기는 전용 봉투에 담아 배출합니다.

교사 설명 8kg 크기의 수박을 샀는데 껍질이 3kg이나 되는 겁니다. 어떻게 알았냐고요? 선생님 집에서는 전용 봉투 대신 RFID 방식의 전용 카드가 있어야 버릴 수 있어요. 카드를 대면 ○○○동 ○○○호 하고 소리가 나고 화면에 쓰레기의 무게가 표시됩니다. 여기는 어떻게 버리지요?

학생 우리 아파트에서도 카드를 사용해요.

교사 네. 음식물 쓰레기도 버릴 때 돈이 들어요. 쓰레기를 만드는 만큼 처리 비용을 부담하라는 의미지요. 낱말을 이용한 글을 계속 만들어 볼게요.

학생 위험 폐기물은 따로 모아 지정된 곳에 배출합니다.

교사 건전지나 형광등이 위험 폐기물인데 왜 위험할까요?

학생 수은 같은 중금속이 들어 있어 환경을 오염시킨다고 들었어요.

교사 **설명▶** 수은이라는 금속 이름을 알고 있네요. 형광등에는 토끼 한 마리가 죽을 만큼의 수은이 들어있대요. 납 중독, 수은 중독이라는 말을 들어 본 적이 있을 겁니다. 수은에 중독되면 미나마타병이라는 것이 생겨요. 건전지에도 여러 가지 중금속이 들어 있어서 흙이나 물을 오염시켜요. 이것이 농산물, 어패류 등을 통해서 다시 우리 몸으로 돌아오기 때문에 꼭 회수되어야 해요.

교사 집에서 먹다 남은 감기약 같은 의약품은 어떻게 버리나요?

학생 쓰레기통에 버려요.

학생 약국에 가져다줘요.

교사 **설명▶** 일반적으로 쓰레기통에 버리거나 물약은 하수도나 변기에 슬쩍 버리는 경우가 많아요. 의약품에 항생물질이 들어 있어서 아주 위험해요. 약국에 있는 폐의약품 수거함에 넣어 주세요. 선생님이 5, 6살 때인가 병원놀이를 하다가 쥐약을 먹은 적이 있어요. 약을 아무 곳에 두게 되면 위험하답니다. 꼭 기억해 주세요.

교사 분리 배출 표시가 남았네요. 이 낱말을 넣어서 짧은 글을 만들어 보세요.

학생 쓰레기를 분리 배출할 때는 분리 배출 표시를 확인합니다.

교사 오우, 좋아요. 분리 배출 표시를 확인하면 헷갈릴 때 좋겠지요. 질문이 있거나 덧붙이고 싶은 의견 있어요?

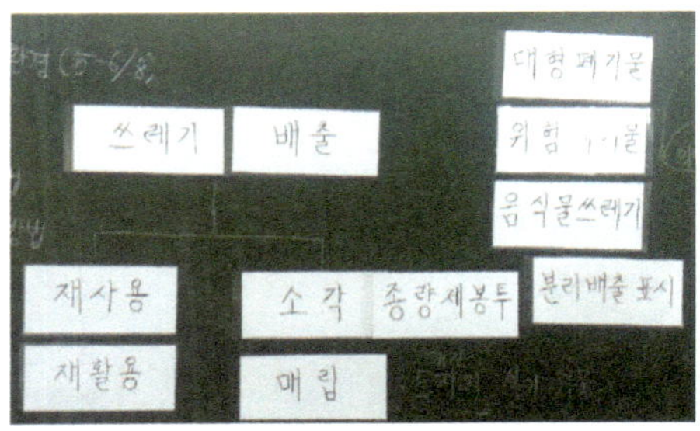

쓰레기 처리 지도

교사 **설명▶** 사는 곳에 따라 쓰레기를 분리 배출하는 방법이 같지 않아요. 선생님이 사는 곳에서는 화요일 저녁 7시부터 수요일 오전 10까지만 재활용품을 배출해요. 건전지와 형광등, 옷, 음식물 쓰레기는 수거함이 비치되어 있어서 언제든지 배출할 수 있어요. 여러분 집에서는 어떻게 버리나요? 교과서 66쪽 조사활동 내용을 보고 짝에게 이야기 들려주세요.

학생 **활동▶** 쓰레기 배출 방법을 서로 이야기한다.

[기능 습득] 단계에서의 오기능과 교수 처방

실과는 직접 경험이 중요합니다. 쓰레기에 대하여 부정적인 이미지를 가지고 있는 학생도 있을 수 있으므로 학습자 수준에 맞는 놀이를 개발하여 학습에 즐겁게 참여할 수 있도록 하는 것이 필요합니다.

본시 수업과 관련된 오기능 기능 습득 단계

① 재활용 쓰레기를 세분화하여 분리할 때 잘못 알고 있는 부분이 있다.
- 재활용 쓰레기 모둠 릴레이 놀이를 하면서 기존 지식을 바탕으로 1차 분류하고, 분리 배출 요령표를 확인하며 2차 분류하여 오기능 부분을 수정하도록 한다.

실물 자료 ① 재활용 쓰레기 분리 배출 체험을 위해 3~5일 정도 쓰레기를 자루에 모아 준비한다.

① 교실에서 나온 재활용 쓰레기와 오기능을 보이는 의도적인 쓰레기 준비(스케치북이나 종합장, 내용물이 세척되지 않은 유리병, 용기와 뚜껑이 다른 병, 비닐 상표로 부착된 페트병, 철과 플라스틱이 섞인 샤프펜슬, 테이프가 붙은 종이, 코팅된 광고지 등)

② 쓰레기 분리 배출함

그림 자료 ② 재활용 쓰레기 릴레이를 마치고 쓰레기 분리 배출 방법을 제공하여 스스로 분리한 상태를 점검하고 보완하도록 한다.

'가정에서의 쓰레기 이렇게 분리 배출합니다.' 배출 요령 모둠별 1장

놀이 방법 ③ 〈재활용 쓰레기 모둠 릴레이 놀이〉
- 쓰레기 분리수거함을 모둠별로 정하여 하나씩 가져간다.
- 아이엠그라운드 4박자에 맞추어 담당하는 재활용 쓰레기를 소개한다.
- 한 명씩 쓰레기더미에 가서 해당 쓰레기를 가져온다.
- 릴레이로 진행하여 부딪히지 않도록 안전에 유의한다.

과제 재활용 쓰레기 모둠 릴레이 놀이를 통하여 재활용 쓰레기 분리 방법을 얼마나 알고 있는지 스스로 발견하고, 도전하도록 한다. 이 과정을 통하여 상호 존중 및 수용의 자세를 학습하도록 한다.

교사 재활용 쓰레기 모둠 릴레이를 놀이로 해 봅시다. 〈종이류, 병류, 플라스틱류, 캔류, 비닐류, 소각매립용〉 모둠장 나와서 플라스틱함을 하나씩 가져가세요.

학생 **활동** 모둠별로 플라스틱함 한 개씩을 가져간다.

교사 아이엠그라운드 4박자에 맞추어 각 모둠이 맡은 재활용 쓰레기를 소개하겠습니다.

학생 **활동** 아이엠그라운드 모둠 소개하기! 종이류, 병류, 플라스틱류, 캔류, 비닐류, 소각매립용.

교사 놀이 방법은 신호에 맞추어 각 모둠이 맡은 재활용품을 가져옵니다. 종이 모둠이라면 종이만 가져가면 돼요. 종이가 아닌데 가져왔어요? 다음 주자가 다시 가져다 놓으세요. 릴레이 경기이므로 한 사람이 나와서 조금씩 가져가고 자리로 완전히 돌아오면 다음 주자가 나가서 계속 가져오는 릴레이 방식입니다. 질문 있어요? 제한시간 3분이면 될까요?

학생 5분 주세요.

교사 좋습니다. 5분 드립니다. 친구와 부딪히지 않도록 안전하게 활동하세요. 준비, 시작!

학생 활동 재활용 쓰레기 릴레이 놀이에 즐겁게 참가한다.

교사 활동 교사는 학생의 활동 모습을 관찰하고 안전하게 놀이하도록 격려한다.

재활용 쓰레기 릴레이 놀이 전

재활용 쓰레기 릴레이 놀이 중

단서 재활용 쓰레기의 분리 배출 방법을 얼마나 알고 있는지 스스로 평가하고, 잘못 알고 있는 점을 찾아 수정할 수 있도록 단서로서 쓰레기 분리 배출 요령을 제공하여 협의 시간을 준다. 평소 잘못된 습관이 무엇인지 인식하도록 격려한다.

교사 자리 정리하고 앉아 주세요. 분리해 보니 어떤 어려운 점이 있었나요?

학생 스프링이 달린 노트는 어떻게 분리할지 모르겠어요.

학생 물로 깨끗이 헹구지 않아서 손이 찐득거려 기분 나빴어요.

교사 쓰레기는 더럽다는 생각을 하게 만드는 이유가 바로 이런 경우가 아닐까요? 손이 찐득거리고 냄새가 나는 이유는 무엇일까요?

학생 씻어서 버려야 하는데 그냥 버려서 그래요.

교사 배출을 할 때, 오물이 묻어 있는 것은 재활용이 안 됩니다. 많은 사람들이 그냥 버려요. 그리고 쓰레기는 더럽다고 생각하지요. (분리 배출 요령을 배부하며) 어떻게 버리는 것이 잘 버리는 것인지, 우리는 제대로 분리했는지 확인하겠습니다. 분리 배출 요령표를 보고 분리가 제대로 되었는지 확

재활용 쓰레기 다시 분리

인하고 잘 안 된 점은 다시 분리해 주세요. 3분 줄게요. 다른 모둠에게 주어야 하는 쓰레기는 직접 가져다주세요.

학생 **활동▶** 재활용 쓰레기 분리 배출 방법을 토대로 모둠 협의를 거쳐 확인한다.

교사 **활동▶** 교사는 학생의 활동 모습을 관찰하면서 오기능을 점검하고 확인한다.

발표 ➡ 재활용 쓰레기를 분리 배출하면서 어려웠던 점이나 잘못 알고 있었던 점 등을 발표하고 공유한다.

교사 활동 결과를 발표해 봅시다. 잘못 알고 있었던 점이나 분리할 때 어려웠던 점을 중심으로 발표해 주세요.

학생 음료수병 뚜껑을 철로 분리해서 버려야 한다는 것을 새롭게 알게 되었어요.

학생 플라스틱 상표에 종이나 비닐로 된 것을 분리해서 버려야 하는 것을 알게 되었어요.

학생 두 개로 되어 있는 것은 잘 떼어지지 않는 것이 있어서 불편했어요. 만들 때 잘 분리되도록 끝만 살짝 붙여 주면 좋겠어요.

교사 좋은 의견이에요. 음료수 만드는 회사에 제안하는 글을 쓰면 좋겠네요. 접착제도 덜 사용하고 분리도 쉽게 하고 일석이조에요.

학생 코팅된 종이도 재활용이 안 된다고 하는데, 꼭 종이를 코팅해야 하나 하는 생각이 들었어요. 재생용 공책처럼 코팅하지 않으면 훨씬 많이 절약될 것 같아요.

교사 그러네요. 왜 코팅된 종이를 사용하는지, 코팅되지 않은 일반 종이로 만들었을 때 어떤 문제가 있는지를 조사해 보고 개선안을 찾아보면 좋겠어요. 지금 활동에 대하여 덧붙일 의견 있나요? 질문도 좋아요.

학생 캔류는 꼭지를 캔 안으로 넣어서 버리는 것이 잃어버리지 않는 방법이에요. 잘 헹구어 버려야겠다는 생각을 했어요.

교사 일반적으로 알루미늄은 조금 더 비싼 자원이에요. 잃어버리지 않으려면 캔 안에 넣는 방법이 유용하겠네요. 좋은 의견입니다.

학생 플라스틱이나 캔류 등은 부피를 줄이기 위해 발로 밟아서 납작하게 만들어야 하는데 그렇게 하지 않았어요.

교사 부피를 줄이는 방법도 쓰레기양을 줄이는 방법 중 하나가 되겠지요.

[실생활 적용] 단계에서의 난기능과 교수 처방

교실 종량제 봉투에도 비닐류과 종이류가 상당히 많이 들어 있습니다. 이 문제를 해결하기 위하여 브레인스토밍 방법으로 아이디어를 제안하고, 충분한 협의 과정을 통하여 1차 아이디어 평가를 한 후 학급자치회와 연계하여 회의 안건으로 상정하도록 합니다. 이를 통하여 대화와 타협의 민주적 의사결정 과정을 간접적으로 체험할 수 있도록 합니다.

본시 수업과 관련된 난기능 실생활 적용 단계

① 문제 파악, 문제 정의, 해결 방법 모색 등 일련의 문제 해결 과정을 어려워한다.
 – 종량제 봉투에 재활용 쓰레기가 들어가지 않는 방법을 제안하고 평가한다.

자료 ① 문제 해결을 위한 방법을 기록하고 아이디어를 모아 평가한다.
– 포스트잇 개인별 1장 이상, 스티커 개인당 3장, 모둠별 A4 1장

활동 방법 ② 문제 해결 아이디어를 제안하고, 협의 후 평가하고, 모아진 의견을 분류, 정리하여 구체적 실행 계획에 대한 협의는 학급자치회와 연계한다.

① 개인별 해결 방안을 1개 이상 포스트잇에 기록한다.
② 모둠에서 의견을 기록한 포스트잇을 한 장의 종이에 붙인다.
③ 개인별로 스티커 3장을 가지고 평가한다.
 – 가장 좋은 의견이라고 생각되는 것에 스티커 2장을 붙이고, 그 다음 의견에 1장을 붙인다.

메모 동기 유발에서 문제로 파악한 교실 쓰레기 문제를 해결하기 위한 방안을 탐구하는 것이다. 교실 종량제 봉투에 종이류, 비닐류가 들어가지 않도록 하기 위하여 브레인스토밍 방식으로 각자의 아이디어를 1개 이상 생각하여 포스트잇에 기록한다.

교사 지금까지 쓰레기에 따라 분리 배출 방법을 익히고, 재활용 쓰레기를 직접 분리해 봤어요. 이것을 왜 공부하게 되었는지 되돌려 생각해 봅시다. 쓰레기 발생량이 증가했던 이유를 기억하나요?

학생 네. 종량제 봉투에 재활용 쓰레기가 많이 들어갔어요.

교사 잘 알고 있군요. 교실 쓰레기통에도 종이와 비닐이 많이 들어가서 쓰레기 봉투가 낭비되었어요. 이 문제가 해결되었을 때의 쓰레기통 모습은 어떠한가요?

학생 소각용 쓰레기만 들어가서 쓰레기양이 적고, 쓰레기 봉투를 적게 사용해요.

학생 종이나 비닐이 쓰레기통에 안 들어가고 재활용돼요.

교사 분리 배출이 안 되는 원인으로 7가지 추리 내용을 살펴보면서 교실 쓰레기양을 줄일 수 있는 방법을 찾아 포스트잇에 기록해 주세요.

문제 해결 방법 제안하기

학생 활동 각자 문제 해결 방법을 포스트잇에 작성한다.

교사 활동 문제 이해에 어려움을 보이는 학생이 있는지 순시하며 확인하고 지원한다.

발표 모둠원에게 자신이 제안하는 방법을 이유를 들어 설명하게 한다. 교사는 개인의 의견이 무시되지 않도록 서로의 의견을 존중하고 경청과 수용의 자세로 학습에 참여하도록 격려한다. 시간을 충분히 부여하는 것이 필요하다.

교사 포스트잇에 기록한 아이디어를 모둠 친구에게 자세히 설명하고 A4 종이에 붙여 주세요. 친구가 설명할 때 질문이 있으면 질문도 하고 덧붙이고 싶은 의견을 주어 보완하여 새로운 의견을 만들면 더욱 좋습니다. 단, 의견에 대하여 비난이나 비판은 하지 않습니다.

학생 활동 아이디어에 대한 서로의 의견을 주고받는다.

교사 활동 경청과 수용에 대한 학생 태도를 중심으로 모둠 활동을 확인하고 지원한다.

평가 스티커 세 장을 활용하여 아이디어를 평가한다. 각자 두 개의 의견을 선정하여 가장 좋은 의견에 스티커 2장, 나머지에 1장을 붙인다. 의사결정 과정에 모든 학생이 참여하도록 하여 실천으로 연결될 수 있도록 한다.

교사 충분한 토의가 되었으면 문제 해결 아이디어를 평가하겠습니다. 개인별로 세 장의 스티커를 갖습니다. 문제 해결 방안으로 적당한 것 두 개를 골라 가장 좋은 의견에 스티커 2장을, 나머지에 1장을 붙여 주세요.

문제 해결 방법 평가하기

학생 활동 각각의 아이디어에 대하여 개인별로 평가한다.

교사 활동 활동을 마친 모둠은 아이디어 모음판을 칠판에 붙이도록 한다.

과제 합리적인 해결 방안을 모색하기 위한 과정으로서 학급자치회와 연계하여 임원을 중심으로 1차 평가된 의견을 분류 정리하도록 한다.

교사 학급자치회 임원회에서는 1차 평가한 의견을 분류하고 정리하여 학급회의 시간에 협의할 수 있도록 안건으로 상정하여 주시기 바랍니다.

분류하기

제목 붙이기

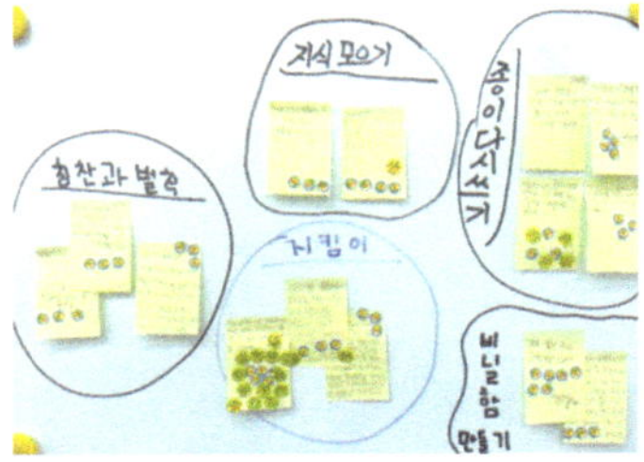
협의 안건 준비하기

[정리] 단계에서의 난기능과 교수 처방

쓰레기 문제의 심각성을 깨닫고 우리의 실천적 행동만이 문제를 해결할 수 있음을 강조하여 쓰레기에 대한 지속적인 관심과 실천을 유도합니다.

본시 수업과 관련된 난기능 정리 단계

① 쓰레기 분리 배출 방법을 안다고 해도 실천하고 습관화하기가 어렵다.
- 쓰레기의 잘못된 처리로 생기는 문제의 심각성을 통하여 분리 배출의 필요성을 인식시키고, 우리의 실행 의지가 해답임을 알게 하는 것이 필요하다. 지속적인 교사의 관심과 지도가 필요한 부분이다.

영상 자료 ① 지식채널 '플라스틱 아일랜드'를 보고 잘못된 쓰레기 처리가 환경에 미치는 영향과 그것을 처리하는 비용이 훨씬 크다는 것을 경제적, 환경적, 사회적 관점에서 이해하도록 한다.

- 지식채널 '플라스틱 아일랜드'

매체 쓰레기 매립지 용량 초과로 바다에 쓰레기를 불법 투기함으로써 지구의 25%를 절대 내려가지 않는 변기로 만들어 버린 영상 자료를 통하여 쓰레기가 환경적, 경제적, 사회적으로 왜 문제가 되는지 그 심각성을 알게 한다. 쓰레기 분리 배출이라는 약간의 수고로움이 얼마나 큰 영향으로 되돌아오는지를 이해할 수 있도록 한다.

교사 쓰레기 분리 배출 체험 활동에 진지하게 참여하는 것을 보면서 선생님이 흐뭇했습니다. 오늘 우리의 학습 활동이 어떤 의미가 있는지 나누려고 영상 자료를 준비했어요. 제목이 '플라스틱 아일랜드'입니다. 어떤 내용인지 상상해서 말해 보세요.

학생 버려지는 다양한 플라스틱을 이용해서 섬을 만들었을 것 같아요.

학생 플라스틱 쓰레기가 섬처럼 쌓여 있을 것 같아요.

교사 어떤 내용인지 다 함께 봅시다.

학생 활동 영상 자료를 시청한다.

교사 활동 자료의 핵심 부분과 강조되어야 하는 부분을 교사가 직접 읽어 주고 부연 설명하여 쓰레기 문제를 경제적, 환경적, 사회적 관점으로 접근하도록 유도한다.

교사 어떤 장면이 가장 인상적이었는지 이야기해 봅시다.

학생 새가 플라스틱을 모이로 착각해서 먹고 죽은 장면이 안타까웠어요.

교사 설명 선생님도 안타까워요. 함부로 버린 플라스틱이 새를 죽게 하고, 바다에 사는 많은 생물들에게 피해를 줍니다. 그 바다 생물을 우리가 먹게 되고요. 마치 부메랑처럼 자연에게 준 피해는 고스란히 우리에게 돌아옵니다. 종이의 재활용과 30살 된 나무의 관계와 같은 경우지요. 또 어느 장면이 기억에 남나요?

학생 바다의 쓰레기를 청소하는 사람이 있다는 것이 다행스러웠어요.

교사 설명 아름다운 사람의 모습을 찾아 주었어요. 쓰레기를 버리는 것도 사람이지만, 쓰레기를 수거하는 고마운 손도 있어요. 결국 해답은 사람인 셈이지요. 쓰레기통에 마구 뒤섞여 있는 것을 분리할 때 더럽다는 생각이 드는 것처럼 오염된 것을 처리하려면 훨씬 많은 노력과 돈이 필요하답니다. 나 먼저, 우리 먼저 실천할 수 있는 우리가 되었으면 좋겠어요. 또 의견 있어요?

학생 우리나라가 가장 많은 폐기물을 바다에 버렸다는 것이 부끄러웠어요.

교사 선생님은 우리나라 사람들이 참 자랑스러워요. 그런데 동전의 양면처럼 부끄러운 일도 많이 합니다. 이제는 쓰레기를 바다에 버리는 것이 금지되었어요. 바다가 오염되면 누가 가장 피해를 볼까요?

학생 바다에서 물고기 잡는 사람이요.

교사 설명 네. 물고기 잡는 사람을 포함해서 원양어업, 양식업, 염전, 관광업 등에 종사하는 사람들 즉 바다를 터전으로 살아가는 사람들이 1차 피해를 보겠지요. 실제로 우리나라 사람들이 자주 가는 신혼여행지 중 하나가 몰디브에요. 이 나라는 관광지로 개발된 곳은 아름답지만 섬 뒤쪽으로 돌아가면 관광지에서 나온 수많은 쓰레기로 원주민들이 고통받는다고 해요. 나뿐 아니라 나의 잘못된 행동으로 피해를 보는 사람이 있는지 돌아보는 자세가 필요하다는 생각을 합니다. 우리가 만든 쓰레기, 관심을 가지고 철저히 분리 배출하려는 자세가 중요하겠지요?

교사 인간과 동물이 다른 점이 무엇일까요?

학생 인간만 쓰레기를 만들어요.

학생 인간은 분리수거를 할 수 있어요.

교사 설명 그래요. 자연에는 쓰레기라는 말이 없습니다. 동물은 쓰레기를 만들지 않지요. 사람이 만들어요. 그러나 분리수거도 사람만 할 수 있습니다. 캔, 플라스틱, 유리병, 종이 등 4대 폐자원 재활용률이 1% 높아질 경우 연간 639억 원의 외화가 절감된다고 합니다.

교사 쓰레기 문제가 나에게 어떤 영향을 미치는지 생각해 보고 알.깨.적.으로 정리해 봅시다. 학습하면서 알게 된 점이나 깨달은 점을 기록하고 그래서 이것만은 꼭 실천하고 적용해 보겠습니다 하는 내용을 배움공책에 적어 주세요.

학생 활동 쓰레기 문제가 나에게 어떤 영향을 미치는지 환경적, 경제적, 사회적 관점에서 생각하며 알.깨.적.으로 정리한다.

교사 정리한 내용을 발표해 봅시다.

학생 분리 배출 방법을 잘 알았어요. 앞으로는 비닐을 잘 분리하겠어요.

학생 새가 죽지 않도록 내가 만든 쓰레기에 대하여 책임지고 분리 배출을 하겠어요.

교사 선생님은 여러분을 믿어요. 우리 반 종량제 봉투 안에 재활용 쓰레기가 40%에서 20%로 줄다가 전혀 찾아볼 수 없을 것이라고 확신합니다. 다음 시간에는 쓰레기가 어떻게 재활용되는지 알아보고 리사이클과 업사이클에 대한 사회의 변화와 재활용품을 활용한 나만의 수경화분 만들기를 하겠습니다. 수고 많았어요.

06

지도 유의점

이 학습 내용을 지도할 때 고려해야 할 유의점은 무엇인가?

이 제재는 쓰레기 분리 배출 활동을 통해 올바른 쓰레기 처리 방법을 알고 교실의 쓰레기를 줄이기 위한 방법을 모색하는 데 주안점이 있습니다. 이 수업에서는 쓰레기의 처리 방법에 대한 기능 습득에 그치는 것이 아니라 환경적, 사회적, 경제적 관점에서 접근하여 지속가능한 생활 태도를 기를 수 있도록 하는 것이 중요합니다. 학생의 발달 수준과 교사의 수업 전문성 수준에서 고려해야 할 유의점을 살펴봅니다.

학생의 발달 수준에 따른 학습 활동

본시 수업과 관련한 학생의 발달 수준을 고려하기 위해서는 학생들이 쓰레기를 어떻게 처리하는지 실천 태도와 쓰레기에 대한 인식이 어떻게 형성되어 있는지 확인하는 것이 필요합니다. 전시 학습 단계와 동기 유발 단계에서 쓰레기 처리의 문제를 생활 속에서 스스로 발견할 수 있도록 자료를 제공하고, 이것을 해결하기 위한 방법으로 수업 내용을 학생과 함께 선정하여 진행하는 것이 좋습니다.

또한 분리 배출 방법을 학습할 때, 쓰레기에 대하여 더럽다는 생각과 분리 배출 자체가 귀찮은 일이라는 부정적 이미지가 큰 경우에 이론적으로 접근하게 되면 쓰레기에 대한 반감으로 역효과가 생길 수 있습니다. 그러므로 학생들의 강점 지능을 이용하거나 평소에 좋아하는 학습 방법을 활용하는 학습 전략을 세우는 것이 좋습니다. 학습에 즐겁게 참여하도록 학생의 특성과 수준, 눈높이를 고려해서 지도 계획을 세우면 '쓰레기가 더럽고 귀찮다'라는 생각 대신 꼭 필요한 자원이라는 긍정적 분위기 형성에 도움이 될 것입니다.

이 차시에서는 놀고 즐기면서 스스로 오류를 발견하고 평소의 의식을 점검해 볼 수 있도록 학습 활동을 구성하였으며 이를 위하여 책상대형을 마제형으로 만들어 가운데에 활동 공간을 마련하였습니다.

수업 전문성 수준에 따른 학습 내용

대부분의 교사들은 교과서와 교사용 지도서의 단원과 학습 활동이 제시되어 있는 대로 수업을 합니다. 교과서의 내용과 방법은 하나의 예시자료일 뿐입니다. 성취 기준을 바탕으로 하여 더 실제적이고 적용 가능한 활동과 내용을 찾는 것은 수업 전문과 교육과정 전문가로서의 몫이라고 볼 수 있습니다. 지역과 학교와 학생의 실태를 분석해서 활동 수준을 높이거나 낮추는 것은 교사만이 할 수 있는 일입니다.

이 차시에서는 '도전, 낱말퀴즈'를 통하여 쓰레기와 관련된 기초 용어를 이해하고, 낱말을 활용하여 분리 배출과 관련된 말놀이를 만들어 봄으로써 분리 배출의 기본 상식을 익히도록 하였습니다. 이 활동은 우리 집과 마을에서 분리 배출이 어떻게 이루어지는지 경험과 조사 내용을 토대로 이루어집니다. 또한 쓰레기 릴레이 놀이를 통하여 분리 배출 체험을 해 보고, 무엇을 잘못 알고 있었는지 분리 배출 요령을 단서로 스스로 잘못하고 있었던 점을 인식하도록 하였습니다. 기본적인 개념과 실습으로 쓰레기 처리 방법을 인지한 후 교실의 쓰레기 문제를 해결할 수 있는 아이디어로 연결하여 생활에 적용할 수 있도록 합니다. 이때 자신이 제안한 아이디어에 대한 충분한 설명과 토의가 이루어지도록 하여 민주적 의사결정 과정에 모든 학생이 참여하는 것은 매우 중요한 의미가 있음을 학습할 수 있도록 합니다.

실과는 실천적 학문이기 때문에 통합적, 총제적 접근이 필요하며, 지속가능한 생활 태도가 중요하므로 영상 자료와 실물 자료 등을 활용하여 학생과 교사 등의 상호작용으로 쓰레기 문제를 환경적 측면으로 한정하지 않고, 경제적, 사회적 관점에서도 바라볼 수 있도록 의식의 변화를 꾀하는 것이 필요합니다.

07

학생 평가

이 학습 내용에 대한 학생들의 이해도나 어려움을 평가하는 방법은 무엇인가?

평가는 실과과 목표를 달성하기 위한 종합적인 평가를 지향합니다. 평가의 타당성을 높이기 위해서 각 영역의 내용을 포괄적이고 균형 있게 다루어야 합니다. 이를 위하여 학생의 생활에서 실천되는 제반 활동을 점검하고 판단하는 모든 과정으로서 평가가 이루어져야 하며, 학생이 학습 활동을 수행하는 과정이나 결과를 보고 교사가 그 학생의 실과에 대한 이해, 기능, 태도 등에 대해 종합적으로 판단하는 평가 방식이 되어야 합니다.

평가는 학습의 순환적 과정의 일부가 되어야 합니다. 학생의 평가를 통하여 학생들은 자신의 장단점을 진단하고 이를 보완할 수 있는 학습 계획을 수립할 수 있으며, 교사는 자신의 교수 방법의 효과와 효율성을 진단할 수 있습니다.

교실 쓰레기 문제 해결 아이디어를 제안할 수 있는가?(지식 영역)

- **평가 시기:** 배움 활동 중
- **평가 방법:** 서술 평가
- **평가자:** 학생 상호 평가

'교실의 쓰레기 문제 해결 아이디어를 제안할 수 있는가?'에 대한 평가는 배움 활동 중 실시하며, 포스트잇에 각자의 아이디어를 기술하는 방법으로 이루어집니다. 브레인스토밍 방식으로 제안한 각자의 아이디어에 대하여 충분한 설명과 토의 과정을 거쳐 스티커를 활용하여 모둠 단위의 상호 평가를 실시합니다.

쓰레기를 올바르게 분리 배출하는가?(기능 영역)

- **평가 시기:** 배움 활동 중
- **평가 방법:** 관찰 평가
- **평가자:** 교사 평가

쓰레기 분리 배출의 방법을 정확히 인지하고 있는지 관찰 평가를 합니다. 배움 활동 중 쓰레기 릴레이 놀이 활동을 할 때에 교사는 각 모둠의 활동 상황을 관찰하여 평가합니다. 올바른 쓰레기 분리를 위해서는 재활용 쓰레기의 분리 배출에 대한 기초 이해가 필요하므로 기능뿐 아니라 기초 개념에 대한 평가가 동시에 이루어질 수 있습니다.

쓰레기를 줄이고 자원을 재활용하여 환경을 보호하려는 태도를 가지고 있는가?(정의적 영역)

쓰레기 생산을 줄이고, 쓰레기를 분리 배출하여 자원으로 활용될 수 있도록 함으로써 환경적, 경제적, 사회적 관점에서의 쓰레기 처리 태도를 평가하는 정의적 영역의 평가는 과정적 특성이 중요합니다. 쓰레기를 대하는 태도와 지속적으로 쓰레기를 분리 배출하려는 실천 의지 및 쓰레기를 적게 만드는 지속가능한 생활 방식 등을 포함하여 포괄적으로 다루어져야 하기 때문입니다.

이 영역의 평가에서는 쓰레기에 대한 전반적 태도나 생각의 변화를 평가하도록 하는 것이 좋습니다.

여기서 잠깐!

평가 내용에 추가할 내용이 있다면 적어 보세요.

PCK 본시 교수·학습 과정안

실과 4 쾌적한 주거 환경(5~6/8)

실과과 PCK 수업 설계

학습 내용

- ■ **교과:** 실과
- ■ **학년-학기:** 5-1
- ■ **단원:** 4. 쾌적한 주거 환경
- ■ **차시:** 5/8~6/8
- ■ **학습 목표:** 쓰레기의 올바른 처리 방법 알기

학습 필요

- ■ **수업 의도:** 쓰레기를 어떻게 처리하는 것이 지속가능한 생활을 위한 지구 시민으로서 책임 있는 행동인지 판단할 수 있도록 하는 것이 중요하다. 이를 위하여 교실의 쓰레기 처리의 문제 발견에서 출발하여 쓰레기 분리 배출 요령을 익히며, 문제 해결 아이디어를 제안하고 평가한다.

교수 처방

〈배움 전략〉

□ 설명 – 비유
■ 설명 – 예시
■ 설명 – 그림
■ 설명 – 정의
■ 설명 – 실물
■ 설명 – 비교
□ 설명 – 대조
■ 시범 ■ 관찰
□ 서사 ■ 탐구
■ 발문 ■ 추론
■ 단서 □ 조작
□ 연습 ■ 요약
■ 과제 ■ 메모
■ 매체 ■ 발표

〈배움 원리〉

□ 공감 – 신뢰
■ 공감 – 수용
■ 공감 – 존중
■ 공감 – 격려
■ 공감 – 표현
□ 지원 – 개발
■ 지원 – 도전
■ 지원 – 참여
■ 지원 – 연결
■ 지원 – 반성

학생 평가

- ■ **교실 쓰레기 문제 해결 방법 제안하기:** 산출물, 상호 평가
- ■ **쓰레기 분리 배출 기능:** 관찰 평가, 교사
- ■ **쓰레기 환경 보호 태도:** 관찰 평가, 교사, 학생

학습 흐름

1. 도전, 쓰레기 낱말퀴즈
- ■ 쓰레기 관련 용어 및 쓰레기 분리 배출 방법 익히기

2. 재활용 쓰레기 모둠 릴레이
- ■ 재활용 쓰레기 분리 체험하기

3. 문제 해결 방법 탐구하기
- ■ 교실 쓰레기 줄이는 방법을 제안하고 평가하기

학생 진단

■ **난개념**

(1) 쓰레기 분리 배출 실천 및 습관화
(2) 종류에 따른 분리 배출 방법 및 쓰레기 관련 용어에 대한 이해 부족
(3) 문제 해결 방법 탐구 과정에 대한 어려움

■ **오개념**

(1) 쓰레기 처리 태도 및 쓰레기의 경제적 가치에 대한 인식 부족
(2) 복합 재료로 된 재활용 쓰레기를 정확히 분리하지 못함

학생 배움중심의 수업 설계 개요

교과	실과(5학년 1학기)	단원(차시)	4. 쾌적한 주거 환경(5~6/8)
학습 목표	올바른 쓰레기 처리 방법을 알고 교실의 쓰레기를 줄이는 아이디어를 제안할 수 있다		

단계 (시량)	학습 과정	교수 · 학습 활동	배움중심 PCK 전략			자료(★) 및 유의점(※)
			배움 주춤	배움 전략	배움 원리	
탐색 및 문제 파악 (13′)	전시 학습 상기 동기 유발 학습 문제 확인	• **전시 학습 상기** – 정리 정돈과 청소의 실천 상황 확인 • **쓰레기 문제 파악** – 쓰레기 봉투의 변화 이유 추측 – 쓰레기 배출량 증가 보도자료 – 교실 쓰레기 봉투 살펴보기 • **학습 문제와 내용 확인**	난기능 오개념	실물 매체 추론 예시 관찰	 격려 수용 연결 반성 수용 참여	★ 그림 ★ 보도자료 ★ 쓰레기통
개념 이해 (20′)	도전, 쓰레기 낱말퀴즈	• **쓰레기 관련 용어 익히기** – 쓰레기 관련 낱말 설명하고 답하기 • **쓰레기 배출 상식 익히기** – 쓰레기 처리 방법 문장 말하기 – 쓰레기 종류에 따른 분리 방법 발표 – 우리 집의 쓰레기 분리 배출법 발표	난개념 오개념	실물 정의 단서 예시 시범 발표	도전 참여 수용 연결 표현	★ 낱말카드 11종 ★ 독서대 ★ 비닐
기능 습득 (18′)	재활용 쓰레기 모둠 릴레이	• **재활용 쓰레기 분리 방법 익히기** – 릴레이로 재활용 쓰레기 분리하기 – 재활용 쓰레기 다시 분리하기 – 활동 어려움 및 알게 된 점 발표	선기능 오기능	과제 실물 단서 발표	도전 격려 반성 연결	★ 쓰레기 ★ 분리 배출함 ★ 분리 배출 요령표 교사 평가
실생활 적용 (18′)	교실 쓰레기 문제 해결 방법 탐구	• **교실 쓰레기 줄이는 방법 모색** – 포스트잇에 아이디어 기록하기 – 설명, 토의 및 아이디어 평가하기	난기능	메모 발표 평가 과제	표현 존중 수용	★ 포스트잇 ★ 스티커 ★ A4 동료 평가
정리 및 차시 예고 (11′)	쓰레기 분리 배출의 중요성 차시 예고	• **쓰레기 분리 배출의 중요성** – '플라스틱 아일랜드' 영상 시청하기 – 인상적인 장면 이야기 나누기 – 인간과 동물의 다른 점 추리 • **알게 된 점, 깨달은 점, 실천할 점** • **재활용의 가치와 업사이클링**	난기능	매체 요약	표현 연결 반성	★ 영상자료 ★ 배움공책 정의적 영역 평가

학생 배움중심의 교수 · 학습 과정안(약안)

교과	실과	대상	5학년 ○반	지도교사	○○○	장소	교실
단원	4. 쾌적한 주거 환경			차시	5~6/8	교과서	교학사 65~67쪽
학습 주제	쓰레기의 올바른 처리 방법 알기						
학습 목표	쓰레기 분리 배출 방법을 알고 교실 쓰레기양을 줄이는 방법을 제안할 수 있다.						
지도 중점	본 차시 수업에서는 쓰레기를 어떻게 처리하는 것이 지속가능한 생활을 위한 지구 시민으로서 책임 있는 행동인지 판단할 수 있도록 하는 것이 중요하다. 이를 위하여 교실의 쓰레기 처리의 문제 발견에서 출발하여 쓰레기 분리 배출 요령을 익히고 체험하며, 교실 쓰레기 문제 해결 방법을 모색하는 것이 지도 중점이라고 할 수 있다.						
교수 · 학습 자료	교사	그림, 보도자료, 쓰레기통, 낱말카드 11종, 독서대, 비닐, 영상자료					
	학생	분리 배출함, 쓰레기, 분리 배출 요령표, 포스트잇, 스티커, A4, 배움공책					
학습 조직	전체 ➡ 전체 ➡ 모둠➡ 전체 ➡ 개인 ➡ 모둠 ➡ 전체						

탐색 및 문제 파악 단계(13')

학습 과정 (학습 집단)	교수 · 학습 활동	배움중심 PCK 전략			자료(★) 및 유의점(※)
		배움 주춤	배움 전략	배움 원리	
전시 학습 상기 (전체) 동기 유발 (전체) 학습 문제 확인 (전체)	• **전시 학습 상기** – 정리 정돈과 청소의 실천 상황 확인 • **쓰레기 문제 파악** – 쓰레기 봉투의 변화 이유 추측 – 쓰레기 배출량 증가 보도자료 – 교실 쓰레기 봉투 살펴보기 • **학습 문제와 내용 확인**	난기능 오개념	실물 매체 추론 예시 관찰	격려 수용 연결 반성 수용 참여	★그림 ★보도자료 ★쓰레기통

난기능 **이해와 실천을 넘어 습관화되도록 긍정적 강화 활동 – 수용**

의도한 상황을 연출하여 지난 학습 시간으로 학습을 되돌리고, 칭찬하기와 격려하기를 활용하여 이해와 실천을 넘어 지속적인 실천의 중요성을 강조하고 습관화되도록 긍정적 피드백을 제공한다.

오개념 **쓰레기 분리 배출의 출발점 행동 이해를 위한 활동 – 매체, 추론, 관찰**

사람들의 쓰레기 처리의 문제점을 알 수 있는 여러 자료와 교실의 종량제 봉투를 관찰하여 쓰레기 문제를 인식하고 자신의 행동을 돌아볼 수 있도록 지도 계획을 세운다.

난개념 **난개념 지도를 위한 활동 – 매체, 설명**

학습할 내용과 범위 및 학습 목표 설정을 위한 방법으로서 학생들의 의견을 칠판에 판서하여 수용한다.

개념 이해 단계(20')

학습 과정 (학습 집단)	교수 · 학습 활동	배움중심 PCK 전략			자료(★) 및 유의점(※)
		배움 주춤	배움 전략	배움 원리	
도전, 쓰레기 낱말퀴즈 (전체)	• **쓰레기 관련 용어 익히기** – 쓰레기 관련 낱말 설명하고 답하기 • **쓰레기 배출 상식 익히기** – 쓰레기 처리 방법 문장 말하기 – 쓰레기 종류에 따른 분리 방법 발표 – 우리 집의 쓰레기 분리 배출법 발표	난개념 오개념	실물 시범 정의 단서 예시 발표	도전 참여 수용 연결 표현	★낱말카드 11종 ★독서대 ★비닐

난개념 오개념 **기본 개념 학습을 위한 활동 – 실물, 시범/정의, 단서, 발표**

이 단계는 쓰레기 관련 낱말을 통해 쓰레기의 종류에 따라 분리 배출 방법을 익히는 단계이다. 따라서 한 학생이 쓰레기 관련 낱말을 학생의 언어로 설명하고 맞히는 놀이를 통하여 용어를 쉽게 이해하도록 하며, 이 낱말을 단서로 우리 마을과 우리 집에서 하는 쓰레기 분리 배출의 경험을 떠올리도록 한다. 이때 교사는 설명과 요약을 통해 쓰레기의 종류에 따른 분리 배출 방법을 지도한다. 또한 학생이 쓰레기에 대한 긍정적 관심을 갖도록 유도하는 것이 필요하다.

기능 습득 단계(18')

학습 과정 (학습 집단)	교수 · 학습 활동	배움중심 PCK 전략			자료(★) 및 유의점(※)
		배움 주춤	배움 전략	배움 원리	
재활용 쓰레기 모둠 릴레이 (모둠–전체)	• **재활용 쓰레기 분리 방법 익히기** – 릴레이로 재활용 쓰레기 분리 – 재활용 쓰레기 다시 분리하기 – 활동 어려움 및 알게 된 점 발표	선기능 오기능	과제 탐구 단서 발표	도전 격려 반성 연결	★쓰레기 ★분리 배출함 ★분리 배출 요령표 교사 평가

선기능 **재활용 쓰레기 1차 분리하기 – 과제, 탐구**

모아 둔 재활용 쓰레기를 기존에 알고 있는 지식을 활용하여 분리한다. 이때 모둠별로 담당하는 재활용 쓰레기를 정하여 릴레이 게임 형식으로 분리하도록 한다. 학생의 선기능을 스스로 진단하고 무엇을 잘못 알고 있는지 발견할 수 있도록 한다.

오기능 **재활용 쓰레기 2차 분리하기 – 단서, 발표**

가정에서의 재활용 쓰레기 배출 요령표를 배부하고 자신들이 분리한 것이 제대로 되었는지 확인하도록 한다. 교사는 음료수 병과 뚜껑, 라벨 등의 이중으로 분리해야 하는 것과 발로 밟아서 부피를 줄이는 것, 물로 세척 후 버려야 하는 것, 코팅된 종이의 재활용 불가 등 학생의 오기능을 중심으로 관찰하고 지원한다.

모둠 활동으로 이루어진 내용을 중심으로 평소 잘못 알고 있었거나 새롭게 알게 된 내용을 발표하게 한다.

실생활 적용 단계(18')

학습 과정 (학습 집단)	교수 · 학습 활동	배움중심 PCK 전략			자료(★) 및 유의점(※)
		배움 주춤	배움 전략	배움 원리	
교실 쓰레기 줄이는 방법 모색 (개인–모둠)	• **교실 쓰레기 문제 해결 방법 모색하기** – 교실의 쓰레기 문제 확인하기 – 쓰레기 문제 해결 방법을 포스트잇에 기록하기 – 자신의 아이디어를 설명하고 토의하기 – 스티커를 활용하여 제안한 아이디어 수정하고 평가하기	난기능	메모 발표 평가 과제	표현 존중 수용	★포스트잇 ★스티커 ★A4 동료 평가

난기능 **교실 쓰레기 문제 해결 방법 제안 – 메모**

동기 유발에서 문제로 파악한 교실 쓰레기 문제를 해결하기 위한 방안을 탐구하기 위하여 교실 쓰레기 문제 해결 방법을 각자 1개 이상 포스트잇에 기록하게 한다.

제안한 방법을 설명, 토의 후 평가하기 – 발표, 평가, 과제

자신이 제안하는 방법을 모둠원에게 설명하고, 스티커 3장을 활용하여 아이디어를 평가한다. 합리적인 해결 방안을 모색하기 위한 과정으로 학급자치회와 연계하여 평가된 의견을 분류 정리하여 실행할 수 있도록 준비한다. 교사는 의사결정 과정에 모든 학생이 참여하도록 하여 실천으로 연결될 수 있도록 하는 것이 중요하며 서로의 의견을 존중하고 경청하는 자세를 갖도록 격려한다.

배움 정리 단계(11')

학습 과정 (학습 집단)	교수 · 학습 활동	배움중심 PCK 전략			자료(★) 및 유의점(※)
		배움 주춤	배움 전략	배움 원리	
쓰레기 분리 배출의 중요성 (전체) 차시 예고	• **쓰레기 분리 배출의 중요성** – '플라스틱 아일랜드' 영상 시청하기 – 인상적인 장면 이야기 나누기 – 인간과 동물의 다른 점 추리 • **알게 된 점, 깨달은 점, 실천할 점** • **재활용의 가치와 업사이클링**	난기능	매체 요약	표현 연결 반성	★ 영상자료 ★ 배움공책 정의적 영역 평가

난기능 **쓰레기 분리 배출의 필요성과 중요성 – 매체, 요약**

'플라스틱 아일랜드' 영상 자료를 활용하여 잘못된 쓰레기 처리가 환경에 미치는 영향, 경제적 비용 및 사회적 관점 등 통합적으로 이해하도록 한다.

인상적인 장면을 요약하여 발표하게 하고, 교사는 예를 들어 쓰레기를 다양한 측면에서 바라볼 수 있도록 유도한다.

또한 쓰레기는 사람이 만들고, 그 쓰레기에 대한 책임도 사람만이 할 수 있음을 추리하게 하여 쓰레기 분리 배출에 대한 실행 의지가 쓰레기 문제의 해답임을 알게 한다.

학생 배움중심의 교수·학습 과정안(세안)

<table>
<tr><td>교과</td><td>실과</td><td>대상</td><td>5학년 ○반</td><td>지도교사</td><td>○○○</td><td>장소</td><td>교실</td></tr>
<tr><td>단원</td><td colspan="3">4. 쾌적한 주거 환경</td><td>차시</td><td>5~6/8</td><td>교과서</td><td>교학사
65~67쪽</td></tr>
<tr><td>학습 주제</td><td colspan="7">쓰레기의 올바른 처리 방법 알기</td></tr>
<tr><td>학습 목표</td><td colspan="7">쓰레기 분리 배출 방법을 알고 교실 쓰레기양을 줄이는 방법을 제안할 수 있다.</td></tr>
<tr><td>지도중점</td><td colspan="7">본 차시 수업에서는 쓰레기를 어떻게 처리하는 것이 지속가능한 생활을 위한 지구 시민으로서 책임 있는 행동인지 판단할 수 있도록 하는 것이 중요하다. 이를 위하여 교실의 쓰레기 처리의 문제 발견에서 출발하여 쓰레기 분리 배출 요령을 익히고 체험하며, 교실 쓰레기 문제 해결 방법을 모색하는 것이 지도 중점이라고 할 수 있다.</td></tr>
<tr><td rowspan="2">교수 · 학습
자료</td><td>교사</td><td colspan="6">그림, 보도자료, 쓰레기통, 낱말카드 11종, 독서대, 비닐, 영상자료</td></tr>
<tr><td>학생</td><td colspan="6">분리 배출함, 쓰레기, 분리 배출 요령표, 포스트잇, 스티커, A4, 배움공책</td></tr>
<tr><td>학습 조직</td><td colspan="7">전체 ➡ 전체 ➡ 모둠➡ 전체 ➡ 개인 ➡ 모둠 ➡ 전체</td></tr>
</table>

탐색 및 문제 파악 단계(13')

<table>
<tr><td rowspan="2">학습 과정
(학습 집단)</td><td rowspan="2">교수 · 학습 활동</td><td colspan="3">배움중심 PCK 전략</td><td rowspan="2">자료(★) 및
유의점(※)</td></tr>
<tr><td>배움
주춤</td><td>배움
전략</td><td>배움
원리</td></tr>
<tr><td>전시 학습
상기 (전체)

동기 유발
(전체)

학습 문제
확인 (전체)</td><td>• 전시 학습 상기
– 정리 정돈과 청소의 실천 상황 확인
• 쓰레기 문제 파악
– 쓰레기 봉투의 변화 이유 추측
– 쓰레기 배출량 증가 보도자료
– 교실 쓰레기 봉투 살펴보기
• 학습 문제와 내용 확인</td><td>난기능

오개념</td><td>실물

매체
추론
예시
관찰</td><td>격려
수용
연결
반성
수용
참여</td><td>★그림
★보도자료
★쓰레기통</td></tr>
</table>

[전시 학습 상기]

실물 ➡ 의도한 상황 연출을 통해 지난 시간에 학습한 내용과 연결시킨다. 쾌적한 환경을 유지하기 위해서는 아는 것에 그치지 않고 생활 속에서 지속적으로 실천하는 것이 중요함을 강조한다. 이 과정에서 교사의 칭찬하기와 격려하기를 통해 이해와 실천을 넘어 지속가능한 생활이 습관화되도록 유도한다.

T (교실 바닥을 둘러보고 웃음 지으며) 교실이 다른 때보다 더 깨끗해요. 선생님의 기분이 참 좋아요. 여러분은 어떻게 느끼세요?

S 네, 정리 정돈이 되고 깨끗해서 공부가 잘 될 것 같아요.

T 교실에서 무슨 일이 있었나요?

S ○○가 청소를 했어요. □□가 교실 정리 정돈을 했어요.

T 그랬군요. ○○와 □□가 아는 것에서 멈추지 않고 실천했군요. 지난 시간에 학습한 내용과 관련이 있을 것 같아요. 무엇인지 기억하나요?

S 정리 정돈과 청소하는 법을 공부했어요.

T 맞아요. 그런데, 정리 정돈이나 청소를 해야 한다는 것은 알지만 실천은 쉽지 않지요. ○○와 □□ 덕분에 우리가 깨끗한 교실에서 공부할 수 있게 되었어요. 어떻게 감사한 마음을 표현하면 좋을까요?

S 박수를 해요.

S 고맙다고 인사해요.

T 그럼, ○○와 □□에게 각자 감사하는 마음을 나타내어 주세요.

S **활동** 박수하기, '고마워' 말하기 등 각자 감사한 마음을 나타낸다.

T 여러분이 정리 정돈과 청소를 잘 이해하고 실천하는 모습을 보여 주어 매우 기쁩니다. △△가 책상 위를 정돈하는군요. △△야, 고마워요.

우리도 잠시 책상 위를 정리 정돈할까요?

S **활동** 책상 위와 서랍을 정리 정돈한다.

[동기 유발]

추론, 예시 **그림과 보도 자료를 통하여 쓰레기 배출량 증가의 이유를 추론해 보고 쓰레기 분리 배출을 해야 하는 이유를 경제적, 환경적으로 어떤 효과가 있는지를 예를 들어 설명한다.**

T (그림 제시) 두 그림을 비교해 보세요. 어떤 그림인가요?

S 왼쪽 쓰레기 봉투는 꽉 차 있고, 오른쪽은 덜 차 있어요.

S 오른쪽 쓰레기 봉투가 1/6로 줄었어요.

T 쓰레기양이 1/6로 확 줄었어요? 무슨 일이 일어난 것일까요?

S 왼쪽은 아무거나 다 버린 것이고 오른쪽은 분리를 잘 했어요.

S 종량제 봉투 안에서 재활용 쓰레기를 꺼냈을 것 같아요.

T 종량제 봉투에서 재활용품을 골라냈더니 이렇게 줄었대요. 이것은 ○○ 선생님이 근무하는 학교에서 실제 있었던 일이라고 해요. 이 학교만 그럴까요?

T 2013년 6월 5일 환경부 보도 자료에 의하면 쓰레기 배출량이 증가했대요. 무엇 때문일까요?

S 종량제 쓰레기 봉투 안에 재활용 쓰레기가 들어갔을 것 같아요.

S 잘못된 분리 배출이요.

T 맞아요. 종량제 봉투에 재활용품의 유용한 자원이 70%나 포함되었대요. 분리수거만 잘 해도 연간 약 1,800억 원이 절감된다고 해요. 자료를 보니까 어떤 생각이 들어요?

S 쓰레기가 큰돈이 될 수 있다니 놀라워요. 분리 배출만 잘 하면 부자가 되겠어요.

S 쓰레기 분리를 더 잘 해야겠어요. 엄마에게도 말해야겠어요.

T 쓰레기를 정확하게 분리하여 배출하는 작은 행동이 모이면 우리나라를 부자로 만들 수 있어요.

T 잘못된 분리수거란 무엇을 말하는지 알아봅시다. 종량제 봉투에 어떤 것이 많이 들어갔나요?

S 종이류가 가장 많고 플라스틱류, 음식물 쓰레기 순이에요.

T 네, 종이류가 41%나 돼요. 우리가 평생 살면서 나무를 몇 그루나 심을 것 같아요?

S 거의 안 심을 것 같아요.

T 나무를 심는 것은 쉬운 일이 아니에요. 대부분은 나무를 심지 않아요. 그러나 나무를 심는 것과 같은 활동에는 적극적으로 참여합니다. 바로 종이를 재활용하는 겁니다. 폐지 1톤이면, 30년 된 나무 17그루를 살릴 수 있다고 해요. 30년이면 여러분이 살아온 날의 2.5배를 더 살아야 해요. 종이를 분리하지 않는다는 것은 나무의 30년 세월을 쓰레기통에 구겨서 버리는 행동과 같아요. 나무가 우리에게 어떤 이익을 줄까요?

S 맑은 공기를 얻을 수 있어서 숨쉬기가 좋아요.

S 가뭄과 홍수를 막아 주고 먹을 것을 얻을 수 있어요.

T 그렇지요. 여러분이 잘 아는 것처럼 나무는 공기청정기, 에어컨이 되어 주지요. 댐의 역할을 해서 홍수나 가뭄을 막아 주어요. 이것보다 더 중요한 사실은 나무는 단순히 나무만을 뜻하지 않아요. 나무를 터전으로 살아가는 다양한 곤충과 새, 야생동물 그리고 나무가 자라는 흙에 의지해서 살아가는 작은 생물들을 모두 의미합니다. 그래서 종이류를 재활용한다는 것은 많은 생명을 구하는 숭고한 일이 되는 겁니다. 자원 절약뿐 아니라 나무를 살리고 지구를 살리고, 결국 자신을 살리는 일이라고 할 수 있어요.

관찰 ▶ 교실의 쓰레기 봉투를 자료로 활용하여 쓰레기 봉투에 어떤 쓰레기가 담겨 있는지 관찰하도록 한다. 교실에서는 어떤 쓰레기가 많이 나오는지, 종량제 봉투에 재활용 쓰레기는 없는지 등을 살펴 스스로 문제를 발견하도록 한다.

T (쓰레기통을 보여 주며) 우리 반 쓰레기통은 어떠할까요? 제대로 버렸을까? 무엇이 들어 있는지 살펴봅시다.

T 활동 ▶ 학생들이 관찰하기 쉽도록 쓰레기통을 뒤집어 쓰레기를 공개한다.

S 활동 ▶ 쓰레기통에 어떤 종류의 쓰레기가 들어있는지 관찰한다.

T 쓰레기를 제대로 버렸나요?

S 아니에요. 종이와 비닐이 많이 들어 있어요.

추론 ▶ 교실의 쓰레기통에 비닐과 종이가 많이 들어간 까닭을 추론하여 스스로의 행동을 돌아볼 수 있도록 한다. 학생들의 의견을 칠판에 판서한다.

T 종량제 쓰레기 봉투에 재활용 쓰레기가 70%나 들어가는 까닭이 무엇일까요? 우리 중에서 서너 명을 제외하고는 분리 배출이 꼭 필요하고 잘 실천한다고 생각하는데 왜 분리 배출이 제대로 안 되는 것일까요?

S 귀찮아서요.

S 분리 배출이 복잡하고 어려워요.

T 분리 배출이 복잡하고 어렵다는 것은 분리 배출 방법을 사람들이 잘 모른다는 뜻인가요? 또 다른 이유가 있을까요?

S 쓰레기를 분리 배출하는 것이 나한테 어떤 이익이 있는지 몰라요.

T 중요한 이야기군요. 우리나라는 자원이 부족해서 재활용 쓰레기는 유용한 자원이 될 수 있는데, 사람들이 어떤 이익이 있는지 모른다는 것이지요?

S 시간이 걸려서 하기 싫어요.

S 이름이 쓰레기통이라 쓰레기를 다 넣는 것 같아요.

T 선생님이 생각하지 못한 의견이 나왔어요. 쓰레기는 버리는 모든 것을 말하니까, 쓰레기통이라는 이름을 가졌으니까, 이것저것 그냥 한꺼번에 버린다. 그럴 듯해요. 또 다른 의견 있어요?

S 쓰레기는 더럽고 냄새 난다고 생각해서 그냥 버려요.

T 그럴 수 있겠군요. '쓰레기' 하면 '더러워', '냄새 나', '번거로워' 하는 생각이 든다면 당연히 싫겠지요. 분리 배출 안 되는 이유에 대하여 덧붙일 사람 있어요?

S 쓰레기 분리함이 없어서 못한 경우도 있어요.

[학습 문제 확인]

수용 ➔ 학습 내용과 학습 목표 설정을 위하여 교사는 학생들의 의견을 칠판에 판서하여 수용한다.

T 쓰레기 배출량이 늘어나는 것은 잘못된 분리 배출 때문이고 분리 배출이 잘 안 되는 이유가 무엇인지 찾아보았어요. 그렇다면 우리가 어떤 공부를 하면 쓰레기 배출량이 줄어들까요?

S 쓰레기를 어떻게 분리 배출하는지 방법을 알아보아요.

S 우리 교실의 쓰레기양을 줄이는 방법을 찾아요.

S 쓰레기를 분리 배출하면 나한테 어떤 이익이 있는지 알아보아요.

S 쓰레기가 어떻게 재활용되는지, 얼마나 경제적 이익이 있는지 알아보아요.

T 좋아요. 그럼 오늘 두 시간 동안에는 쓰레기 분리 배출 기본 요령을 알아보고, 교실 쓰레기양을 줄일 수 있는 방법을 찾아보도록 합시다. 나에게 어떤 이익이 되는지는 분리 배출의 필요성 측면에서 생각을 정리하면 어떨까요? 다음 실과 시간에는 재활용을 주제로 재활용의 과정과 가치 그리고 리사이클과 업사이클에 대하여 공부하면 어떨까요?

S 네, 좋아요.

T 동의해 주어 고마워요. 쓰레기가 내 눈 앞에서 사라지면 끝인 것처럼 보이지만 쓰레기를 어디에 어떻게 버려야 할지, 내가 버린 쓰레기가 어떻게 처리되는지 관심을 가져야 합니다. 오늘은 그 첫걸음으로 '도전, 낱말퀴즈'와 '쓰레기 분리체험(쓰레기 릴레이)'을 통하여 쓰레기를 제대로 버리는 법을 알아보고, 교실의 쓰레기를 줄이기 위한 아이디어를 제안해 봅시다. 즐거운 학습이 되길 기대합니다.

개념 이해 단계(20')

학습 과정 (학습 집단)	교수 · 학습 활동	배움중심 PCK 전략			자료(★) 및 유의점(※)
		배움 주춤	배움 전략	배움 원리	
도전, 쓰레기 낱말퀴즈 (전체)	• **쓰레기 관련 용어 익히기** – 쓰레기 관련 낱말 설명하고 답하기 • **쓰레기 배출 상식 익히기** – 쓰레기 처리 방법 문장 말하기 – 쓰레기 종류에 따른 분리 방법 – 우리 집의 쓰레기 분리 배출법	난개념 오개념	실물 시범 정의 단서 예시 발표	도전 참여 수용 연결 표현	★낱말카드 11종 ★독서대 ★비닐

실물 ➔ 퀴즈 놀이 방법을 시범 보이면서, 학생이 가지고 있는 '쓰레기는 더럽다'라는 생각 대신에 작은 비닐도 버리면 환경 오염의 원인이 되지만 자원으로 재활용되면 환경적, 경제적 가치가 크다는 것을 알게 한다.

T 퀴즈 놀이를 하려고 합니다. 어떻게 하는지 시범을 보이겠습니다.

T **시범** (낱말카드를 보고) [정리 정돈을 하면 많이 생기는 것으로 쓸모없게 되어 버려야 하는 것입니다. 아직 쓸 수 있지만 나에게 필요 없는 물건도 이것으로 부릅니다.]

S [쓰레기]입니다.

T (낱말카드를 칠판에 붙이며) 정답입니다.

(비닐을 하나 들고) 이것이 쓰레기지요. 그런데 이것이 더러운가요?

S 아니요. 더럽지 않아요.

T 그래요. 선생님 눈에는 부자로 만들어 주는 자원으로 보여요. 이런 비닐이 모여 기름이 될 수 있다는 사실~, 알고 있어요? '황금구리와 폐비닐 휘발유'라는 주제로 방송된 적이 있었어요. 다음 시간에 영상 자료를 짧게라도 함께 보기로 해요. 쓰레기가 더럽다고 생각하는 것은 쓰레기를 제대로 관리하고 버리지 않았기 때문이에요. 제대로 처리해서 쓰레기는 줄이고, 자원으로 재활용될 수 있도록 하는 것이 이 시간의 목표랍니다.

정의 ➔ 퀴즈 풀이를 좋아하는 학생의 특성을 반영한 놀이 활동입니다. '도전, 낱말퀴즈'를 통하여 학생의 언어로 쓰레기와 관련된 기본 용어를 설명하게 함으로써 학생의 난개념을 파악하여 처방한다.

T 놀이 방법 이해되었어요? 한 사람이 선생님처럼 낱말카드를 보고 쓰레기와 관련된 낱말을 설명하면 여러분이 정답을 말하면 됩니다. 문제를 설명할 사람? 누가 해 볼까요?

S 네, 제가 하겠습니다.

T 좋습니다. 나오세요. 준비되었나요? 시작하세요.

S **활동** 도전, 낱말퀴즈 놀이를 한다.

T **활동** 교사는 학생의 활동 모습을 관찰하고 낱말에 대한 설명이 부족한지 살펴본다.

T 선생님이 기대했던 것보다 훨씬 더 많은 것을 알고 있군요. 수고하였어요.

단서, 예시 낱말퀴즈에서 등장한 용어를 서로 관련 지어 유의미한 글을 만들어 보게 한다. 우리 집에서 하고 있는 분리 배출 방법이나 알고 있는 지식을 활용하도록 격려한다. 쓰레기 처리 지도가 완성되도록 낱말카드와 칠판을 적절히 활용한다.

T 낱말들을 이용해서 짧은 글을 만들어 봅시다. 집에서 하고 있는 분리 배출 방법 또는 알고 있는 내용으로 만들면 좋겠지요. 선생님이 먼저 해 볼게요.

T **시범** "쓰레기는 소각, 매립되어 폐기되거나 다시 사용하면 재활용, 재사용될 수 있습니다." 쓰레기가 처리되는 마지막 모습이지요. 할 수 있을까요? 해 봅시다.

S 소각하는 쓰레기는 종량제 봉투에 담아 버려야 합니다.

T 잘했어요. 종량제 봉투는 소각용과 매립용 두 가지가 있어요. 주로 소각용 봉투를 사용하지요. 소각용 봉투에 종이, 비닐이 들어가지 않도록 합시다.

S 대형 폐기물은 스티커를 사서 붙여 배출해야 합니다.

T 네, 맞아요. 스티커를 붙여야 하지요. 크기에 따라 가격이 달라요. 집에서 세탁기, 냉장고, 컴퓨터 등 새것을 사면 사용하던 것은 어떻게 했어요?

S 대리점에서 가져갔어요.

S "세탁기, 냉장고, 컴퓨터 삽니다.~" 재활용센터에서 가져가기도 합니다.

T 세 개의 낱말이 남았어요. 문장을 어떻게 만들 수 있을까요?

S 음식물 쓰레기는 전용 봉투에 담아 배출합니다.

T **설명** 8kg 크기의 수박을 샀는데 껍질이 3kg이나 되는 겁니다. 어떻게 알았냐고요? 선생님 집에서는 전용 봉투 대신 RFID 방식의 전용 카드가 있어야 버릴 수 있어요. 카드를 대면 ○○○동 ○○○호 하고 소리가 나고 화면에 쓰레기의 무게가 표시됩니다. 여기는 어떻게 버리지요?

S 우리 아파트에서도 카드를 사용해요.

T 네, 음식물 쓰레기도 버릴 때 돈이 들어요. 쓰레기를 만드는 만큼 처리 비용을 부담하라는 의미지요. 낱말을 이용한 글을 계속 만들어 볼게요.

S 위험 폐기물은 따로 모아 지정된 곳에 배출합니다.

T 건전지나 형광등이 위험 폐기물인데 왜 위험할까요?

S 수은 같은 중금속이 들어 있어 환경을 오염시킨다고 들었어요.

T **설명** 수은이라는 금속 이름을 알고 있네요. 형광등에는 토끼 한 마리가 죽을 만큼의 수은이 들어있대요. 납 중독, 수은 중독이라는 말을 들어 본 적이 있을 겁니다. 수은에 중독되면 미나마타병이라는 것이 생겨요. 건전지에도 여러 가지 중금속이 들어 있어서 흙이나 물을 오염시켜요. 이것이 농산물, 어패류 등을 통해서 다시 우리 몸으로 돌아오기 때문에 꼭 회수되어야 해요.

T 집에서 먹다 남은 감기약 같은 의약품은 어떻게 버리나요?

S 쓰레기통에 버려요.

S 약국에 가져다줘요.

T 설명 일반적으로 쓰레기통에 버리거나 물약은 하수도나 변기에 슬쩍 버리는 경우가 많아요. 의약품에 항생물질이 들어 있어서 아주 위험해요. 약국에 있는 폐의약품 수거함에 넣어 주세요. 선생님이 5, 6살 때인가 병원놀이를 하다가 쥐약을 먹은 적이 있어요. 약을 아무 곳에 두게 되면 위험하답니다. 꼭 기억해 주세요.

T 분리 배출 표시가 남았네요. 이 낱말을 넣어서 짧은 글을 만들어 보세요.

S 쓰레기를 분리 배출할 때는 분리 배출 표시를 확인합니다.

T 오우, 좋아요. 분리 배출 표시를 확인하면 헷갈릴 때 좋겠지요. 질문이 있거나 덧붙이고 싶은 의견 있어요?

T 설명 사는 곳에 따라 쓰레기를 분리 배출하는 방법이 같지 않아요. 선생님이 사는 곳에서는 화요일 저녁 7시부터 수요일 오전 10까지만 재활용품을 배출해요. 건전지와 형광등, 옷, 음식물 쓰레기는 수거함이 비치되어 있어서 언제든지 배출할 수 있어요. 여러분 집에서는 어떻게 버리나요? 교과서 66쪽 조사활동 내용을 보고 짝에게 이야기 들려주세요.

S 활동 쓰레기 배출 방법을 서로 이야기한다.

기능 습득 단계(18')

학습 과정 (학습 집단)	교수 · 학습 활동	배움중심 PCK 전략			자료(★) 및 유의점(※)
		배움 주춤	배움 전략	배움 원리	
재활용 쓰레기 모둠 릴레이 (모둠-전체)	**• 재활용 쓰레기 분리 방법 익히기** – 릴레이로 재활용 쓰레기 분리 – 재활용 쓰레기 다시 분리하기 – 활동 어려움 및 알게 된 점 발표	선기능 오기능	과제 탐구 단서 발표	도전 격려 반성 연결	★쓰레기 ★분리 배출함 ★분리 배출 요령표 교사 평가

과제 재활용 쓰레기 모둠 릴레이 놀이를 통하여 재활용 쓰레기 분리 방법을 얼마나 알고 있는지 스스로 발견하고, 도전하도록 한다. 이 과정을 통하여 상호 존중 및 수용의 자세를 학습하도록 한다.

T 재활용 쓰레기 모둠 릴레이를 놀이로 해 봅시다. 〈종이류, 병류, 플라스틱류, 캔류, 비닐류, 소각매립용〉 모둠장 나와서 플라스틱함을 하나씩 가져가세요.

S 활동 모둠별로 플라스틱함 한 개씩을 가져간다.

T 아이엠그라운드 4박자에 맞추어 각 모둠이 맡은 재활용 쓰레기를 소개하겠습니다.

S 활동 아이엠그라운드 모둠 소개하기! 종이류, 병류, 플라스틱류, 캔류, 비닐류, 소각매립용.

T 놀이 방법은 신호에 맞추어 각 모둠이 맡은 재활용품을 가져옵니다. 종이 모둠이라

면 종이만 가져가면 돼요. 종이가 아닌데 가져왔어요? 다음 주자가 다시 가져다 놓으세요. 릴레이 경기이므로 한 사람이 나와서 조금씩 가져가고 자리로 완전히 돌아오면 다음 주자가 나가서 계속 가져오는 릴레이 방식입니다. 질문 있어요? 제한시간 3분이면 될까요?

S 5분 주세요.

T 좋습니다. 5분 드립니다. 친구와 부딪히지 않도록 안전하게 활동하세요. 준비, 시작~

S 활동 재활용 쓰레기 릴레이 놀이에 즐겁게 참가한다.

T 활동 교사는 학생의 활동 모습을 관찰하고 안전하게 놀이하도록 격려한다.

단서 재활용 쓰레기의 분리 배출 방법을 얼마나 알고 있는지 스스로 평가하고, 잘못 알고 있는 점을 찾아 수정할 수 있도록 단서로서 쓰레기 분리 배출 요령을 제공하여 협의시간을 준다. 평소 잘못된 습관이 무엇인지 인식하도록 격려한다.

T 자리 정리하고 앉아 주세요. 분리해 보니 어떤 어려운 점이 있었나요?

S 스프링이 달린 노트는 어떻게 분리할지 모르겠어요.

S 물로 깨끗이 헹구지 않아서 손이 찐득거려 기분 나빴어요.

T 쓰레기는 더럽다는 생각을 하게 만드는 이유가 바로 이런 경우가 아닐까요? 손이 찐득거리고 냄새가 나는 이유는 무엇일까요?

S 씻어서 버려야 하는데 그냥 버려서 그래요.

T 배출을 할 때, 오물이 묻어 있는 것은 재활용이 안 됩니다. 많은 사람들이 그냥 버려요. 그리고 쓰레기는 더럽다고 생각하지요. (분리 배출 요령을 배부하며) 어떻게 버리는 것이 잘 버리는 것인지, 우리는 제대로 분리했는지 확인하겠습니다. 분리 배출 요령표를 보고 분리가 제대로 되었는지 확인하고 잘 안 된 점은 다시 분리해 주세요. 3분 드릴게요. 다른 모둠에게 주어야 하는 쓰레기는 직접 가져다주세요.

S 활동 재활용 쓰레기 분리 배출 방법을 토대로 모둠 협의를 거쳐 확인한다.

T 활동 교사는 학생의 활동 모습을 관찰하면서 오기능을 점검하고 확인한다.

발표 재활용 쓰레기를 분리 배출하면서 어려웠던 점이나 잘못 알고 있었던 점 등을 발표하고 공유한다.

T 활동 결과를 발표해 봅시다. 잘못 알고 있었던 점이나 분리할 때 어려웠던 점을 중심으로 발표해 주세요.

S 음료수병 뚜껑을 철로 분리해서 버려야 한다는 것을 새롭게 알게 되었어요.

S 플라스틱 상표에 종이나 비닐로 된 것을 분리해서 버려야 하는 것을 알게 되었어요.

S 두 개로 되어 있는 것은 잘 떼어지지 않는 것이 있어서 불편했어요. 만들 때 잘 분리되도록 끝만 살짝 붙여 주면 좋겠어요.

T 좋은 의견이에요. 음료수 만드는 회사에 제안하는 글을 쓰면 좋겠네요. 접착제도 덜 사용하고 분리도 쉽게 하고 일석이조에요.

S 코팅된 종이도 재활용이 안 된다고 하는데, 꼭 종이를 코팅해야 하나 하는 생각이 들었어요. 재생용 공책처럼 코팅하지 않으면 훨씬 많이 절약될 것 같아요.

T 그러네요. 왜 코팅된 종이를 사용하는지, 코팅되지 않은 일반 종이로 만들었을 때 어떤 문제가 있는지를 조사해 보고 개선안을 찾아보면 좋겠어요. 지금 활동에 대하여 덧붙일 의견 있나요? 질문도 좋아요.

S 캔류는 꼭지를 캔 안으로 넣어서 버리는 것이 잃어버리지 않는 방법이에요. 잘 헹구어 버려야겠다는 생각을 했어요.

T 일반적으로 알루미늄은 조금 더 비싼 자원이에요. 잃어버리지 않으려면 캔 안에 넣는 방법이 유용하겠네요. 좋은 의견입니다.

S 플라스틱이나 캔류 등은 부피를 줄이기 위해 발로 밟아서 납작하게 만들어야 하는데 그렇게 하지 않았어요.

T 부피를 줄이는 방법도 쓰레기양을 줄이는 방법 중 하나가 되겠지요.

실생활 적용 단계(18')

학습 과정 (학습 집단)	교수 · 학습 활동	배움중심 PCK 전략			자료(★) 및 유의점(※)
		배움 주춤	배움 전략	배움 원리	
교실 쓰레기 줄이는 방법 모색 (개인-모둠)	• **교실 쓰레기 문제 해결 방법 모색하기** – 교실의 쓰레기 문제 확인하기 – 쓰레기 문제 해결 방법을 포스트잇에 기록하기 – 자신의 아이디어를 설명하고 토의하기 – 스티커를 활용하여 제안한 아이디어 수정하고 평가하기	난기능	메모 발표 평가 과제	표현 존중 수용	★ 포스트잇 ★ 스티커 ★ A4 동료 평가

메모 동기 유발에서 문제로 파악한 교실 쓰레기 문제를 해결하기 위한 방안을 탐구하는 것이다. 교실 종량제 봉투에 종이류, 비닐류가 들어가지 않도록 하기 위하여 브레인스토밍 방식으로 각자의 아이디어를 1개 이상 생각하여 포스트잇에 기록한다.

T 지금까지 쓰레기에 따라 분리 배출 방법을 익히고, 재활용 쓰레기를 직접 분리해 봤어요. 이것을 왜 공부하게 되었는지 되돌려 생각해 봅시다. 쓰레기 발생량이 증가했던 이유를 기억하나요?

S 네, 종량제 봉투에 재활용 쓰레기가 많이 들어갔어요.

T 잘 알고 있군요. 교실 쓰레기통에도 종이와 비닐이 많이 들어가서 쓰레기 봉투가 낭비되었어요. 이 문제가 해결되었을 때의 쓰레기통 모습은 어떠한가요?

S 소각용 쓰레기만 들어가서 쓰레기양이 적고, 쓰레기 봉투를 적게 사용해요.

S 종이나 비닐이 쓰레기통에 안 들어가고 재활용돼요.

T 분리 배출이 안 되는 원인으로 7가지 추리 내용을 살펴보면서 교실 쓰레기양을 줄일

수 있는 방법을 찾아 포스트잇에 기록해 주세요.

S 활동 각자 문제 해결 방법을 포스트잇에 작성한다.

T 활동 문제 이해에 어려움을 보이는 학생이 있는지 순시하며 확인하고 지원한다.

발표 모둠원에게 자신이 제안하는 방법을 이유를 들어 설명하게 한다. 교사는 개인의 의견이 무시되지 않도록 서로의 의견을 존중하고 경청과 수용의 자세로 학습에 참여하도록 격려한다. 시간을 충분히 부여하는 것이 필요하다.

T 포스트잇에 기록한 아이디어를 모둠 친구에게 자세히 설명하고 A4 종이에 붙여 주세요. 친구가 설명할 때 질문이 있으면 질문도 하고 덧붙이고 싶은 의견을 주어 보완하여 새로운 의견을 만들면 더욱 좋습니다. 단, 의견에 대하여 비난이나 비판은 하지 않습니다.

S 활동 아이디어에 대한 서로의 의견을 주고받는다.

T 활동 경청과 수용에 대한 학생 태도를 중심으로 모둠 활동을 확인하고 지원한다.

평가 스티커 세 장을 활용하여 아이디어를 평가한다. 각자 두 개의 의견을 선정하여 가장 좋은 의견에 스티커 2장, 나머지에 1장을 붙인다. 의사결정 과정에 모든 학생이 참여하도록 하여 실천으로 연결될 수 있도록 한다.

T 충분한 토의가 되었으면 문제 해결 아이디어를 평가하겠습니다. 개인별로 세 장의 스티커를 갖습니다. 문제 해결 방안으로 적당한 것 두 개를 골라 가장 좋은 의견에 스티커 2장을, 나머지에 1장을 붙여 주세요.

S 활동 각각의 아이디어에 대하여 개인별로 평가한다.

T 활동 활동을 마친 모둠은 아이디어 모음판을 칠판에 붙이도록 한다.

과제 합리적인 해결 방안을 모색하기 위한 과정으로서 학급자치회와 연계하여 임원을 중심으로 1차 평가된 의견을 분류 정리하도록 한다.

T 학급자치회 임원회에서는 1차 평가한 의견을 분류하고 정리하여 학급회의 시간에 협의할 수 있도록 안건으로 상정하여 주시기 바랍니다.

배움 정리 단계(11')

학습 과정 (학습 집단)	교수 · 학습 활동	배움중심 PCK 전략			자료(★) 및 유의점(※)
		배움 주춤	배움 전략	배움 원리	
쓰레기 분리 배출의 중요성 (전체) 차시 예고	• **쓰레기 분리 배출의 중요성** – '플라스틱 아일랜드' 영상 보기 – 인상적인 장면 이야기 나누기 – 인간과 동물의 다른 점 추리 • **알게 된 점, 깨달은 점, 실천할 점** • **재활용의 가치와 업사이클링**	난기능	매체 요약	표현 연결 반성	★ 영상자료 ★ 배움공책 정의적 영역 평가

매체 ➡ 쓰레기 매립지 용량 초과로 바다에 쓰레기를 불법 투기함으로써 지구의 25%를 절대 내려가지 않는 변기로 만들어 버린 영상 자료를 통하여 쓰레기가 환경적, 경제적, 사회적으로 왜 문제가 되는지 그 심각성을 알게 한다. 쓰레기 분리 배출이라는 약간의 수고로움이 얼마나 큰 영향으로 되돌아오는지를 이해할 수 있도록 한다.

T 쓰레기 분리 배출 체험 활동에 진지하게 참여하는 것을 보면서 선생님이 흐뭇했습니다. 오늘 우리의 학습 활동이 어떤 의미가 있는지 나누려고 영상 자료를 준비했어요. 제목이 '플라스틱 아일랜드'입니다. 어떤 내용인지 상상해서 말해 보세요.

S 버려지는 다양한 플라스틱을 이용해서 섬을 만들었을 것 같아요.

S 플라스틱 쓰레기가 섬처럼 쌓여 있을 것 같아요.

T 어떤 내용인지 다 함께 봅시다.

S **활동** 영상 자료를 시청한다.

T **활동** 자료의 핵심 부분과 강조되어야 하는 부분을 교사가 직접 읽어 주고 부연 설명하여 쓰레기 문제를 경제적, 환경적, 사회적 관점으로 접근하도록 유도한다.

T 어떤 장면이 가장 인상적이었는지 이야기해 봅시다.

S 새가 플라스틱을 모이로 착각해서 먹고 죽은 장면이 안타까웠어요.

T **설명** 선생님도 안타까워요. 함부로 버린 플라스틱이 새를 죽게 하고, 바다에 사는 많은 생물들에게 피해를 줍니다. 그 바다 생물을 우리가 먹게 되고요. 마치 부메랑처럼 자연에게 준 피해는 고스란히 우리에게 돌아옵니다. 종이의 재활용과 30살 된 나무의 관계와 같은 경우지요. 또 어느 장면이 기억에 남나요?

S 바다의 쓰레기를 청소하는 사람이 있다는 것이 다행스러웠어요.

T **설명** 아름다운 사람의 모습을 찾아 주었어요. 쓰레기를 버리는 것도 사람이지만, 쓰레기를 수거하는 고마운 손도 있어요. 결국 해답은 사람인 셈이지요. 쓰레기통에 마구 뒤섞여 있는 것을 분리할 때 더럽다는 생각이 드는 것처럼 오염된 것을 처리하려면 훨씬 많은 노력과 돈이 필요하답니다. 나 먼저, 우리 먼저 실천할 수 있는 우리가 되었으면 좋겠어요. 또 의견 있어요?

S 우리나라가 가장 많은 폐기물을 바다에 버렸다는 것이 부끄러웠어요.

T 선생님은 우리나라 사람들이 참 자랑스러워요. 그런데 동전의 양면처럼 부끄러운 일도 많이 합니다. 이제는 쓰레기를 바다에 버리는 것이 금지되었어요. 바다가 오염되면 누가 가장 피해를 볼까요?

S 바다에서 물고기 잡는 사람이요.

T **설명** 네, 물고기 잡는 사람을 포함해서 원양어업, 양식업, 염전, 관광업 등에 종사하는 사람들 즉 바다를 터전으로 살아가는 사람들이 1차 피해를 보겠지요. 실제로 우리나라 사람들이 자주 가는 신혼여행지 중 하나가 몰디브에요. 이 나라는 관광지로 개발된 곳은 아름답지만 섬 뒤쪽으로 돌아가면 관광지에서 나온 수많은 쓰레기로 원주민들이 고통받는다고 해요. 나뿐 아니라 나의 잘못된 행동으로 피해를 보는 사람이 있는지 돌아보는 자세가 필요하다는 생각을 합니다. 우리가 만든 쓰레기, 관심을 가지고 철저히 분리 배출하려는 자세가 중요하겠지요?

T 인간과 동물이 다른 점이 무엇일까요?

S 인간만 쓰레기를 만들어요.

S 인간은 분리수거를 할 수 있어요.

T **설명** 그래요. 자연에는 쓰레기라는 말이 없습니다. 동물은 쓰레기를 만들지 않지요. 사람이 만들어요. 그러나 분리수거도 사람만 할 수 있습니다. 캔, 플라스틱, 유리병, 종이 등 4대 폐자원 재활용률이 1% 높아질 경우 연간 639억 원의 외화가 절감된다고 합니다.

T 쓰레기 문제가 나에게 어떤 영향을 미치는지 생각해 보고 알.깨.적.으로 정리해 봅시다. 학습하면서 알게 된 점이나 깨달은 점을 기록하고 그래서 이것만은 꼭 실천하고 적용해 보겠습니다 하는 내용을 배움공책에 적어 주세요.

S **활동** 쓰레기 문제가 나에게 어떤 영향을 미치는지 환경적, 경제적, 사회적 관점에서 생각하며 알.깨.적.으로 정리한다.

T 정리한 내용을 발표해 봅시다.

S 분리 배출 방법을 잘 알았어요. 앞으로는 비닐을 잘 분리하겠어요.

S 새가 죽지 않도록 내가 만든 쓰레기에 대하여 책임지고 분리 배출을 하겠어요.

T 선생님은 여러분을 믿어요. 우리 반 종량제 봉투 안에 재활용 쓰레기가 40%에서 20%로 줄다가 전혀 찾아볼 수 없을 것이라고 확신합니다. 다음 시간에는 쓰레기가 어떻게 재활용되는지 알아보고 리사이클과 업사이클에 대한 사회의 변화와 재활용품을 활용한 나만의 수경화분 만들기를 하겠습니다. 수고 많았어요.

수업 후기

김혜진
경기 청계초등학교 교사

평소 쓰레기 분리수거, 환경보호에 많은 관심을 가지고 있었던 나에게 이번 수업은 아주 큰 의미로 다가왔다. 우리 반은 그 동안 교실에 분리수거함이 있었으나, 쓰레기 분리수거가 제대로 실천되지 않고 있었다. 그러나 교사인 나도, 학생들도 이러한 문제점을 잘 인식하지 못하고 생활하였다. 이번 수업을 통해서 올바른 쓰레기 분리수거 방법을 배우고 직접 경험하는 소중한 시간을 가질 수 있었다. 무엇보다 학생들이 수업이 끝난 뒤에도 스스로 쓰레기를 분리하여 버리는 등 수업에서 배운 것을 꾸준히 실천하는 모습을 보면서 선생님으로서의 역할이 무엇인지 깨달았다.

이번 수업을 통해 무엇보다 학습자의 내적 동기 유발이 매우 중요하다는 것과 학생들의 능력을 최대한 이끌어 내어 교사 위주의 수업이 아닌 학생들끼리 협동하며 배우도록 지도해야겠다는 것을 깨달았다. 평소에 '학생들끼리 잘 할 수 있을까', '학생들끼리 하다가 틀리면 어떻게 하지?' 하는 걱정 때문에 교사가 주가 되는 수업을 많이 하였다. 학생의 다양한 답을 인정해 주기보다는 교사가 정해진 답을 요구하는 발문을 많이 하였다. 하지만 수석 선생님과의 협력 수업을 하면서 학생들의 생각을 열어 주고 다양한 답을 인정해 주면서 수업 핵심 내용으로 이끌어 가는 것이 중요하다는 것을 다시 한 번 느꼈다. 그리고 평소 시간이 부족하다거나, 바쁘다는 핑계로 생각할 시간을 충분히 주지 않거나 교과서의 내용만 배우고 직접 실천하거나 체험하는 시간을 많이 가지지 못했다. 학생들이 즐거워하고 능동적으로 배우려는 모습을 보면서 그 동안의 수업을 많이 반성하였다. 앞으로는 학생들의 능력을 믿고 스스로 계획하고 실천할 수 있도록 도움을 주는 선생님이 되어야겠다.

수석 선생님과 수업 협의를 하면서 선생님께서 그 동안 수업하신 결과물을 많이 보여 주셨다. 이러한 결과물을 보면서 내가 수업 연구에 소홀했다는 생각에 많이 부끄러웠다. 같은 내용을 계획하더라도 결과물을 어떻게 만들어 가는지에 따라 학생이 느끼는 성취감이 많이 다를 것이다. 이러한 성취감에 따라 학생이 다음 수업에서 얼마나 열심히 배우려고 하는지 학습 의욕도 달라질 것 같다.

또한 수석 선생님과의 협력 수업에서 학생들을 지켜보면서 순서를 지키지 않고 발표하는 학생, 경청하지 않고 모둠 친구와 장난치는 학생, 다른 친구를 비난하는 학생을 어떻게 지도해야 할지 많은 공부가 필요하다는 생각을 하였다.

앞으로도 수석 선생님을 비롯하여 여러 선배 선생님들의 수업 노하우와 학급 경영 방법에 대해 더 많이 배우고 실천해야겠다.

5 CoRe 활용 학생 배움중심의 영어과 PCK 수업 설계

01

학습 내용

학생들이 학습해야 할 내용은 무엇인가?

이 단원에서는 지나간 일에 대해 간단히 묻고 답하는 말을 익혀 상대방에게 관심을 갖고 자연스러운 의사소통이 이루어지게 하는 데 주안점이 있습니다.

단원의 지도 내용

- 지나간 일에 대해 묻고 답하는 표현 듣고 이해하기
- 지나간 일에 대해 묻고 답하는 표현을 말하기
- 지나간 일을 나타내는 어구, 문장 읽고 이해하기
- 지나간 일을 나타내는 단어, 어구를 완성하여 쓰기

교과서 살펴보기 단원 도입 살펴보기

학년 학기	4~5학년
단원(차시)	What did you do yesterday?
학습 주제	지나간 일 묻고 답하기

교과서의 단원 도입에서 제목과 그림을 살펴보고 단원의 학습 목표가 무엇인지 예상해 봅니다.

교과서 그림을 보면서 각각의 캐릭터들이 무엇을 하고 있는지 말해 봅니다. 그림을 보면서 어떤 대화가 오고 갈지 예상해 봅니다.

'Listen and Do' 대화를 들으면서 그림 찾는 활동은 본 단원의 주요 표현이 무엇인지 짐작하게 해 줍니다.

이 수업은 5차시 수업으로 지나간 일(과거에 한 일)에 대해 묻고 답하는 표현을 익혀 상대방에게 관심을 갖고 자연스러운 의사소통을 하기 위한 것입니다.

본시의 학습 문제

- 지나간 일을 묻고 답하는 표현을 듣고 말해 봅시다.

본시 학습의 교과서 살펴보기

A Listen and Speak

1. 그림을 보며 어구와 문장을 따라 말해 봅시다.

그림을 보며 지나간 일에 대해 묻고 답하는 거구나.

2. Jim이 오늘 한 일을 듣고, 해당 번호만큼 별을 색칠해 봅시다.

지나간 일을 표현하는 문장을 듣고 그림과 연결할 줄 알아야겠구나.

이 수업의 학습 문제는 지나간 일에 대해서 묻고 답하는 표현을 듣고 이해하여 말할 수 있어야 합니다. 이 수업을 잘 이해하기 위해서는 지금까지 배운 현재형 동사를 알고 있어야 하며 그 현재형 동사가 어떻게 과거형으로 바뀌는지 알아야 과거형 문장으로 묻고 답할 수 있습니다.

본시의 학습 요소

1. 과거형 동사 이해
2. 과거에 한 일 묻고 답하기

3. 아래의 사진첩에 들어갈 어구를 완성하여 써 봅시다.

I...
the piano.

I...
English.

I...
my mom.

I...
the classroom.

지나간 일을 묻고 답하는 표현을 알 수 있도록 과거형 동사를 지도해야겠구나.

그림 내용에 맞는 과거형 단어를 넣어 문장을 쓸 수 있어야 하는구나.

B Act and Play

1. 나는 누구일까요?

?	I... 어제 한 일		
Mike		cleaned my room	played
Jenny	washed my dog		helped
John	cleaned my room	played soccer	
Sally	helped my mom	cleaned my room	washed

02

학습 필요

이 내용을 학습해야 하는 까닭은 무엇인가?

과거에 한 일에 대해 묻고 답하는 표현을 학습해야 하는 까닭을 찾기 위해서는 반드시 교사용 지도서를 살펴보아야 합니다. 단원 개관을 살펴보면, 단원의 지도 목표가 언어 영역별로 제시되어 있습니다. 이 단원에서는 과거에 한 일에 대해 간단히 묻고 답하는 말을 익혀 상대방에게 관심을 갖고 자연스러운 의사소통의 기초를 형성하는 것이 바로 본시 학습을 해야 하는 까닭입니다.

성취 기준 **듣기:** 2-2 일상생활에 관한 간단한 말이나 대화를 듣고 세부 내용을 이해한다.
말하기: 2-3 일상생활에 관한 간단한 말이나 대화를 듣고 세부 내용을 묻고 답한다.

교사용 지도서 살펴보기

본 단원의 지도 이유를 알 수 있습니다.

성취 기준에 따른 단원의 지도 목표를 알 수 있습니다.

본 단원 지도에 필요한 주요 어휘와 문장을 확인할 수 있습니다.

LESSON 9 What Did You Do Yesterday?

단원 설정 취지	이 단원에서는 지나간 일에 대하여 간단히 묻고 대답하는 활동을 배운다. 즉, 과 하였는지 묻고 자신이 한 일에 대하여 말하며, 그때의 인상적인 일에 대한 느낌을 을 배운다.		
학습 목표	듣기	지나간 일에 대하여 간단한 문장을 듣고 이해한다.	
	말하기	지나간 일에 대하여 간단히 말한다.	
	읽기	1. 쉽고 간단한 문장을 소리 내어 읽는다. 2. 쉽고 간단한 문장을 읽고 의미를 이해한다.	
	쓰기	1. 쉽고 간단한 어구나 문장을 쓴다. 2. 예시문을 참고하여 그림에 어울리는 문장을 쓴다.	
의사소통 기능 및 언어 형식	의사소통 기능	1. 경험 묻기 2. 경험 말하기	What did you do yesterday? I went to the science museum.
	언어 형식	What did you do ______? I went (met) ______ yesterday.	
어휘	cousin, telephone, yesterday, surprise, say, star, visit, finally, feel		

03

교육과정 교과 지식

이 학습 내용과 관련하여 교사가 알아야 할 내용은 무엇인가?

영어

본시 학습 내용을 더 잘 가르치기 위해서는 교사가 관련 내용을 미리 알아 두어야 합니다. 그 중에서도 가장 먼저 알아 두어야 할 내용은 지나간 일을 나타내는 표현과 관련된 학습의 계열입니다. 이것은 본시 학습 내용의 가르칠 범위를 결정하는 데 도움을 줍니다.

학습의 계열

선수 학습	• 교육과정 성취 기준 3~4학년군 성취 기준 (1-나) – 영어의 간단한 소리를 듣고 말하고, 주변의 친숙한 대상을 낱말과 문장으로 말하며, 학습 활동에 참여하여 간단히 묻고 답한다. 3~4학년군 영역 및 학습 내용 성취 기준 – 듣기: 지나간 일에 관한 간단한 말을 듣고 이해한다. (1-가-2-5) – 말하기: 지나간 일에 관해 간단히 말한다. (1-나-3-3)
본시 학습	• 교육과정 성취 기준 5~6학년군 성취 기준 (2-나) – 간단한 말이나 대화를 듣고 내용에 맞게 말하며 내용에 관해 묻고 답한다. 5~6학년군 영역 및 학습 내용 성취 기준 – 듣기: 일상생활에 관한 간단한 말이나 대화를 듣고 세부 내용을 이해한다. (2-가-2-2) – 말하기: 일상생활에 관한 간단한 말이나 대화를 듣고 세부 내용을 묻고 답한다. (2-나-2-3)
후속 학습	5~6학년군 성취 기준 (2-다, 라) – 쉽고 간단한 어구, 문장, 글을 소리 내어 읽고 의미를 이해하며, 쉽고 간단한 낱말과 어구를 쓴다. 5-6학년군 영역 및 학습 내용 성취 기준 – 읽기: 일상생활에 관한 짧고 쉬운 글을 읽고 이해한다. (2-다-3-1) – 쓰기: 주어진 낱말이나 어구를 넣어 간단한 문장을 완성한다. (2-라-2-3)

교과 핵심 지식 및 기능

이 단원을 지도하기 전에 교사는 학생들의 선개념을 점검하고 재지도가 필요한지 결정해야 합니다. 이 단원과 관련된 선개념 학습을 다음과 같이 소개합니다. 이러한 관련 지식은 앞으로 배울 과거형 문장을 익히는 데 쉽게 이해하고 접근할 수 있도록 도와줍니다. 특히 상위 수준의 학생들이 일상생활에서 흔히 경험한 사실을 과거형으로 자유롭게 묻고 답하고 싶어하는 욕구를 보이거나 질문을 했을 때 학생의 수준과 상황에 적절한 안내를 위한 교사의 사전 준비가 필요합니다.

활동을 나타내는 말(동사)에 대한 이해

활동을 나타내는 말(동사)의 의미를 알고 있는가?

과거에 한 일에 대해 묻고 답하는 표현을 배우는 데 있어서 동사의 역할이 매우 중요하다. 그래서 학생들의 이해를 돕고 개념을 확실히 알 수 있도록 한글 문장에서 동사가 무엇인지 찾아보게 한다. 그리고 한글로 된 동사를 영어 단어로 바꾸는 활동을 하면서 선개념을 점검하는 기회로 삼는다.

동사라는 문법적 용어 사용이 부담스러울 경우에는 '활동을 나타내는 말' '움직임을 나타내는 말' '동작을 나타내는 말' 등으로 풀어서 설명할 수도 있으나 현재형, 과거형, 미래형, 현재진행형 문장을 배울 때 계속 등장하는 것이 동사형 단어이므로 미리 설명한 후 익숙하도록 사용하는 것도 좋겠다.

현재형 동사에 대한 이해

3~4학년군의 주요 어휘 중 현재형 동사에 해당되는 낱말의 뜻을 이해하고 있는지 그림과 함께 제시한다.

swim, jump, dance, sing, go, make, meet, sit, stand, open, close, like, want, watch, eat, push, run, touch, study, play, clean, see, take, come, cook

과거형 동사에 대한 이해

한글 문장에서 현재형을 과거형으로 고쳐 보는 활동을 통해 동사의 모양이 변하는 것을 알고 영어 문장과 자연스럽게 연계해 본다. 현재형 동사가 과거형으로 어떻게 변하는지 몇 가지 예를 들어 동사가 규칙적으로 'ed'가 붙거나 불규칙적으로 모양이 변한다는 것을 인식하고 본 수업을 시작한다.

의문사 'What'으로 시작하는 질문

3~4학년군에서 배운 의문사 What으로 시작하는 질문과 대답 표현을 알아본다.

- What do you like? I like ________.
- What do you want? I want some ______.

조동사 'Do'로 시작하는 질문

3~4학년군에서 배운 Do로 시작하는 질문과 대답 표현을 알아본다.

- Do you like apples? Yes, I do / No, I don't.
- Do you have a pencil? Yes, I do / No, I don't.

과거 시간을 나타내는 시간 부사

과거 시간을 나타내는 부사를 알아본다.

- What did you do **yesterday**?
- Did you go to the park **last weekend**?
- I played soccer the day before **yesterday**.
- this morning, yesterday, last week, last weekend, last month, last year, the day before yesterday, three days before, five years ago

학생이 갖고 있는 오개념

이 수업에서 학생들에게 지나간 일에 대해 질문(What did you do yesterday?)하면 가장 많이 대답하는 것이 '~에 갔다'라는 표현이다. 그런데 동사를 과거형으로 바꾸어 대답하는 부분에서 'I went to ______'를 'I go to ____'로 대답하는 경우가 많다. 이는 과거형 동사의 불규칙 변화에 대한 이해가 체득되지 않았거나 과거형으로 질문하는 것을 이해하지 못하고 대답하는 습관이 형성되어 있기 때문이 아닌지 주의 깊은 관찰에 의한 지도가 필요하다.

04

학생 진단

이 내용을 학습할 학생들이 겪을 어려움은 무엇인가?

본시 학습 내용에 대한 성취도를 높이기 위해서는 학습 내용의 핵심 지식과 관련된 학생들의 선수 학습 정도가 어떤지, 학생들의 이해도를 높이는 데 방해하는 걸림돌이 무엇인지 미리 예상하거나 실태를 파악하고 걸림돌을 제거하여 이해도를 높이기 위한 대비책을 마련해 두는 노력이 필요합니다. 모국어(한글)로 선수 학습 개념을 설문 조사하여 영어 학습과 어떤 관련이 있는지 비교 분석하여 영어 학습의 핵심 지식과 자연스럽게 연계시키는 활동을 통해 학생들의 이해도를 높이고 좀 더 쉽게 영어 학습 내용에 접근하도록 돕는 방법을 고려해 보는 것이 필요합니다.

교과 핵심 내용(기능)에 대한 학생 이해도

(◎: 상, ○: 중, △: 하)

학생 이름	한글에 대한 이해			영어에 대한 이해	
	동사의 뜻 이해	동사를 나타내는 언어	현재형 문장을 과거형 문장으로	현재형 동사	과거형 동사
김 ○○	◎	◎	◎	◎	◎
문 ○○	△	○	○	○	◎
유 ○○	△	○	△	○	△
참고	• 동사라는 문법 용어를 국어 시간이나 영어 시간에 잘 사용하지 않으므로 '움직임을 나타내는 말' '동작을 나타내는 말' '활동을 나타내는 말'이라고 개념을 정리하고 예시를 들어 설명함 • 영어 학습 내용에서 동사를 활용한 주제들이 자주 등장하므로 의도적으로 사용할 수도 있음				

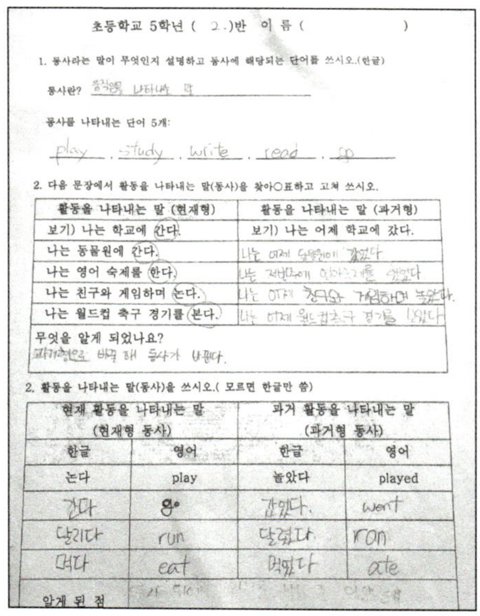
초등학교 5학년 (2)반 이 름 ( )

1. 동사라는 말이 무엇인지 설명하고 동사에 해당되는 단어를 쓰시오.(한글)

동사란? 움직임을 나타내는 말

동사를 나타내는 단어 5개:

play . study . write . read . go

2. 다음 문장에서 활동을 나타내는 말(동사)을 찾아○표하고 고쳐 쓰시오.

활동을 나타내는 말 (현재형)	활동을 나타내는 말 (과거형)
보기) 나는 학교에 간다.	보기) 나는 어제 학교에 갔다.
나는 동물원에 간다.	[illegible]
나는 영어 숙제를 한다.	[illegible]
나는 친구와 게임하며 논다.	[illegible]
나는 월드컵 축구 경기를 본다.	[illegible]
무엇을 알게 되었나요?	

2. 활동을 나타내는 말(동사)을 쓰시오.(모르면 한글만 씀)

현재 활동을 나타내는 말 (현재형 동사)		과거 활동을 나타내는 말 (과거형 동사)	
한글	영어	한글	영어
논다	play	놀았다	played
간다	go	갔었다.	went
달리다	run	달렸다.	ran
먹다	eat	먹었다	ate
알게 된 점	[illegible]		

학습 내용

핵심 지식 : 지나간 일에 대해 묻고 답하는 표현

- 움직임을 나타내는 말(동사)의 의미 이해하기
- 현재형과 과거형 동사의 차이점을 알고 바르게 사용하기
- 과거형 동사의 규칙, 불규칙 변화를 이해하고 바르게 사용하기

본시 학습에서 학생들에게 꼭 가르쳐야 할 네 가지 핵심 지식의 내용입니다.

영어

핵심 지식 1 한글로 된 현재형 문장과 과거형 문장 비교 이해

※ 다음 문장을 〈예시〉와 같이 고치고 동사에 해당되는 낱말에 ○표 하시오.

현재형 문장	과거형 문장
〈예시〉 나는 학교에 간다.	〈예시〉 나는 학교에 갔다.
나는 TV를 본다.	
나는 영어 공부를 한다.	
알게 된 점: 동사의 모양이 바뀐다.	

※ 질문 의도

- 한글 문장에서의 동사와 동사의 변화를 이해하고 영어와 연결시키기 위해
- 한글에서의 현재형, 과거형 문장 이해를 통한 영어의 현재형, 과거형 문장 접근

핵심 지식 2 한글과 영어를 비교하여 과거형 이해

※ 〈예시〉와 같이 알고 있는 동사를 쓰시오.

현재형 동사		과거형 동사	
〈예시〉 놀다	play	〈예시〉 놀았다	played
알게 된 점: 한글과 영어에서 과거형으로 바뀔 때 동사 모양이 변한다.			

※ 질문 의도

– 한글과 영어 모두 현재형에서 과거형으로 바뀔 때 동사의 모양이 바뀜을 이해

– 영어에서 동사가 과거형으로 바뀔 때 규칙, 불규칙적으로 변하고 있음을 이해

활동	1단계	2단계	3단계
학생 활동 자료	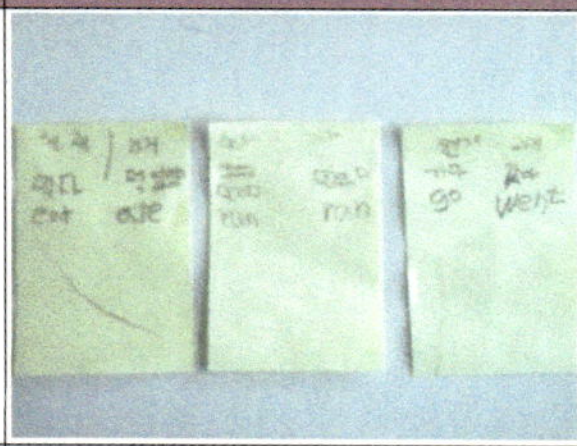	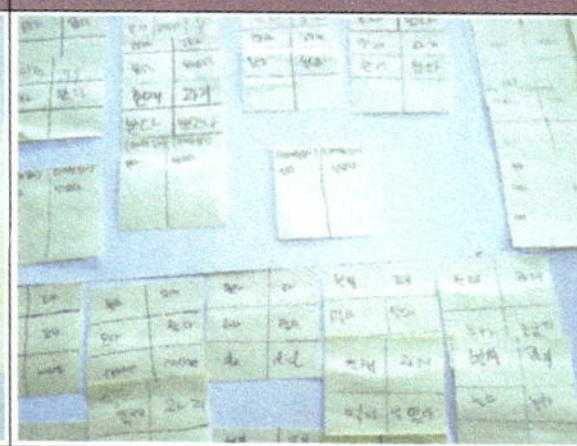	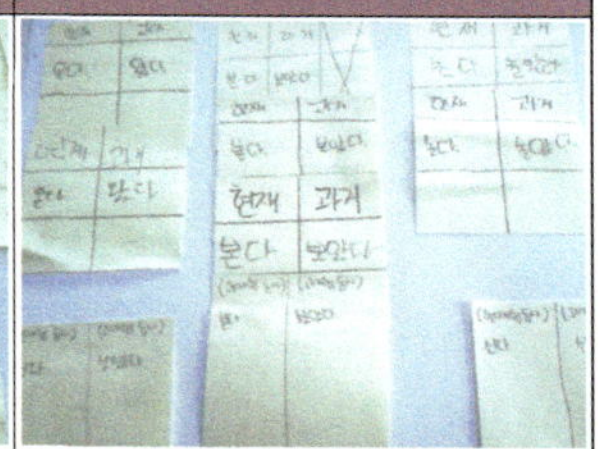
교사 수업 자료			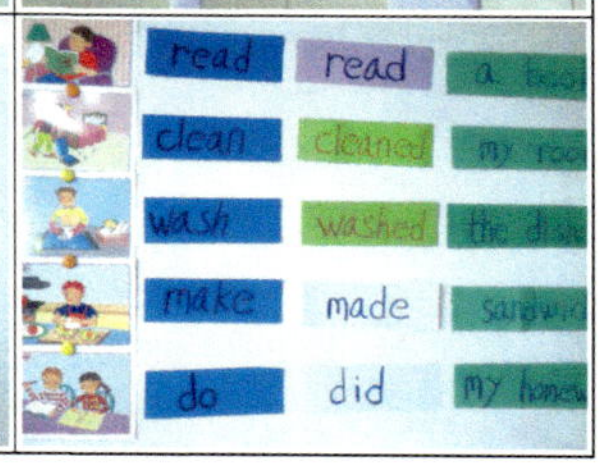

핵심 지식 3 과거를 나타내는 시간 부사

• 한글에서 과거 시간을 나타내는 낱말

– 어제, 지난 밤, 그저께, 작년, 방금 전, 지난 주, 지난 주말, 지난 달 등

• 영어에서 과거 시간을 나타내는 낱말

– yesterday, last week, last month, last night, the day before yesterday 등

※ 질문 의도

– 과거형 문장에는 과거 시간을 나타내는 낱말이 사용됨을 이해

핵심 지식 4 질문(What, Did) 형식에 따른 대답 이해

※ 질문 형식

1. What did you do yesterday?	2. Did you play soccer yesterday?
I played soccer.	Yes, I did.
I went to the park.	No, I didn't.
알게 된 점: What과 Did의 대답 형태가 다르다.	

※ 질문 의도

– What과 Did로 질문할 때 대답의 차이를 이해

여기서 잠깐!

핵심 지식으로 추가할 내용이 있다면 적어 보세요.

난개념

본시에서 학습해야 할 내용 중에서 선개념으로 배웠으나 학생들이 이해하기 어려워하는 내용이 무엇인지 미리 알아 두어야 합니다. 가장 기본적인 난개념을 어떻게 해결하는지가 학습 목표 도달을 결정합니다. 본시 학습의 난개념을 자세히 살펴보기로 할까요?

난개념 1 과거 동사의 불규칙 변화

- 과거 동사의 불규칙 변화를 어려워함(go – went).
- 과거 동사의 예외적 변화를 어려워함(study – studied).

난개념 2 상황에 어울리는 동사 선택

- 그림 없이 영어 동사를 읽고 의미를 이해하는 것을 어려워함.
- 과거 상황에 맞는 동사를 선택하여 질문하고 답하는 것을 어려워함.
- 규칙, 불규칙 변화 과거 동사 이해와 문장에서의 쓰임을 어려워함.

난개념 3 지나간 일을 묻는 질문과 대답

• 각 단어의 역할이나 문장에서 놓이는 순서를 어려워함.

• 두 질문의 차이점을 알고 과거형으로 대답하는 것을 어려워함.

질문: What did you do yesterday? 대답: I did my homework.

질문: Did you go to school? 대답: Yes, I did. / No, I didn't.

※ 초등학생에게 문법적 설명은 한계가 있음.

여기서 잠깐!

난개념에 추가할 내용이 있다면 적어 보세요.

오개념

본시에서 학습해야 할 내용과 관련하여 학생들이 이미 갖고 있는 선개념 중에서 잘못 알고 있거나 본시 학습 중에 잘못 이해할 가능성이 있는 내용이 무엇인지도 파악하여야 합니다. 이것을 오개념이라고 합니다. 흔히 볼 수 있는 오개념에는 어떤 것들이 있는지 예시를 통해 같이 고민해 보기로 할까요?

오개념 1 시간을 나타내는 시간 부사의 종류와 개념

• 시간의 흐름에 따라 달라지는 시간 부사의 종류와 의미를 혼동함.
  – yesterday, today, tomorrow의 차이를 정확히 알지 못함.

• 시간 부사에 따른 동사의 모양 변화를 혼동함.
  – I'm swimming yesterday.
  – I sing tomorrow.

오개념 2 문법적 오류와 비슷한 모양의 단어 구분

- 동사의 현재 진행형 표현 간섭이 많이 일어남.
  - I'm eating chicken, I'm playing soccer 등
- went와 want의 발음과 뜻을 정확히 구분하지 못함.
- go와 went를 구별하지 않는 습관적 오류가 자주 일어남.

여기서 잠깐!

오개념에 추가할 내용이 있다면 적어 보세요.

흥미, 태도

본시 수업 내용은 '지나간 일에 대해 묻고 답하기'입니다. 학습 내용에 대한 지식을 배우는 것도 중요하지만 배우는 과정에서 활동에 관심과 흥미를 갖고 적극 참여하여 친구와의 원활한 의사소통에 의한 대화 능력을 기르도록 해야 합니다. 따라서 본시 학습과 관련한 학생들의 흥미나 태도 등을 살펴보고, 학습 목표 도달과 관련하여 지도해야 할 내용을 찾아보기로 합니다.

- 학습 활동에 적극적이며 서로 소통하며 배우기를 좋아한다.
- 모둠 협력 학습을 하며 도움을 주고받는 것을 자연스럽게 생각한다.
- 모둠별 흥미로운 게임을 개발하여 목표 언어를 효과적으로 연습하며 배운다.

여기서 잠깐!

흥미, 태도와 관련하여 추가할 내용이 있다면 적어 보세요.

05

교수 처방

이 학습 내용을 지도할 때 사용하는 교수법과 사용 이유는 무엇인가?

본시 수업 내용은 '지나간 일에 대해 묻고 답하기'입니다. 앞에서 살펴본 학생들의 이해도, 즉 난개념, 오개념을 지도하기 위해서는 학생 이해도의 내용 및 수준에 따라 적절한 표상 방법을 활용한 교수 처방이 필요하고, 이를 뒷받침하기 위해서는 교사와 학생의 상호작용을 활발하게 하는 수업 대화가 필요한데, 이것은 대체적으로 마중물 수업 전략으로 가능합니다. 따라서 교수법을 연구할 때에는 표상 전략과 마중물 전략을 함께 연구해야 합니다.

[본시 학습 준비] 단계에서의 선개념과 교수 처방

본시 수업에서 '지나간 일에 대해 묻고 답하기'를 위한 선개념을 어느 정도 갖추고 있는지 파악하는 것이 필요합니다. 의외로 많은 학생들이 움직임을 나타내는 말(동사)이 무엇을 의미하는지 잘 모르며 문장에서 동사를 잘 찾지 못하는 경우도 있습니다. 그래서 먼저 한글에서 얼마나 이해하는지 알아보고 점차 영어로 접근하면 이해하는 데 도움이 됩니다.

본시 수업과 관련된 선개념 본시 학습 준비 단계

① 움직임을 나타내는 말(동사)이 무엇인지 이해하기(한글 → 영어)
② 그림을 보고 움직임을 나타내는 말(동사)로 표현하기(한글 → 영어)

예시 자료 ① 움직임을 나타내는 말(동사)의 의미가 무엇인지, 한글로 이해하는지 먼저 알아보고 영어로 표현하여 현재형 동사를 상기시킨다.

그림			
한글	읽는다	만든다	먹는다
영어	read	make	eat

연결 진단을 위한 학습지를 통해 움직임을 나타내는 현재형 표현을 그림과 한글, 영어로 제시하여 연결시켜 보고 현재형 동사를 얼마나 알고 있는지 확인한다. 이 과정에서 교사의 딴청부리기를 통해 동사의 개념을 확실하게 한다.

교사 앞으로 학습할 내용을 위해 필요한 지식이 어느 정도 준비되어 있는지 알아보는 활동이니 부담감 없이 써 보기 바랍니다. 모르는 것이 있다고 걱정하지 말고 아는 것만 쓰면 됩니다. 영어로 쓰는 부분에서 모르면 한글로 써도 됩니다.

Let's find out how much you know before we start today's lesson. Write as much as you can, write in English or Korean.

교사 먼저 움직임을 나타내는 말(동사)이 무슨 뜻일까요? 설명하기 어렵다구요? 선생님이 몸짓으로 힌트를 주겠습니다.(노래하기, 음식 먹기, 춤추기, TV 보기 등)

What is a verb? What does it mean? Is it difficult to understand? I will try to show you what it means.

학생 활동을 나타내는 말입니다.

It describes our actions.

학생 눈으로 볼 수 있는 움직임을 표현하는 말입니다.

It describes movements we can see with our eyes.

교사 tree, flower, bird 이런 것들을 말하는 거군요.

You mean trees, flowers and birds.

학생 아닙니다. 그런 것은 어떤 사물의 이름을 나타내는 것입니다.

No. Those are the names of objects.

교사 그래요? 그럼 예를 들어서 설명할 수 있나요?

Alright. Then can you give me an example of what a verb is?

학생 먹는다, 축구한다, 청소한다, 노래한다, 춤춘다 등 이런 것들을 말하는 거 같아요.

I think a verb describes actions like eat, play soccer, clean, sing and dance.

교사 네, 동사를 나타내는 낱말의 예를 아주 잘 들었습니다. 다음 질문은 문장에서 움직임을 나타내는 낱말(동사)을 찾는 것인데, 먼저 한글 문장에서 동사를 찾아 표시하고 그 다음 영어 문장에서 동사를 찾아 표시해 봅시다.

Yes, those are very good examples. In the next question we are going to find verbs in the sentences. First let's find the verb in the Korean sentence and then in the English sentence.

	나는 학교에 간다.	I go to school.
	나는 책을 읽는다.	I read a book.
	나는 점심을 먹는다.	I have lunch.

교사 문장 안에서 동사를 잘 찾았습니다. 한글 문장에서 동사를 나타내는 단어는 무엇인가요?

You found the verbs very well. What are the verbs in the Korean sentences?

학생 간다, 읽는다, 먹는다입니다.

go, read, and eat.

교사 영어 문장에서 동사를 나타내는 단어를 함께 읽어 봅시다.

Let's read the verbs in the English sentences together.

학생 (go, read, have를 읽는다.)

[동기 유발] 단계에서의 난개념과 교수 처방

학생들 중에는 움직임을 나타내는 말(동사)이 시간의 흐름에 따라 그 표현이 달라진다는 것(현재형, 과거형 동사)을 알지 못하는 경우가 있습니다. 따라서 교사는 학생들의 이해를 돕고 자연스럽게 본시 학습과 연결될 수 있는 지도 계획을 세우는 것이 필요합니다.

본시 수업과 관련된 난개념 동기 유발 단계

① 움직임을 나타내는 말의 형태 변화 이해
- 한글로 된 동사와 영어로 된 동사의 단어를 비교하여 공통점 찾기

② 현재형, 과거형 영어 동사의 형태 변화 이해
- 예시 자료를 통해 이해

예시 자료 ① 동기 유발을 위한 학습지

현재형 동사		과거형 동사	
놀다	play	놀았다	played
가다	go	갔다	went
하다	do	했다	did
알게 된 점: 한글과 영어 모두 동사 모양이 바뀐다.			

예시 자료 ② 개별로 포스트잇에 적고 모둠에서 모아 큰 전지에 기록

현재형 동사	과거형 동사
go	went
play	played

현재형 동사	과거형 동사
eat	ate
make	made

개인별 쓰기	모둠별 모아서 분류	전체 종합 정리
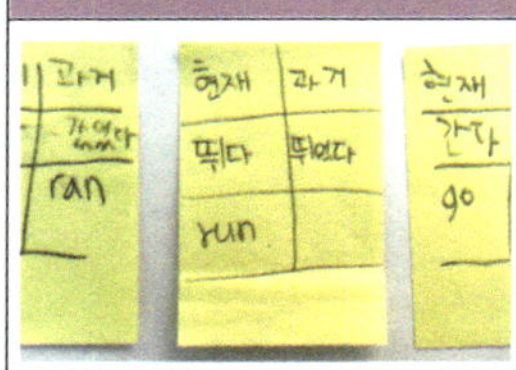		

예시 자료 ③ ➜ 본 차시 수업 관련 교수 자료

현재형 동사	과거형 동사	과거형 문장

연결 ➜ 동기 유발을 통해 한글이나 영어 모두 시간의 흐름에 따라 동사의 모양이 바뀌고 있음을 연결시키고, 그림을 보면서 현재형 영어 동사를 확인한다.

교사 현재형 동사를 과거형으로 바꾸는 것을 선생님이 다니면서 보니 아주 잘 하고 있었습니다. 현재형을 과거형으로 바꾸어 보면서 알게 된 것이 있나요? (예시 자료 ① 참조)

You did a very good job changing verbs from present tense to past tense. What have you learned from this?

학생 한글과 영어 모두 동사의 모양이 바뀌는 것을 알 수 있습니다.

We learned that the verbs change in both Korean and English.

학생 한글에서 과거형으로 바뀔 때 쌍시옷 받침이 있음을 알 수 있습니다.

예) 놀다 – 놀았다, 먹다 – 먹었다, 보다 – 봤다

In Korean, the ㅆ is used in the past tense.

교사 아주 잘 찾았습니다. 그 다음 질문은 한글로 된 동사를 영어로 바꾸어 보는 것이었는데 아직 배우지 않아서 많은 학생들이 영어로 쓰지 못했습니다. 앞으로 배울 것이니까 걱정하지 않아도 됩니다. 지금부터는 질문지에 쓴 것을 포스트잇에 써서 모둠별로 모아 볼 겁니다. 영어로 쓸 수 있으면 쓰고 모르면 한글로 써도 됩니다. 세 개의 동사를 각각의 포스트잇에 써서 모둠판에 붙여 봅시다. 모둠판에 붙일 때에는 같은 동사끼리 모아서 붙여 봅시다. (예시 자료 ② 참조)

Very good. Next we are going to change Korean into English. We are going to write three verbs on post-it notes and put them on the group board.

각자 작성한 포스트잇을 모둠판에 분류해서 붙여 놓았죠? 지금부터 칠판에 준비된 큰 단어표에 각 모둠에서 찾아낸 동사를 한 명씩 나와서 써 넣어 봅시다.

Now, let's put the verbs together on the word chart.

학생 (큰 단어표를 보고 없는 동사를 추가하여 빈 칸을 모두 채운다.)

교사 여러분들이 완성한 표를 보고 무엇을 알 수 있나요? (예시 자료 ② 참조)

What can you learn from the chart that you made?

학생 동사의 모양이 바뀌고 있음을 알 수 있습니다.

We can see that the verbs are changing.

학생 과거형으로 바뀔 때 'ed'가 끝에 붙는 것이 있습니다.

We can see that the letters 'ed' are added when the verbs are changed into past tense.

학생 현재형과 과거형 동사의 모양이 다르다는 것을 알 수 있습니다.

We can see that the present tense are different from the past tense.

교사 아주 잘 찾았습니다. 그럼 선생님이 준비한 자료를 관찰하고 비교하여 알아낸 사실을 다시 한 번 자세하게 말해 봅시다. (예시 자료 ③ 참조)

Very good. Now let's look at the material together and discuss what we can learn from it.

학생 영어도 한글과 같이 현재형, 과거형 동사가 있다는 것을 알 수 있습니다.

We can learn that English verbs also have a present tense and a past tense like Korean.

학생 현재형에서 과거형으로 바뀔 때 모양이 달라지는 것을 알 수 있습니다.

We can learn that the verb changes from present tense to past tense.

학생 어떤 동사는 과거형으로 바뀔 때 규칙적으로 'ed'가 붙는 것이 있고 어떤 동사는 모양이 완전히 다르게 변하는(불규칙) 것이 있습니다.

We can learn that some verbs have the letters 'ed' added and some verbs change in different ways.

학생 study에서는 y가 i로 바뀌어 studied가 되었습니다.

In study, the 'y' becomes an 'i' and it changes into studied.

교사 아주 많은 것을 찾아내고 알아냈습니다.

You found a lot.

이번에는 과거형 문장을 만들 때 과거의 시간을 나타내는 낱말이 무엇이 있는지 알아봅시다. 먼저 한글에서 찾아보도록 해요.

Now let's find the Korean words that are used to describe a past tense sentence.

학생 어제, 그저께, 지난 주말, 지난 주, 지난 달, 작년, 재작년 등이 있습니다.

There are words like yesterday, the day before yesterday, last weekend, last week, last month, last year, last last year.

교사 아주 좋아요. 자, 이제 영어에서 찾아보도록 합시다. 지나간 시간을 나타내는 낱말에는 무엇이 있나요?

Very good. Now let's find the words in English.

학생 yesterday, the day before yesterday, last week, last month 등이 있습니다.

There are words like yesterday, the day before yesterday, last week, last month.

교사 지금까지 여러분들과 함께한 활동을 통해 앞으로 학습할 것이 무엇인지 알 수 있겠습니까?

From what we have learned so far, can you guess what we are going to learn now?

학생 지나간 일(과거형)에 대해 묻고 답하는 표현을 배울 것 같습니다.

I think we are going to learn about asking and answering questions about past tense sentences.

교사 네, 그렇습니다. 오늘 이 시간에는 지나간 일에 대해 묻고 답하는 표현을 여러 가지 활동을 하면서 배울 것입니다.

That is correct. Today we are going to learn through activities which expressions to use to ask and answer questions about past events.

[복습] 단계에서의 난개념과 교수 처방

학생들 중에는 그 동안 배운 움직임을 나타내는 말(현재형 동사)을 알지 못하거나 읽기를 어려워합니다. 이 단원에서는 동사의 과거형을 배우게 되어 있지만 동사의 현재형을 알지 못하면 과거형을 알 수 없으므로 그림과 현재형 동사를 같이 제시하여 과거형을 배우는 전략을 사용하면 도움이 됩니다. 그리고 학생들의 삶과 연결된 의미 있는 상황을 배움 활동과 연계하는 것이 효과적이므로 '집에서 하는 일'을 중심으로 동사를 배웁니다.

본시 수업과 관련된 난개념 복습 단계

① 그림과 어울리는 단어(현재형 동사) 찾기
– 그림과 현재형 동사를 연결시킨 후 따라 읽기

예시 자료 ①

그림	현재형 동사	그림	현재형 동사
	clean		wash
	cook		watch

교사 그림에 맞는 단어를 찾아 붙여 봅시다. 누가 나와서 해 볼까요?

Let's find and stick the picture that fits the word. Who wants to try?

학생 (그림과 어울리는 현재형 동사를 찾아 그림 옆에 붙이며 단어를 읽는다.)

(Student finds the corresponding present tense verb, sticks it next to the right picture, and reads the word.)

교사 그림과 단어를 보면서 선생님이 읽는 것을 잘 듣고 따라 합니다.

Now pay attention to the picture and the word and repeat after me.

교사 그림에 맞게 동사를 읽으면 소리 내어 따라 읽고 맞지 않으면 손뼉만 세 번 칩니다. (교사의 딴청부리기)

If I read the verb correctly read it out loud, but if it is incorrect clap your hands three times.

학생 (선생님이 읽는 소리를 잘 듣고 게임 규칙대로 하면서 동사의 뜻을 복습한다.)

(Listens carefully to how the teacher reads the words and reviews the meaning of the verbs.)

교사 그림 카드로 게임을 하겠습니다. 그림 카드를 책상 위에 펼쳐 놓고 선생님이 부르는 순서대로 놓아 봅시다.(빙고 게임도 가능)

Let's play games with these picture cards. I will place the cards on the desk and try putting them in the order I say.

교사 이번에는 단어 카드와 함께 놓아 봅시다.(그림과 단어 match)

Let's place the cards with the word cards.

교사 그림을 빼고 단어 카드로만 연습해 봅시다.

Let's play only with the word cards and not the picture cards.

학생 (그림 카드와 단어 카드로 게임을 하면서 동사의 뜻과 소리를 익힌다.)

학생 (그림 카드 없이 단어 카드로만 게임을 하며 현재형 동사 낱말을 익힌다.)

[배움 1] 단계에서의 난개념과 교수 처방

복습을 통해 움직임을 나타내는 말(현재형 동사)을 이해하였으면 시간에 따라 그 표현이 달라진다는 것(현재형 → 과거형 동사)을 알아야 합니다. 앞에서 제시한 그림과 현재형 동사를 그대로 칠판에 붙여 놓은 상태에서 과거형 동사를 자연스럽게 소개하는 것이 좋습니다.

본시 수업과 관련된 난개념 배움 1 단계

① 현재형 동사와 과거형 동사의 만남
   – 현재형 동사가 과거형 동사로 어떻게 바뀌는지 이해하는 데 도움

② 규칙 동사와 불규칙 동사의 차이 인지
   – 규칙과 불규칙 과거형 동사의 인지와 소리 내어 읽기 도전

예시 자료 ① 그림, 현재형, 과거형 동사를 동시에 제시한다.

그림	현재형 동사	과거형 동사	수업 장면
	clean	cleaned	
	watch	watched	

교사 그림과 현재형 동사를 보고 이에 알맞은 과거형 동사를 찾아봅시다.

Find the correct past tense verb by looking at the picture and the present tense verb.

학생 (칠판에 제시된 자료를 참고로 하여 과거형 동사를 찾아 옆에 붙인다.)

(Finds the correct past tense verb and places it on the board.)

교사 완성된 위의 표를 보고 알 수 있는 것이 무엇인지 이야기해 봅시다.

Look at the chart above and tell me what you learned.

학생 현재형 동사가 과거형으로 바뀔 때 단어 뒤에 ‘ed’가 붙어서 변해요.

When present tense verbs change into past tense verbs the letters ‘ed’ are added.

학생 어떤 단어는 모양이 완전히 다르게 변해요.

Some words change completely.

교사 **설명** 현재형 동사가 과거형으로 바뀔 때 단어 뒤에 ‘ed’가 붙어서 변하는 동사를 규칙 동사라고 합니다. 그리고 모양이 완전히 다르게 변하는 동사를 불규칙 동사라고 하는데 불규칙이라는 말은 규칙이 없다는 말입니다.

교사 시범 (읽기 시범을 보여 주고 어떻게 소리 내어 읽는지 알게 한다.)

교사 그림과 단어를 보면서 선생님이 읽는 것을 잘 듣고 따라 합니다.

Look at the pictures and the words and repeat after me.

교사 선생님이 읽는 현재형 단어를 잘 듣고 과거형으로 말해 봅시다.

Please say the past tense form of the present tense verbs that I read.

교사 각자 준비된 그림 카드를 한 줄로 놓고 빙고 게임을 해 봅시다. 선생님이 말하는 과거형 문장에 해당되는 그림 카드가 양 끝에 있으면 그 카드를 가져갑니다. 카드를 제일 먼저 모두 가져간 사람이 빙고를 외치면 됩니다.

Arrange the picture cards in one row and let's play bingo. If there is a card that is the same as the past tense sentence that I read, take that card. The person who has taken all the cards first must shout 'bingo'.

학생 (그림 카드를 한 줄로 놓고 선생님이 말하는 것을 잘 들으며 규칙에 따라 게임을 한다.)

(Arrange the picture cards in one row and play bingo game.)

교사 낱말 카드를 만들어 게임해 보도록 합시다. 선생님이 나누어 준 빈종이 카드에 과거형 동사를 각각 씁니다.

Let's make word cards and play a game. Please write past tense verbs on the blank cards I have given you.

학생 (칠판에 제시된 과거형 동사를 보고 각자 낱말 카드를 만든다.)

(Makes past tense word cards by themselves.)

교사 낱말 카드를 모두 뒤집어 놓고 기억 게임을 해 봅시다. 선생님이 말하는 것을 잘 듣고 카드를 한 번에 집어서 맞으면 가져가고 맞지 않으면 그 자리에 다시 뒤집어 놓습니다. 모든 카드를 제일 먼저 찾은 사람이 빙고를 외칩니다.

Flip over all the word cards and let's play a memory game. Listen to the word I say and if you find the right card take it but if you find the wrong card flip it over again.

교사 이번에는 짝끼리 읽기 연습을 한 후 모둠별로 단어 카드를 활용하여 게임을 즐겁게 만들어 봅시다. 게임의 목적은 과거형 단어를 소리 내어 잘 읽을 수 있도록 하는 것입니다.

Practice with your partner and let's play the game in groups. The goal of this game is to learn how to read the words correctly.

학생 (멘토-멘티가 되어 단어 읽기를 서로 도와준다. 짝끼리의 연습이 끝난 후 모둠이 의논하여 단어를 잘 익힐 수 있는 게임을 만들어서 해 본다.)

(Help each other read the words together. After practicing reading make a game and play.)

[배움 2] 단계에서의 난개념과 교수 처방

과거형 동사와 친해지는 활동을 마무리하고 나면 그림 상황에 맞게 과거형 문장으로 묻고 답하는 연습을 합니다.

본시 수업과 관련된 난개념 배움 2 단계

① 과거의 한 일에 대해 질문하는 표현
 – 'What did you do yesterday?'의 뜻을 알고 질문하기
② 과거의 한 일에 대한 질문에 답하는 표현
 – 그림 상황에 맞게 과거형 동사를 사용하여 대답

예시 자료 ① 그림, 현재형, 과거형 동사를 동시에 제시한다.

교사 'What did you do yesterday?' 이 질문 문장에서 과거에 한 일을 묻고 있다는 것을 알려 주는 것에는 무엇이 있을까요?

In the sentence 'What did you do yesterday?', what are the words that are asking a question in the past tense?

학생 did와 yesterday가 있습니다.

There are the words did and yesterday.

교사 설명 네, 맞습니다. do의 과거형은 did입니다. 그리고 지나간 시간를 나타내는 yesterday(어제)가 있네요. 'What did you do yesterday?'는' 어제 너는 무엇을 했니?'라고 상대방에게 질문하는 것입니다.

That is correct. Did is the past tense of do. The word yesterday is used to describe the past.

교사 다 함께 따라 읽어 봅니다.

Let's read together.

학생 (질문하는 문장을 듣고 따라 한다.)

(They listen and repeat.)

교사 모둠원끼리 돌아가며 질문하는 말을 연습해 봅시다.

Let's practice asking questions in groups.

교사 (그림 상황에 어울리는 나머지 어구를 제시하여 대답하는 문장을 완성하도록 한다.)

Show phrases and have them make complete sentences.

교사 누가 나와서 문장을 완성해 볼까요?

Who wants to come up and complete the sentence?

학생 (그림 상황에 어울리는 어구를 찾아 문장을 완성한다.)

(They complete the sentence and match the picture.)

문장 예시	수업 장면
I cleaned my room	
I did my homework	

교사 완성된 문장을 하나씩 듣고 따라 말해 봅시다.

Let's listen to the completed sentences and read them out loud.

교사 "What did you do yesterday?"라고 질문하면 선생님이 가리키는 그림 상황에 맞게 대답을 합니다. (여러 번 반복하여 묻고 답하는 연습을 한다.)

Teacher points to the picture and asks "What did you do yesterday?" then you will answer correctly. (Practice several times.)

교사 그림 카드를 갖고 짝과 함께 묻고 답하는 연습을 먼저 한 후, 모둠원과 재미있는 게임을 하면서 과거에 한 일에 대해 묻고 대답해 봅시다.

Practice with your partner first and then play a game with your group.

학생 우리가 하고 싶은 게임을 만들어서 연습하는 건가요?

Do we make our own games and practice?

교사 네, 그림 카드를 이용하여 질문하고 답하는 연습을 많이 할 수 있는 게임이 무엇일지 먼저 의논하고 합니다.

Yes, let's discuss what kind of game we can make with the picture cards and practice asking and answering questions.

06

지도 유의점

이 학습 내용을 지도할 때 고려해야 할 유의점은 무엇인가?

이 제재는 '과거에 한 일에 대해 묻고 답하는 표현 익히기' 활동을 통해 자신의 과거에 있었던 경험과 상대방의 경험을 나눌 수 있는 의사소통 능력을 향상시킴은 물론이고 글로 표현된 대화 글이나, 짧은 글을 읽고 이해하여 다른 사람의 경험도 공유함으로써 풍부한 언어 소통 능력과 자질을 갖추는 세계 민주 시민으로 성장하게 하는 데 주안점이 있습니다. 따라서 학생의 발달 수준과 교사의 수업 전문성 수준에서 고려해야 할 유의점을 알고 있어야 합니다.

학생의 발달 수준에 따른 학습 활동

본시 수업에서 학습할 과거형 문장에 대한 배움이 잘 일어나게 하기 위해서는 그 동안에 배운 현재형 동사를 활용한 문장 표현을 얼마나 잘 알고 있는지 확인하는 것이 필요합니다. 전시 학습 단계와 동기 유발 단계에서 사전 학습 정도를 파악하는 과정을 거쳐 학생들이 본 단원 학습에 필요한 준비가 되어 있지 않다면 필수 선수 학습 내용을 기억하게 하고 재지도하여 본 학습을 위한 준비가 되도록 도와 배움이 잘 일어나도록 해야 합니다.

수업 전문성 수준에 따른 학습 내용

대부분의 교사들은 교과서와 교사용 지도서에 제시되어 있는 학습 활동 그대로 수업을 합니다. 교과서의 내용과 방법은 하나의 예시 자료일 뿐입니다. 성취 기준을 바탕으로 하여 더 실제적이고 적용 가능한 활동과 내용을 찾는 것은 수업 전문과 교육과정 전문가로서의 몫이라고 볼 수 있습니다. 지역, 학교, 학생의 실태를 분석해서 활동 수준을 높이거나 낮추는 것은 교사만이 할 수 있는 일입니다. 이때 반드시 고려해야 할 내용은 국가에서 제시한 성취 기준입니다. 이 성취 기준을 도달할 수 있는 내용이라면 다양하게 교사의 재량으로 구성할 수 있습니다.

07

학생 평가

이 학습 내용에 대한 학생들의 이해도나 어려움을 평가하는 방법은 무엇인가?

평가는 교수 · 학습 과정의 한 부분이며, 학습자의 영어 성취 능력을 평가할 뿐 아니라 교수 · 학습 전반에 대한 평가 자료로 활용될 수 있도록 평가 목적을 극대화하고, 교수 · 학습의 질을 최적화하기 위한 포괄적이고 구체적인 평가가 이루어져 그 결과가 교수 · 학습에 재투입되는 과정 중심의 평가가 되도록 해야 합니다.

평가의 목적과 내용, 학생의 수준에 따라 다양한 평가 방법을 사용하고, 의사소통 전략을 활용할 수 있도록 평가 문항을 구성하여 개별적인 언어 기능뿐 아니라 통합 기능도 평가할 수 있도록 합니다. 평가 결과는 학생의 성취도를 신장하고 학습 동기와 의욕을 높이는 자료로 활용하도록 하는 것이 바람직합니다.

그림을 보고 과거형 문장으로 말할 수 있는가? (인지적 영역)

- **평가 시기:** 배움 활동 중
- **평가 방법:** 관찰 평가
- **평가자:** 짝과의 상호 평가, 교사 평가
  – 그림 상황에 맞게 과거형 문장으로 말할 수 있는가?

멘토–멘티가 되어 서로 협력하여 배우는 활동 과정 중 상호 평가를 할 수 있으며, 모둠원끼리 게임하며 서로 가르치고 배우는 기회를 주어 학습의 순환적 과정(계획–실천–평가에 근거한 계획–실천)이 지속적으로 이루어질 수 있도록 합니다.

교사는 평가 과정 중 재지도의 필요성을 느낄 때 반복 지도함으로써 그림 상황에 맞게 과거형 문장으로 표현하는 것의 어려움을 겪는 학생이 없도록 하는 것이 평가의 목표라고 할 수 있으므로 이에 대한 사전 계획 수립도 중요하다고 할 수 있습니다.

그림 상황에 맞게 과거에 한 일에 대해 묻고 답할 수 있는가? (인지적 영역)

- **평가 시기:** 배움 활동 중
- **평가 방법:** 관찰 평가
- **평가자:** 교사 평가

영어 학습의 궁극적 목적은 실생활 속에서 일어나는 일에 대해 사실적 정보를 묻고 답하며 의사소통하는 가운데 원만한 인간관계를 형성하고 행복한 민주 시민으로 살아가는 데 있습니다. '쉽고 간단한 표현을 사용하여 상황과 목적에 맞게 묻고 답한다'라는 성취기준에 부합하는 의도된 학습에 의한 지식이 얼마나 내면화되어 있는지 지속적인 관찰 평가와 재지도는 다음 단계 학습을 위해 필요하다.

지나간 일에 대한 표현을 익히는 짝, 모둠 활동에 흥미를 갖고 적극 참여하는 태도와 협력을 잘 하고 있는가? (정의적 영역)

- **평가 시기:** 배움 활동 중
- **평가 방법:** 관찰 평가
- **평가자:** 교사 평가, 모둠 평가, 자기평가

학습 활동에 흥미와 관심을 갖고 모둠과의 협력 학습에 적극적인 태도로 임하는지 교사의 지속적인 관찰과 상호 동료 관찰 평가, 자기 평가를 통해 영어 학습 향상에 방해 요소가 있는지 살피고 부정적인 요소가 발견되었을 때 즉각적이고 현실성 있는 처방을 하여 누적되지 않도록 학생을 돕는 것이 정의적 영역 평가의 목적이라 할 수 있습니다.

평가 예시

<table>
<tr><th colspan="2">평가 관점</th><td colspan="3">학습목표 달성을 위한 학습활동 과정에 적극적으로 참여하였는가?</td><th>평가 방법</th></tr>
<tr><th rowspan="2">인지적 영역</th><th rowspan="2">평가 척도</th><td>잘함</td><td>보통</td><td>미흡</td><td rowspan="2">관찰</td></tr>
<tr><td>그림을 보고 과거형 문장으로 자연스럽게 묻고 대답함.</td><td>과거형 문장으로 질문은 잘 하나 그림 상황에 맞게 대답하는 것이 서툼.</td><td>그림 상황에 맞게 과거형으로 질문하고 대답하는 것을 어려워 함.</td></tr>
<tr><th rowspan="4">정의적 영역</th><th rowspan="4">평가 척도</th><th>평가 항목</th><th colspan="2">평가 내용</th><td rowspan="4">자기 평가
동료 평가</td></tr>
<tr><td rowspan="3">짝, 모둠 활동을 할 때 서로 도와가며 열심히 참여했나요?</td><td colspan="2">짝과 대화 연습이나 게임할 때 성실하게 참여했나요?</td></tr>
<tr><td colspan="2">모둠 활동시 본인의 맡은 역할을 성실하게 수행하였나요?</td></tr>
<tr><td colspan="2">모둠 활동에 관심을 갖고 적극적으로 수업에 참여했나요?</td></tr>
<tr><th colspan="2">평가 유의점</th><td colspan="3">활동 과정 중 이해 정도, 참여 태도를 관찰하여 평가한다.</td><td></td></tr>
</table>

여기서 잠깐!

평가 내용에 추가할 내용이 있다면 적어 보세요.

PCK 본시 교수·학습 과정안

영어 What did you do yesterday?

영어과 PCK 수업 설계

학습 내용
- **교과:** 영어
- **학년–학기:** 4~5학년
- **단원:** What did you do yesterday?
- **차시:** 1~2/5
- **학습 목표:** 과거에 한 일에 대해 묻고 답하기

학습 필요
- **수업 의도:** 지나간 일에 대해 묻고 답하는 것은 일상생활에서 흔한 일이다. 이 단원에서는 지나간 일에 대해 간단히 묻고 답하는 말을 익혀 상대방에게 관심을 갖고 자연스러운 의사소통이 이루어지게 한다.

교수 처방

〈배움 전략〉		〈배움 원리〉
□ 설명 – 비유		□ 공감 – 신뢰
■ 설명 – 예시		■ 공감 – 수용
■ 설명 – 그림		■ 공감 – 존중
■ 설명 – 정의		□ 공감 – 격려
□ 설명 – 실물		■ 공감 – 표현
□ 설명 – 비교		■ 지원 – 개발
□ 설명 – 대조		■ 지원 – 도전
■ 시범	□ 관찰	■ 지원 – 참여
□ 서사	■ 탐구	■ 지원 – 연결
■ 발문	■ 추론	■ 지원 – 반성
■ 단서	□ 조작	
□ 연습	□ 요약	
■ 과제	■ 메모	
■ 매체	■ 발표	

학생 평가
- **평가 내용:** 과거에 한 일에 대해 묻고 답할 수 있는가?
- **평가 방법:** 교사의 관찰 평가, 자기 평가, 동료 평가
- **배움 성찰:** 오늘 배운 주요 어휘와 문장 정리

학습 흐름
1. **그림 보고 활동하는 모습 말하기**
   - 그림 내용을 이해하여 현재형으로 표현하기
     예) I go to school.
2. **그림 보고 현재형 동사와 과거형 동사 비교하기**
   - 그림 내용에 맞는 현재형 동사 찾기
   - 현재형 동사와 과거형 동사 비교, 차이 알기
3. **그림 보고 과거에 한 일 묻고 답하기**
   - 과거에 한 일에 대해 묻고 답하는 표현 연습
   - 게임하며 표현 익히기

학생 진단
- **선개념**
  1) 움직임을 나타내는 현재형 동사
  2) 의문사 what과 do 쓰임
- **난개념**
  1) 움직임을 나타내는 동사의 개념
  2) 현재형 동사의 과거형 변화
- **오개념**
  go의 과거형 went를 want로 사용

학생 배움중심의 수업 설계 개요

교과	영어(4~5학년)	단원(차시)	what did you do yesterday?(1~2/5)
학습 목표	과거에 한 일에 대해 묻고 답할 수 있다.		

단계(시량)	학습 과정	교수 · 학습 활동	배움중심 PCK 전략 배움 주춤	 배움 전략	 배움 원리	자료(★) 및 유의점(※)
배움 열기 (30′)	준비 학습 동기 유발 학습 목표 확인	• **준비 학습** – 한글 문장에서의 동사의 개념 이해 정도 파악 – 한글 현재형 문장, 과거형 문장 비교 – 한글과 영어의 현재형과 과거형 문장 비교하여 공통점, 차이점 찾기 • **학습 동기 유발** – 알고 있는 영어의 현재형 동사와 과거형 동사 표를 만들어 비교하기 • **공부할 문제 확인** • **전시 학습 상기** – 그림과 어울리는 현재형 동사 찾기 – 그림 보고 무엇을 하고 있는지 현재형 동사로 말하기 – 현재형 동사 게임하며 복습	선개념 배경 지식 난개념 선개념	예시 단서 탐구 설명 예시 단서 연습 관찰	도전 참여 도전 참여 발표	한글 문장에서 동사의 개념 지도 ※ 큰 전지, 축구, 공부, 청소, 먹기 등 그림 동사 단어 카드
배움 활동 (40′)	과거형 단어 익히기	• **듣고 따라 말하기** – 그림과 어울리는 과거형 동사 찾기 – 과거형 동사 듣고 따라 읽기 – 과거형 단어 카드 만들기 • **게임하기** – 그림과 단어 짝 맞추기 게임 – 짝 맞춘 그림과 단어 읽기 – 그림 없이 단어로만 게임	난개념 난개념 난개념	단서 시범 연습 시범 연습 관찰	참여 존중 수용 격려 표현 존중	★ 낱말 카드 ★ 그림 카드 ★ 예시 자료
	과거형 문장 익히기	• **문장 듣고 따라 말하기** – 그림 내용에 맞는 어구 찾아 과거형 문장 완성 – 완성된 문장 듣고 말하기 – 질문하면 답하기 – 역할 나누어 대화체로 연습하기 • **멘토–멘티 짝 활동** – 짝끼리 멘토–멘티 되어 서로 배우기 • **모둠별 게임 구성하여 연습** – 창의적 아이디어로 게임 구성 – 게임하며 과거에 한 일 묻고 답하기	난개념 난개념	예시 설명 연습	수용 표현 참여 지원 도전	★ 칠판 ★ 예시 자료 ★ 개별 그림 단어 카드
배움 정리 (10′)	정리하기 차시 예고	• **학습 내용 정리 및 평가** – 그림과 어울리는 과거형 단어 찾기 – 잘 듣고 과거형 단어 순서대로 찾기 • **차시 예고** – 과거형 문장 읽고 쓰기 활동	난개념 오개념		지원 참여 반성	★ 그림 카드 ★ 단어 카드

학생 배움중심의 교수·학습 과정안(약안)

교과	미술	대상	5학년 ○반	지도교사	○○○	장소	○-○교실
단원	What did you do yesterday?			차시	1~2	교과서	천재, 대교 활용
학습 주제	지나간 일(과거에 한 일) 묻고 답하기						
학습 목표	지나간 일(과거에 한 일)을 묻고 답하는 표현을 이해하고 말할 수 있다.						
지도 중점	본 차시 수업은 지나간 일에 대해 묻고 답하는 표현을 익혀 상대방에게 관심을 갖고 자연스러운 의사소통의 기초를 형성하는 데 주안점을 두고 있다. 이를 위해 한글에서의 현재형, 과거형 개념을 영어와 비교하여 이해를 돕고 선수 학습 개념인 현재형과 연계하여 과거형에 대해 쉽게 접근하도록 학습 내용을 구조화하여 제시함으로써 과거형 문장을 순차적으로 익히도록 지도하는 데 역점을 두었다고 할 수 있다.						
교수·학습 자료	교사	설문 학습지, 그림 자료, 현재형과 과거형 동사 단어 카드, 전지					
	학생	설문 학습지, 그림 자료, 포스트잇, 단어 카드					
학습 조직	전체 ➡ 개별 ➡ 전체 ➡ 모둠 ➡ 개인 ➡ 전체						

배움 열기 단계(30')

학습 과정 (학습 집단)	교수·학습 활동	배움중심 PCK 전략			자료(★) 및 유의점(※)
		배움 주춤	배움 전략	배움 원리	
Introduction (whole) Warm up (personal) (group) (whole)	• Greeting – How's it going? How's the weather? – What did you do yesterday? • Preparation – Worksheet of research for understanding present tense and past tense in Korean. • Motivation – Write present tense verb and past tense verb on worksheet. – Write verbs on post-it notes and put them on the group worksheet. – Fill in the word table on the board. – Look at the word table and think about today's lesson. • Objective – What do you think we're learning. – Look and read today's objective.	선개념 난개념	예시 단서 관찰 설명 단서 탐구 예시	도전 참여 발표	★ 학습 설문지 ※ 한글 문장에서의 현재형과 과거형의 이해를 통한 개념 정리 ※ 한글과 영어를 비교하여 공통점, 차이점 찾아보기 ★ 개별 포스트잇 3장씩 ※ 포스트잇 쓴 것을 모둠별 모으고 분류 ※ 교사가 준비한 전지 크기의 단어 표 채우기 ※ 단어표를 보고 학습 문제 추측

학습 과정 (학습 집단)	교수 · 학습 활동	배움중심 PCK 전략			자료(★) 및 유의점(※)
		배움 주춤	배움 전략	배움 원리	
Introduction (whole)	• Activities – Introduce today's activities 1. Review 2. Match the past tense verbs 3. Practice and play game	선개념	예시	수용	※ 학생들이 하고 싶은 활동 수용하고 공감 ★ 그림 카드 ★ 현재형 동사 낱말 카드
Review (whole) (group)	• Review – Look at the pictures and match the present tense verbs. – Listen and repeat. – Play a game with the picture and word cards.		예시 연습 관찰	도전 참여	※ 그림 주제는 집에서 한 일 중심으로 책읽기, 청소하기 등

영어

선개념 **선개념 형성 정도를 파악하기 위한 활동 1 – 조사, 설명**

현재형과 과거형에 대한 개념이 형성되었는지 설문지를 통해 알아보는 것이 필요하다. 앞으로 배울 과거형에 대해 쉽게 이해하고 접근할 수 있도록 한글과 연계하여 개념 정리를 한다.

난개념 **난개념 형성 정도를 파악하기 위한 활동 2 – 시범, 연습**

그림 상황에 맞는 현재형 동사를 찾을 수 있는지 확인하여 재지도를 해야 할지 교사가 결정하여야 한다. 배움 중심 수업에서 되돌리기는 교사만이 할 수 있는 것으로 학생들의 앎을 수시로 확인하고 재지도할 수 있도록 계획하여야 한다.

그림과 현재형 동사를 연결해 보고 카드 게임을 하며 복습을 충분히 하도록 시간을 배려한다.

배움 활동 단계(40')

학습 과정 (학습 집단)	교수 · 학습 활동	배움중심 PCK 전략			자료(★) 및 유의점(※)
		배움 주춤	배움 전략	배움 원리	
Development (whole)	• Match the words – Look at the pictures and match the past tense verbs. – Find the differences between the past tense verbs. – Explain about regular and irregular verbs. – Listen and repeat.	난개념	예시 탐구 연습 설명	도전 격려 참여	★그림과 단어 ★여러 단어 예시 ※그림 주제는 복습할 때 사용한 것 그대로
(personal) Match and Practices (group)	• Play a game by pictures – Spread the picture cards on the desk. – Listen and put the picture in order. – Practice with partner. – Play a game with group members.	난개념	단서 시범 연습 관찰	참여 개발 존중	★복습시 활용한 그림 사용 ★개별 카드 준비 ※그림으로 충분히 듣고 말하기 연습
(whole) (personal) (group)	• Practice the past tense words – Listen and repeat. – Make word cards. – Play bingo game. – Practice with partner. – Play a game with group members.		시범 연습 관찰	참여 신뢰	※현재형, 과거형 단어 같이 사용하여 소리, 철자를 구분할 수 있도록 연습 ※짝끼리 연습 후 모둠원끼리 게임방법 의논하여 연습
	• Match the phrases – Look at the phrases and makes sentences. • Practice the sentences. – Ask a question and answer. ex) Q: What did you do yesterday? A: I washed the dishes.	난개념 오개념	예시 시범 연습 관찰		※위에서 사용한 그림 단어 모두 같음 ※그림, 단어, 어구, 문장 단계별 지도

신개념 **새로운 과거형 단어 지도를 위한 활동 – 연결, 설명**

과거형에 대한 개념을 이해한 후 그림 내용과 현재형 동사와 어울리는 과거형 동사를 익히는 단계이다. 이 단계에서는 과거형 동사라는 새로운 용어가 계속 사용되므로 용어에 익숙해지도록 현재형 동사라는 말과 함께 비교하면서 자주 사용한다.

또한 과거형 단어를 처음 접하는 1~2차시 수업이므로 부담 없이 접근할 수 있도록 그림 → 단어 → 어구 → 문장 순으로 단계적 지도가 필요하다.

난개념 **난개념 지도를 위한 활동 – 시범, 연습**

교사가 과거형 동사의 예를 들어 주고 학생들이 새로운 사실을 발견하도록 하는 것이 교사의 일방적 설명보다 더욱 효과적일 것이다. 학생들 스스로 규칙 동사와 불규칙 동사를 찾아 설명하도록 기회를 주고 기다려 주는 가운데 천천히 그리고 확실히 배움이 일어나도록 돕는다.(현재형 동사와 함께 제시, 비교해 보고 구분할 수 있도록 하는 것이 도움이 된다.)

오개념 **오개념 지도를 위한 활동 – 설명, 예시, 연습**

불규칙 동사 중 철자는 같으나 발음이 다른 것(read), 아니면 철자가 비슷하여 발음을 혼동하는 경우(went, want) 확실하게 예시를 보여 주고 연습하여 오개념이 형성되지 않도록 지도하는 것이 필요하다.

배움 정리 단계(10')

학습 과정 (학습 집단)	교수 · 학습 활동	배움중심 PCK 전략			자료(★) 및 유의점(※)
		배움 주춤	배움 전략	배움 원리	
Consolidation (whole) (personal)	• Wrap up Activity – Show a picture and ask a question. – What did you do yesterday? – Look at the picture and say. – I did my homework. • Glue pictures and write – Glue pictures and write the past tense verbs – Write on the notebook what they learned . • Closing – Introduce next class.		요약 발표 메모	격려 반성	★ 배움공책 ※ 자신의 언어로 학습 내용 정리

수업 후기

문미경
경기 관모초등학교 수석교사

PCK에 의한 수업을 설계하면서 어떻게 하면 학생들이 수업에서 소외되지 않고 배움의 주체로 나아가게 할 것인가? 학생 수준에서의 언어는 의사소통을 위한 수단으로 사용되는 모국어나 외국어가 다를 바가 없으며 같은 맥락에서 이해하여 외국어에 대한 부담감을 덜어 주는 방법은 없을까? 끊임없이 고민하고 생각해 보았다.

'과거에 한 일에 대해 묻고 답하기' 수업을 준비하면서 본질적인 것까지 건드려 보고 싶은 생각이 들었다. PCK 수업 설계를 하지 않았을 때에는 아무 의심 없이 교사용 지도서의 순서를 따라 교과서와 CD 자료를 활용하여 그 단원에서 제시한 학습 목표 도달을 위해 대화를 듣고 따라 하고 게임으로 연습하는 등 학생에게 학습을 시켜 단원을 마무리하는 진도 나가기 방식의 수업에 대해 큰 고민 없이 일상적으로 진행하는 경우가 다반사였다. 물론 때로는 교과서 아닌 다른 텍스트를 활용하여 수업을 하기도 했지만 이번처럼 학생의 눈으로 수업을 준비하고 진행하려는 의지를 갖고 설계한 적이 드물었다.

각 검인정 교과서마다 과거형 표현을 배우는 학년(주로 4~5학년)과 학습 내용은 다르지만 거의 모든 검인정 교과에서 다루는 학습 주제로 2학기 초나 2학기 말에 단원이 배정되어 있음을 알 수 있는데, 그 이유는 과거형을 배우기 전에 반드시 먼저 배워야 할 현재형 동사(본 동사)를 활용한 표현을 알고 있어야 하기 때문이다. 과거형 문장에서 가장 중요한 역할을 하는 것은 동사이다. 동사가 무엇인지 문장 안에서 찾을 수 있고 어떤 역할을 하는지 알아야 과거형 문장을 어려움이 없이 학습할 수 있을 것이다. 그래서 본 수업자는 감히 학생들이 모국어로 현재형, 과거형 문장에 대한 개념을 확실하게 이해하고 있는지 알고 싶어졌고, 모국어와 외국어로 배우는 영어에서의 현재형, 과거형 문장을 비교하여 차이점, 공통점을 발견하고 의사소통의 한 방법인 언어에 대해 조금 더 편안하고 쉽게 접근해 가길 원했다. 그리고 무엇보다 수업을 작은 단위의 단계적 절차를 밟아 지도하는 데 중점을 두었다.

방법적 측면에서는 선개념 정도 파악과 재지도의 근거가 될 수 있는 설문식 진단 학습지를 1차시에 투입하여 즉각적인 피드백을 하면서 차근차근 다음 단계로 넘어갔다. 당연히 알고 있을 거라고 생각하는 교사와 배웠지만 확실히 알지 못하고 엉성하게 알 듯 말 듯 잘 기억이 나지 않는 학생들의 배움 출발점이 다르다는 것을 간과하지는 않았는지 반성하면서 쉬운 방법으로 여러 단계를 거쳤다. 먼저, 모국어로 이해 → 그림으로 이해 → 그림에 맞는 현재형 동사로 이해 → 현재형 동사와 과거형 동사의 대면 → 그림에 맞는 나머지 어구의 만남 → 과거형 문장으로 완성하는 절차를 밟았다. 여기서 꼭 강조하고 싶은 것은 전시 학습 상기 시 지금 배울 단원과 관련된 학습 내용을 복습하면 좋다는 것과, 과거형 문장을 배우기에 앞서 현재형 동사가 들어간 문장을 알고 있는지, 잘 모르면 어떻게 재지도할 것인지 학습 지도 계획이 있어야 한다는 것이다.

교사의 일방적 설명 방법이 아닌 학생들이 직접 한 단계씩 경험하고 모둠원끼리 탐구하고 함께 배우는 과정 중에 찾아내고 알아 가는 배움의 기쁨을 누리는 모습이 보기 좋았고 흐뭇하였다.

수업 설계 단계에서부터 PCK 이론을 어떻게 수업에 적용할 것인가 연구하고 학생 눈높이에 맞는 내용적, 방법적 학습 지도에 관심을 갖고 준비한 수업이라 그런지 학생의 배움이 적극적이었음을 볼 수 있었고 수업자 본인도 성장하는 좋은 계기가 되었다.

6 CoRe 활용 학생 배움중심의 통합교과 PCK 수업 설계

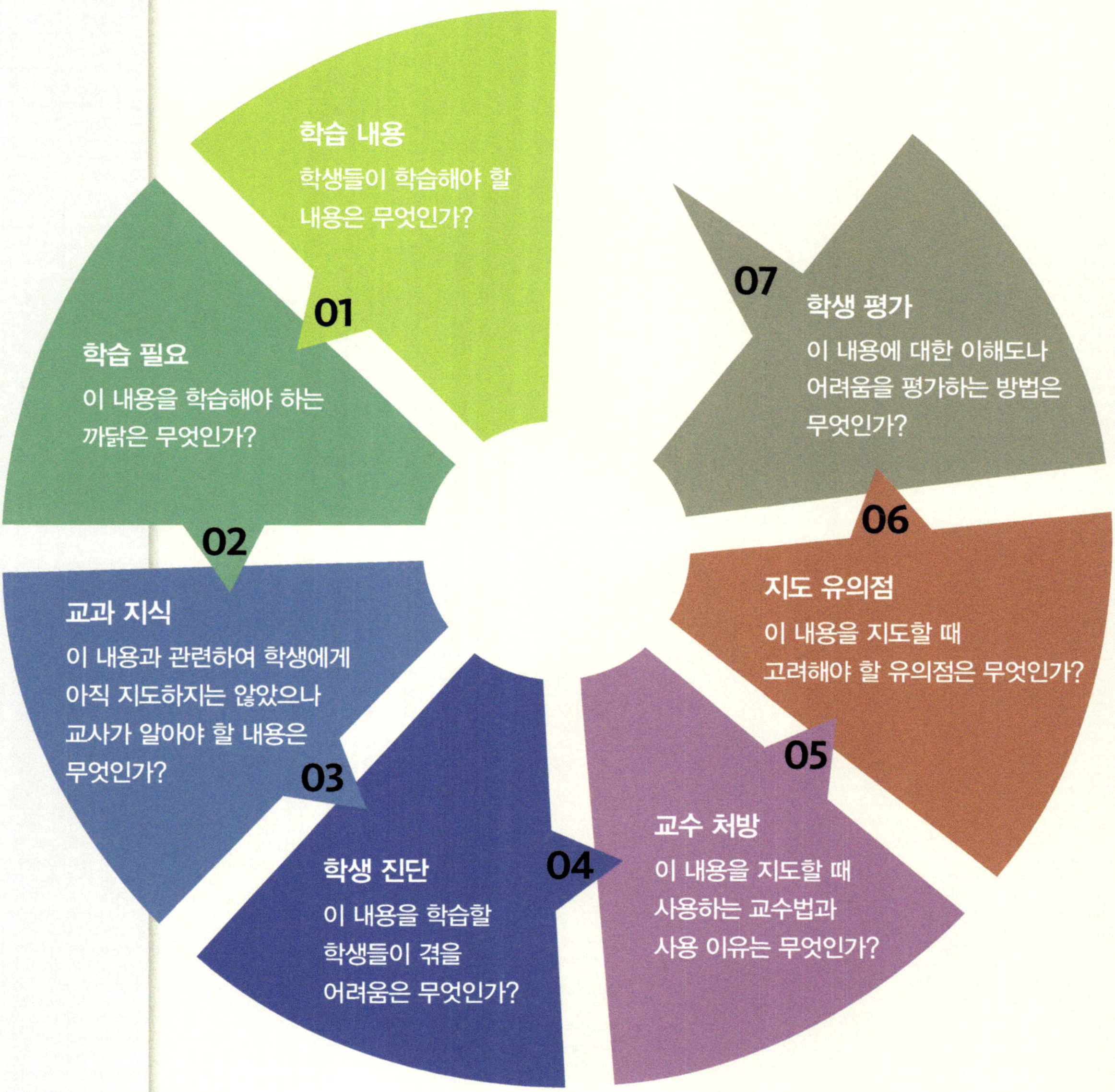

01

학습 내용

학생들이 학습해야 할 내용은 무엇인가?

이 단원에서는 학생들이 늘 가까이에서 함께 생활하며 관계를 맺고 있는 '가족'을 주제로 좀 더 심도 있는 학습이 이루어집니다. 단원 도입에 제시된 국가 성취 기준을 바탕으로 하여 나의 집과 가족을 넘어 더 넓은 의미의 '우리 가족'을 이해하고 다양한 가족 형태를 살펴보며, 특히 아이들의 경험 세계 내에서 함께 살고 있는 다양한 가족과 그 문화를 파악하도록 합니다.

단원의 지도 내용

- 주변에서 다양한 형태의 가족들을 알아보고 이해하기
- 주변의 다양한 가족 모습과 가족 문화를 이해하고 여러 문화의 가족들이 어울려 지낼 수 있는 방법 설명하기
- 다양한 가족 문화를 이해하고 여러 가지 방법으로 표현하기

교과서 살펴보기 | **단원 도입 살펴보기**

학년 학기	2학년 1학기
단원(차시)	가족 2-1: 2. 다양한 가족
학습 주제	다양한 가족 이해하기

다양한 가족 존중(바른 생활)
주변에서 다양한 모습의 가족들을 알아보고, 여러 가지 형태의 가족이 있음을 이해한다.

다양한 가족 이해(슬기로운 생활)
주변의 다양한 가족 모습과 가족 문화를 이해할 수 있고, 여러 문화의 가족들이 어울려 지낼 수 있는 방법을 설명할 수 있다.

다양한 가족 표현(즐거운 생활)
다양한 가족 문화가 있음을 이해하고, 이를 여러 가지 방법으로 표현할 수 있다.

이 수업은 우리 주변의 다양한 가족에 대해 알아보고, 다양한 가족을 이해하는 내용으로 구성되어 있습니다.

본시의 학습 문제

- 다양한 가족을 알아봅시다.

본시 학습의 교과서 살펴보기

바른 생활

가족은 혈연, 혈연 이외의 구성으로 이루어질 수 있음을 알아야겠지요?

아빠, 엄마, 나와 형제로 구성된 핵가족뿐만 아니라 그 밖의 다양한 형태의 가족이 있음을 알 필요가 있어요.

주변의 다양한 가족을 대하는 바른 태도에 대해 이야기를 나누고 서로의 다름을 인정해요.

슬기로운 생활

다양한 가족 형태를 만들어 소개할 수 있어요.

다양한 가족을 구성한 후 그 입장이 되어 보고, 그들을 존중하는 태도를 가져요.

02

학습 필요

이 내용을 학습해야 하는 까닭은 무엇인가?

최근 사회가 급변함에 따라 가족의 구조와 형태가 다양해지고 가족이 수행하는 역할 또한 다양해지면서 한부모가족, 재혼가족, 조손가족, 시설가족 등의 다양한 가족을 접할 기회가 증가하게 되었습니다. 그러나 실제로 이러한 가정의 아이들은 자신이 처한 상황을 부끄럽게 여기거나 주눅들어 있는 경우를 보게 되며, 대부분의 아이들은 나와 다른 가족 형태나 상황에 대해 곱지 않은 시선을 보내고 그들을 놀림의 대상으로 바라보는 편견을 갖고 있습니다.

교사용 지도서 살펴보기

교과서 16~83쪽

2 다양한 가족

'다양한 가족'을 주제로 단원의 각 통합 교과별 지도 목표를 제시하고 있습니다.

단원의 안내

이 단원은 '다양한 가족'을 주제로 주변에 사는 가족에 대하여 공부할 수 있도록 하였다.

2009 개정 교육과정 바른 생활과의 '다양한 가족 존중하기', 슬기로운 생활과의 '다양한 가족 이해하기', 즐거운 생활과의 '다양한 가족 문화 표현하기'를 구현하기 위한 단원이다.

'다양한 가족'을 주제로 교사는 학생들이 주변의 다양한 가족을 이해하고 존중하는 태도를 가질 수 있도록 바른 생활과의 실천 활동들을 적절하게 마련한다. 또한 슬기로운 생활과를 통해서 우리 주변의 다양한 가족을 이해하기 위한 다양한 탐구 활동의 기회를 제공한다. 그리고 다양한 가족 문화의 표현 활동을 통해 즐거운 생활이 될 수 있도록 지도한다.

단원의 교육과정적 기초

- **대주제** ··· 가족
- **소주제** ··· 다양한 가족
- **활동 주제 및 성취 기준**
  - 바 다양한 가족 존중하기
    - 다양한 형태의 가족이 있음을 이해하고 존중하는 태도를 가진다.
  - 슬 다양한 가족 이해하기
    - 주변에서 볼 수 있는 여러 모습의 가족을 살펴보면서 다양한 형태의 가족과 다양한 가족의 문화가 있음을 알고 나아가서 다문화 가족과 함께 어울려 산다는 것을 깨닫게 한다.
  - 즐 다양한 가족 문화 표현하기
    - 주변에서 볼 수 있는 다양한 가족 문화를 소재로 여러 가지 표현을 해 본다.

단원의 대주제, 소주제, 활동 주제 및 성취 기준에 대해 안내하고 있습니다.

이제는 아이들이 기존에 알고 있는 혈연 중심의 전통적 가족 개념에서 벗어나 현대 사회에서 언급하는 가족 개념을 이해하고 다양한 가족의 형태에 대해 올바르게 이해할 필요가 있습니다. 또한 내가 속한 가족에 대해 당당하고 다른 가족에 대해 편견을 갖지 않으며, 다름을 인정하고 서로를 존중하는 태도를 길러야 합니다.

교수 · 학습 초점

통합 차시 1

이 시간을 통해서 학생은

– (알기) 혈연 중심 이외의 다양한 가족 구성이 있음을 안다.
– (알기) 핵가족 형태 가족 이외의 다양한 가족 형태가 있음을 안다.
– (되기) 다양한 가족의 형태에 대해 관심을 갖는다.

통합 차시 2

이 시간을 통해서 학생은

– (하기) 주변의 다양한 가족의 모습을 살펴본다.
– (하기) 다양한 가족 만들기를 한다.
– (하기) 자신이 만든 것을 발표한다.
– (되기) 다양한 가족의 형태를 이해한다.

여기서 잠깐!

'다양한 가족' 수업의 필요성에 대한 선생님의 의견을 적어 보세요.(수업 철학 - 수업자의 의도)

03

교육과정 교과 지식

이 학습 내용과 관련하여 교사가 알아야 할 내용은 무엇인가?

본시 학습 활동 내용을 더 잘 지도하기 위해서 교사는 다음과 같은 관련 내용을 미리 알아야 합니다. 우선 가족과 관련된 학습의 계열을 이해하는 것이 중요합니다. 이는 본시 학습 내용을 어디까지 지도해야 할 것인가의 범위를 결정하는 역할을 합니다. 또한 가족에 대한 사전적 정의, 사회 변화에 따른 다양한 가족의 형태에 관한 지식을 알아 두어야 합니다. 이러한 관련 지식은 학생들이 새롭게 접하는 가족의 형태나 종류에 대한 여러 가지 질문을 던졌을 때 학생의 수준이나 상황을 고려하여 적절한 답을 제시함으로써 그들의 이해를 도울 수 있습니다.

학습의 계열

가족 1-1의 '우리 가족'에서 가족의 구성원과 그들의 역할 분담을 인식하고 가족과 함께하는 모습을 떠올리며 나의 가족을 중심으로 한 학습이 이루어졌다면, 가족 2-1에서는 '가족'이라는 대주제 아래 다양한 가족의 형태에 대한 이해와 존중을 통해 3, 4학년에 전개될 가족의 의미와 중요성, 현대 사회의 다양한 가족의 형태에 관한 심도 있고 본격적인 학습을 준비하게 됩니다.

선수 학습	• 통합교과 가족 1-1 – 1. 우리 가족(슬) – 집에서 하는 일의 종류를 알아보고 가족 구성원이 가정에서 하는 일을 조사하여 발표할 수 있으며, 집안일에 참여할 수 있는 계획을 세울 수 있다.
본시 학습	• 통합교과 가족 2-1 – 2. 다양한 가족(바, 슬) – 주변에서 다양한 모습의 가족들을 알아보고, 여러 가지 형태의 가족이 있음을 이해한다. – 주변의 다양한 가족 모습과 가족 문화를 이해할 수 있고, 여러 문화의 가족들이 어울려 지낼 수 있는 방법을 설명할 수 있다.
후속 학습	• 도덕(3학년 1학기) – 3. 사랑이 가득한 우리 집(1/4) – 화목한 가정생활의 중요성을 종합적으로 이해하고, 가족 간의 바람직한 예절을 적극적으로 실천할 수 있다. • 사회(4학년 2학기) – 3. 사회 변화와 우리 생활 –2) 현대 사회의 가족(2/8) – 할머니(할아버지), 아버지(어머니), 그리고 나로 이어지는 세대 간의 가족 수, 가족 구성 등을 조사해 보고, 옛날과 오늘날의 가족 형태를 비교하여 설명할 수 있다.

교과 핵심 지식

가족의 사전적 정의

1. 부부와 같이 혼인으로 맺어지거나, 부모 · 자식과 같이 혈연으로 이루어지는 집단 또는 그 구성원
2. 동일한 호적 내에 있는 친족
3. 부부를 중심으로 하여 그로부터 생겨난 아들, 딸, 손자, 손녀 등 가까운 혈육들로 이루어지는 집단 또는 그 구성원. 대개 한 집에서 생활함
4. 같은 조직체에 속하여 있거나 뜻을 같이하는 사람을 비유적으로 이르는 말

〈출처 : 네이버 백과사전, 다음 백과사전〉

가족의 다양한 구성 형태

사회의 변화로 인해 가치관이 변하면서 가족의 구조도 변화하고 기존의 전통적 가족 구성과는 다른 다양한 가족의 형태가 출현하게 되었습니다. 여러 문화적 배경을 가진 가족이 증가하였고, 주변에서 다양한 가족을 접할 수 있는 기회가 많아졌습니다. 현대 사회에서 새롭게 나타난 다양한 가족의 형태를 살펴보면 다음과 같습니다.

■ 동거가족

한 집에서 같이 삶을 영위하는 가족으로 결혼을 하지 않은 상태로 함께 살고 있는 커플을 지칭함.

■ 한부모가족(이혼가족, 미혼모가족)

배우자의 사별, 이혼, 유기, 별거, 혼전 출산 등으로 인해 부나 모 중 어느 한 쪽이 18세 미만의 자녀를 부양하고 단독으로 부모 역할을 수행하는 한부모와 자녀로 이루어진 집단을 의미함.

■ 자발적인 무자녀가족(딩크족)

남녀가 맞벌이를 하면서 아이를 갖지 않는 경우로 1980년대 후반 미국에서 쓰이기 시작한 가족 개념임. 주로 남녀 모두 고소득 직종에 종사하면서 경제적인 여유를 누리기 원하고 자녀를 경제적, 정신적 걸림돌로 여기며 아이에게 쓷는 시간, 돈, 노력을 부부 자신의 행복을 위해 쓰는 가족 형태를 이름.

■ 맞벌이가족

부부 모두가 직업을 가지고 경제적 활동에 참여하는 가족을 의미함.

■ 재혼가족(계부모가족)

- 재혼가족 : 배우자 중 어느 한 명이 결혼한 경험이 있는 가족을 의미함.
- 계부모가족 : 재혼가족의 구성원으로 한 명 이상의 자녀를 포함하는 가족을 의미함.

■ 노인가족(노부부 단독가족, 자녀동거 노부부가족, 통크족)

- 노부부 단독가족 : 노부부만 사는 가족 형태로 자녀와 동거를 희망하나 여러 사정으로 인해 단독으로 살거나 노인 스스로가 자녀와의 동거를 원하지 않는 경우의 가족을 칭함.
- 자녀동거 노부부가족 : 자녀에게 경제적, 심리적으로 의존하는 의존형 자녀동거 노부부가족, 그와 반대의 경우인 자립형 자녀동거 노부부가족으로 나뉨.
- 통크족(TONK=two only no kids) : 손자, 손녀를 돌보던 전통의 할아버지, 할머니 역할을 거부하고 자신만의 삶을 즐기며 사는 노인가족을 이름.

■ 독신가족(독거노인가족)

1인 가족이라고도 하며 젊은 싱글족 및 이혼으로 인해 혼자 사는 사람, 독거노인가족이 포함됨.

■ 소년소녀가장가족(조손가족 포함)

부모의 사망, 이혼, 질병, 심신장애, 가출, 복역 등으로 노동력이 없는 직계 혈족을 모시고 있거나 생활 능력이 없는 방계 혈족과 더불어 생계가 곤란한 어려운 결손 · 결함 세대로서 18세 미만의 소년 · 소녀가 경제적, 정신적으로 가사의 실질적 책임을 지고 생활하는 세대를 이름.

■ 입양가족

사회적, 법적 절차를 통해 입양하여 새로운 부모와 자녀 관계, 형제, 자매 관계를 형성한 가족을 의미함.

■ 국제결혼가족(다문화가족)

국제결혼으로 인해 생성되는 가족으로 이중문화가족, 결혼이민자가족, 온누리안으로 다양하게 호명됨. 우리와 다른 민족, 문화적 배경을 가진 사람들로 구성된 가족을 총칭함.

■ 분거가족(기러기가족, 주말부부가족)

분거가족은 가족원들이 애정적인 갈등이 아닌 주거, 직장, 교육 문제 등으로 인해 둘 이상의 가구를 형성하여 비교적 장기간 별거 생활을 하는 것을 의미함. 또한 동거를 하더라도 가족원들의 출타가 장기적이고 빈번한 가족 형태를 의미함.

■ 대안적가족(공동체가족, 유사가족)

기존의 혈통 중심적인 관계로 이루어진 가족의 개념과는 달리 다양한 형태와 연대의 개념으로 뭉쳐진 가족과 유사한 관계들을 통칭하는 가족 관계를 이름.

04

학생 진단

이 내용을 학습할 학생들이 겪을 어려움은 무엇인가?

본시 학습 내용을 더 잘 이해하기 위해서는 학습 내용에서 핵심이 되는 지식과 이에 대한 학생들의 이해 정도를 파악하고(선개념), 이해도를 높이는 데 방해가 되는 요소(오개념)가 무엇인지 미리 생각해 볼 필요가 있습니다. 수업 전 미리 학생들의 실태를 파악한 후 방해 요소를 제거하거나 이해도를 높이기 위한 방법을 마련하는 것이 필요합니다.

1학년 가족 1-1에서 '우리 집'과 '우리 가족'의 주제 학습을 통해 우리 집의 규칙과 예절(식사예절, 인사예절), 가족과 함께 하는 집안일, 가족 행사, 우리 집과 주변의 모습을 살펴보았다면(선개념), 본 차시에서는 가족 개념을 새롭게 정립하고 다양한 형태의 가족을 알고 이해하는 내용을 학습하게 됩니다. 이때 학생들은 기존에 학습했던 선개념으로 인해 새롭게 배우게 될 다양한 형태의 가족과 개념을 받아들이기 힘들거나 잘못 이해하게 되는 경우가 생길 수 있습니다(오개념).

학습의 방해 요소가 무엇인지 확인하기 위해 가족의 구조 및 형태에 대한 학생들의 인식을 파악할 수 있는 세 가지 설문 문항을 작성하여 결과를 분석하고, 학생들이 학습에 어려움을 느낄 요소를 미리 파악해 두는 일이 우선되어야 합니다.

오개념 파악을 위한 설문 결과

가족의 구조 및 형태에 대한 인식

※ 다음은 가족에 대한 질문입니다. 자신의 생각과 가장 가까운 곳에 V표 해 주세요.

(응답자 수(N)=20)

문항 번호	문항 내용		
	그렇다	그럴 수도 있고 아닐 수도 있다	그렇지 않다
1	가족은 나(형제)를 포함하여 꼭 엄마와 아빠가 모두 있어야 한다.		
	15(75%)	5(25%)	0(0%)
2	가족이라면 아빠, 엄마, 아이가 모두 함께 한 집에서 살아야 한다.		
	11(55%)	8(40%)	1(5%)
3	부모와 아이는 피부색, 생김새 등이 같아야 한다.		
	2(10%)	14(70%)	4(20%)

학습 내용

핵심 지식

– 가족의 개념

– 다양한 가족의 형태

본시 학습에서 학생들에게 꼭 가르쳐야 할 두 가지 핵심 지식의 내용입니다.

핵심 지식 1 가족의 개념

• 가족이란?

– (협의의 가족) 사회의 주요 단위로 주로 혈연 위주의 집단

– (광의의 가족) 주거와 생계를 함께하는 경제적인 조직으로 생각, 가치관, 애정, 친밀감, 자원을 함께 나누는 집단

핵심 지식 2 다양한 가족의 형태

• 사회의 변화에 따라 가족의 형태도 다양하게 구성될 수 있음

• 가치관, 사회 구조적 변화로 인해 결혼, 출산에 의한 가족이 아닌 그 밖의 가족 형태도 출현하게 되었고 다양한 가족을 인정하게 됨

• 본시 학습의 핵심 학습 용어

– 입양가족 : 출산이 아닌 입양이라는 법적 절차를 통해 부모와 자녀의 관계가 성립된 가족

– 한부모가족 : 사별, 이혼, 유기, 별거, 혼전 출산으로 인해 부모 중 한 쪽만 자녀를 부양하는 한부모와 자녀로만 이루어진 가족

– 재혼가족 : 부모의 이혼 및 재혼으로 인해 새롭게 형성된 가족

– 다문화가족 : 국제결혼으로 인해 서로 다른 민족적, 문화적 배경을 가진 사람들로 구성된 가족

여기서 잠깐!

가족 관련 핵심 지식으로 추가할 내용이 있다면 적어 보세요.

오개념

본시 학습 내용 중에서 선개념으로 배웠으나 학생들이 이해하기 어려워하는 내용이 무엇인지, 학생들의 선개념 중에서 잘못 알고 있거나 본시 학습 중에 잘못 이해할 가능성이 있는 내용이 무엇인지도 파악하여야 합니다. 이를 오개념이라고 합니다. 오개념 해결 방안은 학습 전반에 걸쳐 매우 중요한 역할을 합니다. 본시 학습에서 학생들이 갖게 되는 오개념을 좀 더 자세히 살펴보겠습니다.

오개념 1 혈연 중심의 가족 구성만 가족이다.

- 가족 구조 인식에 대한 오개념 파악을 위해 설문지를 활용한 결과 가족에 반드시 나(형제)를 포함한 부모가 꼭 있어야 한다는 의견이 75%였다.
- 많은 학생들이 가족은 혈연으로만 구성된 집단이며, 아빠, 엄마가 결혼하여 출산을 통해 아이를 낳아야 가족이라고 생각하는 오개념을 갖고 있다.

오개념 2 아빠, 엄마, 아이가 함께 살아야만 가족이다.

- 설문지 활용 결과 가족이라면 반드시 아빠, 엄마, 아이가 모두 함께 한 집에서 살아야 한다는 의견이 55%, 그렇지 않다는 의견이 5%로 상당수의 학생들이 가족의 형태를 아빠, 엄마, 아이라는 정형화된 형태로 이해하고 있다.
- 한부모가족, 조손가족, 시설가족, 무자녀가족 등 다양한 형태의 가족 구성이 있을 수 있다는 사실을 받아들이는 데 어려움을 느낀다.

오개념 3 부모와 아이는 피부색, 생김새 등이 같아야 한다.

- 국제결혼을 통해 구성된 다문화가족은 부모와 아이의 피부색, 생김새 등이 다를 수 있는데, 주변에서 다문화가족을 많이 접해 보지 못한 아이들은 부모가 둘 다 한국 사람이어야 하고, 생김새나 피부색이 같아야 가족이라고 말할 수 있다는 잘못된 생각을 가지고 있다.

여기서 잠깐!

오개념에 추가할 내용이 있다면 적어 보세요.

흥미, 태도

본시 수업 내용은 '주변의 다양한 가족의 모습을 알아보고 여러 가지 가족의 형태가 있음을 이해하기'입니다. 수업 과정 중에서 가장 중요한 것은 학습자들이 다양한 형태의 가족을 이해하고 존중하는 활동에 흥미를 갖고 학습에 적극적으로 참여하는 태도를 갖는 것입니다. 본시 학습과 관련한 학생들의 흥미나 태도 등을 살펴보고, 학습 목표 도달과 관련하여 학생들이 관심을 가질 수 있는 문제를 스스로 만들어 보도록 합니다.

흥미 부모와 아이는 피부색, 생김새 등이 같아야 한다.

- 다른 사람도 우리 가족이 될 수 있을까?
  - 친구는 우리 가족이 될 수 있을까?
  - 내 친구네 아빠는 왜 미국인일까?
  - 서희는 왜 엄마가 중국인일까?
  - 친구네 가족은 몇 사람일까?

태도

- 다양한 형태의 가족을 직접 구성해 보고 가족의 자랑거리를 발표하면서 혈연 중심의 가족에 대한 고정관념에서 벗어나 다양한 형태의 가족을 이해하고 존중하는 태도를 갖는다.

여기서 잠깐!

흥미, 태도와 관련하여 추가할 내용이 있다면 적어 보세요.

05

교수 처방

이 학습 내용을 지도할 때 사용하는 교수법과 사용 이유는 무엇인가?

본시 수업 내용은 '다양한 가족을 알아보고 이해하기'입니다. 앞에서 살펴본 학생들의 이해도 즉 오개념을 지도하기 위해서는 학생 이해도의 내용 및 수준에 따라 적절한 표상 방법을 활용한 교수 처방이 필요하고, 이를 뒷받침하기 위해서는 교사와 학생의 상호작용을 활발하게 하는 수업 대화가 필요한데, 이것은 대체적으로 마중물 수업 전략으로 진행하는 것이 좋습니다. 따라서 교수법을 연구할 때에는 표상 전략과 마중물 전략을 함께 연구해야 합니다.

[전개] 단계에서 오개념, 난기능과 교수 처방

2학년 학생은 선수 학습으로 1학년의 '가족 1-1 우리 가족'과 2학년의 '가족 2-1 친척'을 배웠습니다. 혈연 중심의 가족 관련 선수 학습과 생활 경험으로 인해 가족 구성은 혈연 중심이며 가족 형태는 엄마, 아빠, 자녀(핵가족 형태) 중심으로 구성되었다는 오개념을 대부분 갖고 있습니다.

본시 수업과 관련된 오개념 다양한 가족 구성

① 혈연 중심의 가족 구성만 가족이다.
혈연 중심 가족 구성 이외의 입양, 재혼, 공동체 가족 구성 등이 있음을 예화를 들어 설명한다.

예시 자료 ① '행복한 가족(입양가족)'〈출처 : 행복한 TV 동화 행복한 세상〉
행복한 가족(입양가족 동영상)
http://www.kbs.co.kr/1tv/sisa/happytopia/

제시한 자료는 부모 없는 아이를 입양하여 가족이 되는 이야기입니다. 이 예화를 통해 '가족은 결혼하고 아이를 낳음으로써 구성된다.'는 혈연 중심의 가족 구성 오개념을 벗어나도록 합니다.

교사 가족은 어떻게 만들어질까요?

학생 결혼해서 엄마, 아빠가 되고 아기를 낳아서 가족이 생겨요.

교사 연결 ○○이의 의견처럼 가족은 꼭 결혼하고 아이를 낳아서만 만들어진다고 생각하는 사람 손 들어 보세요.

학생 (손 들기)

교사 많은 친구들이 결혼해서 아기를 낳아야 가족이 되는 것으로 알고 있네요. 다른 방법은 없을까요?

학생 TV에서 봤는데요. 입양해서도 가족이 돼요, 어떤 연예인도 그렇게 했어요.

교사 수용 아하! TV에서 본 적이 있군요. ○○이의 의견처럼 '입양'으로 가족이 되기도 합니다. 입양으로 어떻게 가족이 되는지 궁금하지요?

자료 '입양' 동영상을 보면 이해할 수 있어요.

학생 ('행복한 가족' 동영상 시청)

교사 '별'이라는 아이는 어떻게 가족이 되었나요?

학생 엄마, 아빠가 집으로 데려와서 가족이 되었어요.

학생 그런데요. 새엄마, 새아빠가 그 아이를 사랑 안 해주면 어떻게 해요?

교사 격려 네, 아주 좋은 질문을 했어요. 입양으로 가족이 되려면 새엄마, 새아빠는 아이를 사랑하겠다고 중요한 약속을 해야 해요.

연결 그럼, 엄마나 아빠가 낳지 않은 아이를 입양하여 가족이 되는 것처럼 나를 낳아 주지 않은 새엄마나 새아빠도 가족이 될 수 있나요?

학생 재혼하는 것도 봤어요, 새엄마, 새아빠도 가족이 될 수 있어요.

교사 수용 아하! 그럼, 나를 낳아 주지 않은 새엄마나 새아빠도 가족이 될 수 있네요.

추론 이제 다시 생각해 봅시다. 가족은 어떻게 만들어진다고 생각하나요?

학생 결혼해서 아이를 낳지 않아도 함께 모여 살면 가족이 돼요.

교사 칭찬 네, 잘 알고 있군요. 가족은 결혼에서 아이를 낳아야만 만들어지는 것이 아니라 서로 사랑하며 함께 모여 살면 가족이 되는 것이랍니다.

본시 수업과 관련된 오개념 **다양한 가족 형태 1**

① 엄마, 아빠, 아이가 있어야만 가족이다.(핵가족 형태의 가족 구성)
엄마, 아빠, 아이(핵가족 형태) 이외의 한부모가족, 조손가족, 형제나 자매끼리만 사는 가족, 무자녀가족, 공동체가족 등을 예를 들어 설명한다.

예시 자료 ① '따로따로 행복하게' 동화〈배빗 콜 지음, 고정아 옮김, 보림출판사〉

제시한 자료는 엄마, 아빠가 이혼하여 따로 살게 되는 과정을 그린 동화입니다. 이 글을 읽어 주며 엄마와 아빠와 같이 살지 않는 한부모가족, 조손가족, 아이가 없는 무자녀가족, 형제와 자매끼리만 사는 가족, 공동체가족 등의 예를 들어 줍니다.

교사 엄마와 아이, 또는 아빠와 아이만 살아도 가족이라고 할 수 있나요?

학생 아니요. 엄마, 아빠가 있어야 가족이에요.

학생 따로 살아도 가족이에요.

교사 '가족은 꼭 엄마, 아빠와 살아야 한다'고 생각하는 어린이 손 들어 보세요. 아하! 많은 어린이들이 손을 들었네요.

자료 '따로 따로 행복하게'라는 책을 읽어 줄게요. 엄마, 아빠가 따로 살게 되는 이야기랍니다. (책 읽어 주기) 잘 들었나요? 엄마와 아빠가 좋아하는 것이 달라 부딪히는 일이 많았지요. 그래서 엄마와 아빠는 따로 살게 되었다고 했어요. 하지만 아이들은 엄마, 아빠와 함께 살 수 있을까요?

학생 아니요, 아이들은 엄마하고 살거나, 아빠하고 살 것 같아요. 내 친구도 엄마하고만 살아요.

교사 수용 그렇군요. 이 사진도 엄마와 아이만 사는 가족이랍니다.

예시 자료 ② 엄마와 딸 가족 사진을 제시하며 한부모가족 형태를 이해하도록 한다.

교사 **연결** 그럼, 엄마, 아빠 대신 할머니나 할아버지와 살아도 가족이 될 수 있나요?

학생 네, 가족이에요.

교사 엄마, 아빠 없이 형제 또는 자매끼리만 살아도 가족이 될 수 있나요?

학생 엄마, 아빠가 없어도 가족이 될 수 있어요.

교사 **칭찬** 네, 잘 알고 있군요.

단서 교과서 58, 59쪽의 다양한 가족 모습을 살펴봅시다.

학생 (다양한 가족 모습 확인하기)

교사 **설명** 가족에 꼭 엄마, 아빠, 아이가 있어야만 하는 것은 아니에요. 엄마나 아빠하고 살거나 할머니 또는 할아버지 두 분 중에 한 분과 같이 살아도 가족이고, 엄마와 아빠랑 살지 않고 시설에 모여 살아도 가족이 되는 것이랍니다. 그리고 가족에는 꼭 아이가 있어야 할까요? 어른들끼리만 살아도 가족이 되는 것이랍니다.

본시 수업과 관련된 오개념 다양한 가족 형태 2

② 엄마, 아빠와 피부색이나 생김새가 같아야 가족이다.
국제결혼한 다문화 가족의 예를 들어 주고 피부색이나 생김새가 달라도 한 가족이 됨을 동화책을 읽어 주며 설명한다.

예시 자료 ① ➜ '외갓집에 가고 싶어요' 동화〈정갈연 글, 이정아 그림, 가교출판사〉

제시한 자료는 엄마가 베트남 사람이고 아이는 엄마를 닮아 우리나라 사람과 피부색이 다른 다문화가족 이야기입니다. 이 글을 읽어 주며 다른 나라 사람과 결혼하여 가족이 되는 예를 설명합니다.

교사 우리나라 사람이 다른 나라 사람과 결혼해도 가족이 될 수 있나요?

학생 아니요. 우리나라 사람이 아니니까 가족이 아니에요.

학생 우리 숙모는 베트남 사람인데 삼촌이랑 결혼했어요.

교사 **수용** ㅇㅇ이네 숙모는 베트남 사람이군요.

교사 **자료** '외갓집에 가고 싶어요'라는 동화가 있어요. 이 이야기에 나오는 아빠는 우리나라 사람이고 엄마는 베트남 사람이에요. 동화 속 '푸름'이라는 아이는 피부색과 생김새가 엄마를 닮아 우리나라 사람과는 다릅니다. 그렇다고 가족이 아닌가요?

학생 아니요. 엄마가 낳았으니까 가족이에요.

교사 **설명** 네, 맞아요. 결혼은 다른 나라 사람과 해도 되는 것이고 우리나라 사람과 피부색이 다르고 생김새가 달라도 한 집에 모여 살며 서로 사랑하면 가족이 되는 것이에요.

본시 수업과 관련된 난기능 다양한 가족 만들기

① 다양한 가족 만들기

교사 우리들이 알아본 다양한 가족을 잡지 인물 사진을 이용하여 짝과 함께 만들어 봅시다. 선생님이 보여 주는 가족은 아빠와 아이, 고모와 함께 사는 행복한 가족이랍니다. 선생님이 만드는 방법을 설명할게요.

예시

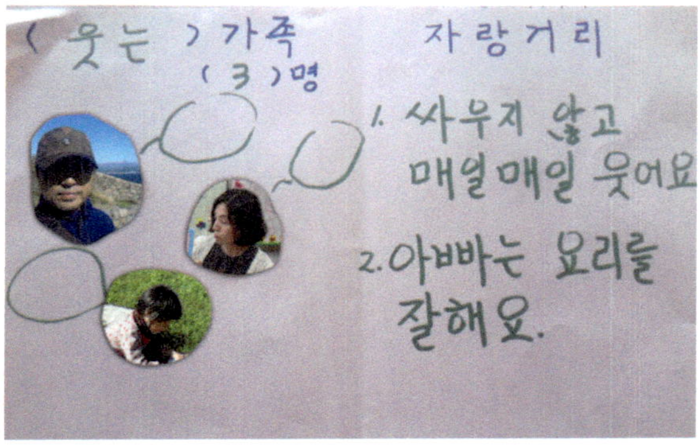

설명 첫째, 가족의 명칭을 정합니다.

둘째, 가족의 수를 정합니다.

셋째, 가족의 호칭을 정합니다.

넷째, 가족의 자랑거리를 씁니다.

학생 (한부모가족, 조손가족, 공동체가족, 입양가족 등의 다양한 가족을 만든다.)

발표 공유 존중 (모둠에서 돌아가며 발표하고 경청한다.)

06

지도 유의점

이 학습 내용을 지도할 때 고려해야 할 유의점은 무엇인가?

이 제재는 '다양한 가족 형태 알아보고 이해하기'입니다. 다양한 가족 구성과 가족 형태 등에 대한 바른 개념을 정립하는 과정에서 일반적 가족 형태 이외의 학생이 상처받지 않는 배려가 필요합니다. 다양한 가족 만들기에서도 일반적인 핵가족 형태를 벗어나 다양한 가족을 만들어 보며 간접적 경험이 되도록 합니다.

학생 상황에 따른 배려 있는 발문

엄마, 아빠 양부모 형태의 가족 구성이 되지 않은 학생은 자칫 상처받기 쉽습니다. 교사의 발문이나 다른 학생의 발언에 상처받지 않도록 유의해야 합니다.

다양한 가족 만들기 학습 자료

학생들은 생활 속에서 혈연이나 엄마, 아빠, 아이 중심의 핵가족 형태에 익숙해져 있습니다. 잡지 인물 사진으로 다양한 가족을 만들어 보도록 하면 대부분의 학생들은 생활에서 익숙한 엄마, 아빠, 아이 중심의 일반적으로 정형화된 가족 만들기에 머물게 됩니다.

따라서 의도적으로 한부모가족, 조손가족, 다문화가족, 공동체가족 등으로 구성될 수 있도록 만드는 방법을 안내하여 다양한 가족의 예를 간접적으로 경험하도록 합니다.

07

학생 평가

이 학습 내용에 대한 학생들의 이해도나 어려움을 평가하는 방법은 무엇인가?

학습 평가의 준거는 교육과정이 되어야 합니다. 이 수업에서의 평가 기준은 '주변에서 다양한 모습의 가족들을 알아보고 여러 가지 형태의 가족이 있음을 이해하기'입니다. 다양한 가족 살펴보기 기초 탐구 기능과 주변의 다양한 가족 이해 태도가 습득되는지를 평가해야 합니다.

여러 가지 가족 형태를 알고 있는가? (기초 탐구 기능 영역)

핵가족 형태 이외의 다양한 가족의 예를 알고 있는지 알아봅니다.

다양한 가족 형태를 존중하는 태도를 지니고 있는가? (실천 기능 영역)

다양한 가족 형태를 이해하며 존중하는 태도를 지니고 있는지 알아봅니다.

다양한 가족을 살펴보고 이를 이해하려는 활동에 관심을 가지며 적극 참여하려는 태도를 가지고 있는가? (정의적 영역)

주제통합교과는 탈학문적 접근으로 학생의 흥미를 중심으로 학습 활동이 이루어지도록 강조하고 있습니다. 다양한 가족을 알아보고 이해하는 학습 활동에 관심을 갖고 주도적으로 참여하는지 알아봅니다.

PCK 본시 교수 · 학습 과정안

통합교과: 가족 2-1 다양한 가족

학습 내용

- **교과:** 통합교과
- **학년-학기:** 2-1
- **단원:** 가족 2-1. 다양한 가족
- **차시:** 1-2
- **학습 목표:** 다양한 가족 이해하기

학습 필요

- 다양한 가족 형태의 올바른 이해를 바탕으로 나와 다른 다양한 가족에 대한 편견을 없애고 차이를 존중하는 태도를 길러 주고자 한다.

교수 처방

〈배움 전략〉	〈배움 원리〉
□ 설명 – 비유	□ 공감 – 신뢰
■ 설명 – 예시	■ 공감 – 수용
■ 설명 – 그림	■ 공감 – 존중
■ 설명 – 정의	■ 공감 – 격려
□ 설명 – 실물	■ 공감 – 표현
□ 설명 – 비교	□ 지원 – 개발
□ 설명 – 대조	■ 지원 – 도전
■ 시범 □ 관찰	■ 지원 – 참여
□ 서사 □ 탐구	■ 지원 – 연결
■ 발문 ■ 추론	■ 지원 – 반성
■ 단서 □ 조작	
□ 연습 □ 요약	
□ 과제 ■ 메모	
■ 매체 ■ 발표	

통합교과 PCK 수업 설계

학생 평가

- **평가 내용:** 다양한 가족을 이해할 수 있는가?
- **평가 방법:** 관찰 평가, 다양한 가족을 만든 결과물

학습 흐름

1. **혈연과 혈연 이외의 가족 구성**
   - 혈연 이외의 가족 구성 알기
2. **다양한 가족 형태 알아보기**
   - 정형화된(엄마, 아빠, 자녀) 핵가족 형태 이외의 다양한 가족 알기
3. **다양한 가족 만들기**
   - 다양한 가족 이해, 존중하기

학생 진단

- **선개념**
  (1) 가족의 역할, 소중함
  (2) 친척 호칭
- **오개념**
  (1) 혈연 중심의 가족 구성
  (2) 엄마, 아빠, 자녀로 구성된 정형화된 가족의 형태
  (3) 다문화 가족

학생 배움중심의 수업 설계 개요

교과	가족 2-1(바생, 슬기)	단원(차시)	다양한 가족 이해(1~2)
학습 목표	다양한 가족을 이해한다.		

단계 (시량)	학습 과정	교수 · 학습 활동	배움중심 PCK 전략			자료(★) 및 유의점(※)
			배움 주춤	배움 전략	배움 원리	
탐구 상황 (5′)	동기 유발	**• '우리 집은 동물원' 동요를 들으며 가족의 구성원에 관심 갖기** – 노래에 나오는 가족 구성원과 나, 친구, 이웃 가족과 비교하며 다양한 가족에 대한 관심으로 학습 문제 유추하기	선개념	매체	추론 참여	★ '우리 집은 동물원' 동요
	학습 문제 (5′)	**• 학습 문제** – 다양한 가족 알아보기				
탐구 활동 하기 (75′)	다양한 가족 구성 (15′)	**1. 가족은 어떻게 만들어질까?** **• 혈연 이외 가족 구성 알아보기** – '행복한 가족(입양가족)' 동영상 시청 후 토의 – 입양가족, 재혼가족 등 알아보기	오개념	추론 예화 설명	수용 연결 격려 추론	★ '행복한 가족' 입양 관련 동영상 ※ 상처받지 않도록 배려 있는 발문
	다양한 가족 형태 (15′)	**2. 가족은 누가 같이 살아야 할까?** **• '따로따로 행복하게' 책 읽어 주고 토의하기** – 엄마, 아빠, 자녀(핵가족 형태) 이외의 한부모가족, 조손가족, 공동체가족, 무자녀가족 등 알아보기 **3. 가족은 생김새와 피부색이 같아야 할까?** **• '외갓집에 가고 싶어요' 책 읽어 주고 토의하기** – 다문화 가족 알아보기	오개념	예화 설명 토의	수용 연결 칭찬 단서	★ '따로따로 행복하게' 책 ★ '외갓집에 가고 싶어요' 책
	다양한 가족 형태 만들기 (40′)	**4. 다양한 가족 형태 만들기** **• 다양한 가족 만들어 보기** – 다양한 가족 만들기 예시 보여 주기 – 짝과 함께 가족 만들기 **• 다양한 가족 이해, 존중 토의하기** – 다양한 가족 발표 내용 토의하기	난기능	시범 설명 토의	표현 도전 격려 공유	★ 잡지 인물사진, 도화지, 풀, 펜 ※ 다양한 가족이 표현되도록 안내
	탐구 정리 지식 및 생각 나눔 (5′)	**• 학습 내용 정리** – 가족 구성에 대해 알게 된 것은? – 다양한 가족에 대한 나의 생각이 바뀐 것은? **• 차시 예고** – 다양한 가족 문화 알아보기		토의 탐문	표현 공유	

학생 배움중심의 교수 · 학습 과정안(약안)

교과	통합(바.슬)	대상	2학년 ○반	지도교사	○○○	장소	
단원	가족 2-1 다양한 가족			차시	1~2	교과서	
학습 주제	다양한 가족의 이해						
학습 목표	주변의 다양한 가족을 알아보고 이해한다.						
지도 중점	가족 구성과 가족 형태에 대한 오개념을 교사의 예시 자료, 설명, 발문, 학생의 토의 활동으로 바르게 정의하고, 잡지인물사진으로 다양한 가족 만들기를 하며 간접 경험을 하게 한다. 이러한 활동을 통해 다양한 가족을 이해하고 존중하는 태도를 지니도록 한다.						
교수 · 학습 자료	교사	'따로 따로 행복하게'(책), '외갓집에 가고 싶어요'(책), '행복한 가족'(동영상), '우리 집은 동물원'(동요), 잡지 인물사진					
	학생	도화지, 풀, 사인펜					
학습 조직	전체 ➡ 개별 ➡ 짝 ➡ 개별 ➡ 전체						

배움 열기 단계(5′)

학습 과정 (학습 집단)	교수 · 학습 활동	배움중심 PCK 전략			자료(★) 및 유의점(※)
		배움 주춤	배움 전략	배움 원리	
동기 유발 학습 문제 (5′)	• **'우리 집은 동물원' 동요 들려주기** – 노래에 나오는 가족 구성원과 나, 친구, 이웃 가족과 비교하며 다양한 가족에 대한 관심으로 학습 문제 유추하기 • **학습 문제** – 다양한 가족 알아보기	선개념	매체	추론 참여	★ '우리 집은 동물원' 동요

선개념 **선개념을 활용한 학습 문제 유추하기 – 매체**

'우리 집은 동물원' 동요를 들으며 일상의 선경험에서 나의 가족과 또 다른 주변의 가족에 대해 관심을 갖는다.

오개념 탐구 단계(30′)

학습 과정 (학습 집단)		교수 · 학습 활동	배움중심 PCK 전략			자료(★) 및 유의점(※)
			배움 추출	배움 전략	배움 원리	
탐구 활동 하기	다양한 가족 구성 (15′)	1. 가족은 어떻게 만들어질까? • **혈연 이외 가족 구성 알아보기** – 가족은 어떻게 만들어질까요? – 엄마 아빠가 낳지 않은 아이를 우리 집에 데려와 살아도 가족이 될까요? – 입양가족 '행복한 가족'(동영상) 시청 후 토의 – 나를 낳아 주지 않은 새아빠 또는 새엄마와 살아도 가족이 될까요? (재혼가족)	오개념	추론 예화 설명	수용 연결 격려 추론	★'행복한 가족' 동영상
	다양한 가족 형태 (15′)	2. 가족은 누가 같이 살아야 할까? • **가족은 엄마, 아빠와 꼭 같이 살아야 할까?** '따로 따로 행복하게' 책을 읽어 주고 이혼으로 인한 한부모가족의 예 알아보기 – 조손가족 예 알아보기 – 공동체가족(양로원, 고아원) 예 알아보기	오개념	예화 설명 토의	수용 연결 칭찬 단서	★'따로따로 행복하게' 책

오개념 **혈연 중심의 가족 구성, 핵가족 중심의 가족 형태 오개념 – 예화, 설명**

이 단계에서는 가족의 다양한 구성과 가족 형태에 대한 학생의 선개념을 발문으로 알아본다. 파악된 혈연 중심의 가족 구성 오개념, 핵가족(엄마, 아빠, 아이) 중심의 가족 형태 오개념 지도를 위해 관련 동영상과 도서 자료 등의 예화를 들어 설명한다.

바른 개념 정착 단계(40')

학습 과정 (학습 집단)	교수 · 학습 활동	배움중심 PCK 전략			자료(★) 및 유의점(※)
		배움 주출	배움 전략	배움 원리	
다양한 가족 형태 만들기 (40′)	**3. 다양한 가족 형태 만들기** • **가족 만들어 보기** – 다양하게 알게 된 가족 구성과 가족 형태를 교과서 제시 그림으로 다시 확인하기 – 짝과 함께 가족 구성원, 자랑거리 쓰기	난기능	시범 설명	표현 도전 격려	★ 잡지 인물사진, 도화지, 풀
	• **다양한 가족 이해, 존중 토의하기** – 만든 가족 소개하며 다양한 가족 이해, 존중하기		토의	표현 공유	

난기능 **다양한 가족 만들기 활동으로 간접 경험 – 설명, 예시**

– 잡지 인물사진을 이용하여 한부모가족, 조손가족, 공동체가족, 다문화가족 등으로 만들어 보며 핵가족 형태의 가족 구성에서 벗어나게 한다.

– 가족의 자랑거리를 쓰도록 하여 다양한 가족에 대한 편견을 갖지 않도록 한다.

배움 정리 단계(5')

학습 과정 (학습 집단)	교수 · 학습 활동	배움중심 PCK 전략			자료(★) 및 유의점(※)
		배움 주출	배움 전략	배움 원리	
탐구 정리 지식 및 생각 나눔 (5′)	• **학습 내용 정리** – 가족 구성에 대해 알게 된 것은 무엇인가요? – 다양한 가족에 대한 나의 생각이 바뀐 것은 무엇인가요? • **차시 예고** – 다양한 가족 문화 알아보기		토의	표현 공유 도전	

수업 협의 내용

수업 전 협의

교사 1 가족 수업은 늘 조심스럽다는 생각을 했어요. 한부모가족의 아이가 한 반에 한 두 명은 있어서 엄마 아빠 중심의 가족을 이야기할 때 주눅이 들거나 무관심한 척하거든요. 핵가족 형태(엄마, 아빠, 자녀)의 아이들은 엄마나 아빠가 없는 아이들을 놀리거나 불쌍한 동정으로만 바라보더라고요.

교사 2 우리 민족 정서상 한부모가족, 재혼가족, 조손가족, 다문화가족, 시설가족 등을 자연스럽게 받아들이는 문화가 아직은 완전히 정착되지 않은 것 같아요. 이런 상황에서 저학년 아이들에게 아직 접해 보지 못했던 다양한 가족에 대한 개념과 그 의미를 생각해 보도록 지도하는 것이 쉽지 않아서 교과서에도 다양한 가족이 있음을 이해하는 수준으로만 학습 내용을 제시하고 있는 것 같아요.

교사 1 요즘 아이들이 매체를 통해 연예인의 이혼 소식을 접하고 있고, 각 가정에 한 쌍 정도는 이혼한 친척들이 있는 경우가 많아 아이들에게도 한부모가족, 재혼가족, 조손가족이 그다지 낯설게 느껴지지는 않을 거라 생각해요.

교사 2 제가 지도하는 아이들 중 한부모가족의 아이가 있는데 부모님께서 한부모가족이 된 이유를 아이에게 정확하게 알려 주지 않으셨더라고요. 대부분의 한부모가족 부모님께서 아이에게 현재의 가족이 구성된 이유에 대한 설명을 아이가 현 상황을 이해할 수 있는 나이가 된 이후로 미루시는 듯해요.

교사 1 그랬군요. 하지만 나이가 어리더라도 다양한 가족을 인정하고 자신이 속한 가족에 대해서 이해하며 스스로에 대해 부정적인 인식을 갖지 않도록 도움을 줄 필요가 있지 않을까요? 자신이 속한 가족의 상황을 이해할 수 있는 시기가 되더라도 그 상황을 늘 긍정적으로 받아들이는 것은 아니라 생각해요. 또한 다양한 가족을 바라보는 우리의 사회 분위기도 함께 변해야 할 필요를 느껴요.

교사 2 물론 여러 가지 요인에 따라 상황은 달라질 수 있겠지만, 저도 선생님의 말씀에 동감해요. 초등학교 저학년이라도 교사가 가족의 다양성과 개념에 대해 알기 쉽게 설명한다면 충분히 이해할 수 있을 것이라고 생각합니다. 이를 염두에 두고 수업 계획을 세워야 할 것 같아요.

수업 후 협의

교사 1 오늘 2학년 가족 수업을 하면서 많은 아이들이 가족을 부모, 나, 형제 그리고 조부모와 같은 구성원이 함께 살아가는 혈연집단이라고 여기는 고정관념을 확인했어요. 수업 시작 전 실시한 가족 관련 설문조사 문항 중 '엄마, 아빠, 아이가 함께 살아야만 가족이다.'라는 문항에 '그렇지 않다'라는 대답을 한 아이가 한 명도 없을 정도로 가족에 대한 개념이 엄마, 아빠 중심의 혈연 개념에 집중되어 있어요. 이는 아이들이 가족에 대해 가질 수 있는 가장 일반적이며 대표적인 오개념이라고 생각해요.

교사 2 주변에 이혼 가족이 많지 않아서 그렇기도 하겠지만 1학년 아이들도 한부모가족의 사례를 다루는 수업 내용을 전개할 때 흥미도가 떨어지는 모습이 관찰되었어요. 또 주어진 사진을 이용하여 다양한 가족을 구성하여 종이 위에 붙이고 설명하는 활동에서 많은 아이들이 엄마와 아빠를 중심으로 해서 가족을 구성하려고 애쓰는 모습이 보였어요. 저 역시도 아이들이 다양한 가족에 대한 피상적인 개념을 갖고 있고 가족은 혈연 중심이라는 편견에 사로잡혀 있다는 생각이 들었어요.

교사 1 가족의 오개념을 바르게 정립하기 위해 입양 관련 동영상, 이혼가족 관련 동화책, 다문화가족 관련 동화책을 예화로 들어 주었더니 "아하!" 하며 눈빛을 반짝이더라고요. 혈연가족 개념과 엄마, 아빠 중심의 가족 개념에서 벗어나며 한부모가족, 재혼가족, 조손가족, 다문화가족, 시설가족 등 다양한 형태의 가족에 대해 많은 관심을 보이더라구요.

교사 2 한 가지 고무적인 일은 다양한 가족을 구성해 보는 활동을 하고 난 뒤 후속 활동으로 소꿉놀이를 했는데, 남자 아이들만으로 구성된 가족을 모델로 한 놀이를 계획하고 실행하는 아이들이 있었어요. 가족 구성원으로서 역할을 정하고 소꿉놀이를 하면서 엄마가 없는 가족도 있을 수 있으며 엄마, 아빠가 중심이 되는 가족만이 전부가 아님을 체험을 통해서 알게 되었다는 거죠. 아이들이 갖고 있던 가족에 대한 오개념 문제를 어느 정도 해결했다는 생각이 들었어요.

교사 1 수업 마무리 단계에서 가족에 대해 알게 된 것을 확인하니 다양한 가족의 예를 모두 다 잘 쓰는 거예요. 그리고 생각이 바뀐 것도 써 보라고 하니 엄마나 아빠가 없는 것은 부끄러운 것이 아니라는 것, 가족은 꼭 결혼해서만 이루어지는 것은 아니라는 것, 고아원에 살고 있는 아이들도 가족이며 앞으로 그 아이들을 놀리지 않겠다는 것, 입양을 해도 부끄러운 것이 아니라는 것, 부모님이 이혼을 해도 놀리면 안 된다는 것을 알았다고 하네요. 아이들이 이 수업을 통해 앞으로 가족에 대한 편견은 갖지 않게 될 거라는 생각이 들었어요. 그리고 수업은 반드시 아이들의 상황을 파악해서 계획, 실행해야 한다는 점도 다시 한 번 생각해 보게 되었어요.

수업 후기

노은희
경기 숙지초등학교 수석교사

가족 수업은 늘 조심스럽다.

가족 관련 학습 활동을 하다 보면 핵가족(엄마, 아빠, 자녀)의 일반적인 가족 관계를 갖고 있지 못하는 아이들의 표정이 밝지 못하다. 때론 "너는 엄마도 없잖아."라고 놀리는 모습을 보기 때문이다. 현재 나의 가족 상황을 당당히 받아들이거나, 우리 가족과 다른 이혼가족, 재혼가족, 다문화가족, 공동체가족 등을 어떻게 이해하고 존중하는 마음을 갖게 할까?

이런 고민의 해결의 열쇠를 PCK 수업을 적용하여 풀어 가고자 하였다.

첫 번째로 아이들이 생각하는 가족 관련 선개념을 알아보았다. 예상대로 아이들은 대부분은 혈연 중심의 가족 구성과 핵가족 중심의 정형화된 가족 오개념을 갖고 있었다. 가족 구성이나 형태에 대해 잘못 알고 있는 오개념을 바르게 지도하기 위해 가족 관련 배경지식을 든든히 갖추고 적절한 예화 자료를 제시, 설명, 시범, 탐문하기 등으로 차근히 수업을 진행하였다.

아이들은 오개념에 대한 적절한 예화 제시와 설명 덕분인지 모두 매우 적극적이었다. '결혼해서 아이를 낳고 가족이 되는 거에요'라고 그동안 알고 있던 것을 '입양' 관련 동영상을 보며 '아하! 가족은 결혼한 부부가 직접 낳아야만 되는 것은 아니구나' 잘못 알고 있었던 것을 새롭게 다시 알아 가며 주변의 가족에 대한 흥미가 높아졌다. 이때를 놓치지 않고 이혼 관련 동화책을 읽어 주며 우리 주변의 한부모가족과 재혼가족을 당당히 드러내 놓고(?) 이야기를 나누었다. 혈연 중심의 가족 오개념에서 벗어난 아이들은 마치 도미노 현상처럼 다양한 가족 형태를 쉽게 받아들였다.

아이들의 생각 변화는 참으로 놀라웠다.

아이들 마음 속에 심어주고자 했던 다양한 가족의 이해와 존중이 가족 관련 오개념을 바르게 알려 주기 위한 예화, 설명, 시범, 적절한 발문 등으로 흘연히 깃들었다.

조심스러웠던 가족 수업, '이 수업을 왜 하지?'라는 질문에 답을 찾은 것 같아 수업 성공감에 뿌듯하다.

수업 후기

최수진
경기 숙지초등학교 교사

우리 주변에서 볼 수 있는 가족의 형태가 다양해지면서 학교 교육에서도 가족의 정의를 예전과 같이 부부가 출산하여 아이를 낳고 한 집에서 사는 전통적인 핵가족의 개념으로만 지도할 수 없게 되었다. 특히 부모의 이혼으로 인해 재혼가족, 조손가족, 시설가족이 되기도 하고, 일선 학교에서 다문화가족의 아이들을 어렵지 않게 만나게 되는 상황에서 아이들로 하여금 학교 수업을 통해서 자신이 알고 있는 일반적인 가족이 아닌, 다양한 형태의 가족을 이해하고 존중하며, 나와 다른 가족 형태나 문화에 대한 편견, 왜곡된 시각을 갖지 않도록 하는 것이 매우 중요하다.

이를 위해 교사는 수업 설계 단계에서부터 학습의 필요성, 가르칠 내용, 다양한 가족과 관련된 전문적 배경지식을 갖고 있어야 하며, 아이들의 선수 학습 내용은 무엇인지, 수업을 통해 꼭 알아야 할 내용은 무엇인지, 그리고 학습에 어려움을 느낄 만한 내용이 무엇인지에 대해 신중하게 고민해야 한다. 이 모든 문제를 해결해 줄 수 있는 방법이 바로 PCK 수업 설계였다.

가족에 대한 아이들의 선수 학습 요소를 파악하고, 아이들이 갖고 있는 오개념을 찾아내는 PCK 수업 설계 방법은 아이들의 수준에 맞게 수업 내용을 재구성하는 데 큰 도움이 되었다. 아울러 찾아낸 오개념과 관련된 다양한 배경지식을 찾아보고, 적절한 지도 자료를 찾거나 만들고 학습 내용의 이해도를 높이기 위해 필요한 효과적 지도 방법, 전략, 기술 등을 미리 계획하는 과정을 거치면서 그동안 수업을 설계할 때 학습 모형에 수업 내용을 억지로 끼워 맞추고, 아이들에게 꼭 필요한 학습 내용이 무엇인지 생각하기보다는 한 번에 아이들을 집중하게 하는 동기 유발 아이디어를 짜내고 보여주기 위한 화려한 자료 제작에만 치중했던 스스로의 모습을 반성하게 되었다.

교과서에 있는 내용 지식을 그저 잘 전달하는 것보다는 먼저 아이들을 이해하고 그들에게 필요한 내용 지식을 가장 효과적으로 전달하기 위해서 고민하는 것이 21세기를 이끌어 나갈 인재를 양성하는 교사들에게 필요한 자세가 아닐까 생각한다. 이런 면에서 PCK 수업 설계는 교사에게는 체계적으로 수업을 계획하도록 도움을 주고, 아이들에게는 수업에 자발적으로 참여하면서 창의적으로 생각할 수 있는 능력을 길러 주는 성공적인 수업의 열쇠라는 생각을 해 본다.

참고 문헌

강기원(2003). "수업 딜레마에 관한 해석학적 사례 연구"－초등 사회과를 중심으로－, 서울대학교 대학원 박사학위논문.

강기원(2004). "초등 사회과 교실 수업 이해", 『열린교육』, 제12권 2호, 한국열린교육학회, pp.57~58.

강기원(2006). "수업연구 발표대회에 관한 질적 사례 연구", 『사회과 교육』, 제45권 3호, p.242.

강인애(1997). 왜 구성주의인가?: 정보화시대와 학습자 중심의 교육환경. 문음사.

경상남도교육청(2012). 과학과 PCK 중심 수업설계. 경남교육 2012－035.

곽영순(2007). 교육과정 개정에 따른 과학과 내용 교수 지식(PCK) 연구, 한국교육과정평가원 연구보고 RRI－2007－3－3, 한국교육과정평가원.

곽영순(2008). "과학과 교과교육학 지식 유형별 교사 전문성 신장 특징 연구", 『한국과학교육학회지』, 제28권 6호, pp.592~602.

곽영순 · 강호선(2005). 교사평가 수업평가, 도서출판 원미사.

권낙원 역(2001). 교수 방법. 원미사.

김덕희(2006). 학교단위 수업장학 평가 도구 개발, 경북대학교대학원 박사학위논문.

문공주(2009). 교학교사 교수내용지식(PCK)의 구조와 형성 과정 탐색: 근거 이론에 의한 접근, 이화여자대학교 대학원 박사학위 청구 논문.

민현식(2001). "교수 화법론", 『국어 화법과 담화 전략』, 한국화법학회.

박남수(2004). "수업관찰 및 분석방법". 대구대학교 강의자료.

박성혜(2003). "교사들의 과학 교과교육학 지식과 예측 변인", 『한국과학교육학회지』, 제23권 6호, 671~683.

박태호(1996). 사회구성주의 패러다임에 따른 작문 교육 이론 연구, 한국교원대학교 대학원 석사학위 논문.

박태호(2004). "좋은 국어 수업을 위한 수업 대화 전략과 수준", 『어문교육연구』, 제13집, 한국교원대학교 어문교육연구소.

박태호(2009). 초등 국어 수업 관찰과 분석, 정인 출판사.

박태호(2011). “국어 수업에 나타난 PCK 교수 변환 사례”, 『학습자중심교과교육연구』, 제11권 4호, pp.103~121.

박태호(2013). 학생 배움 중심의 PCK 수업 컨설팅. 학생배움중심수업코칭전문가직무연수 자료.

백조현 · 박수홍 · 강문숙(2010). 스토리텔링기반 수학과 수업설계전략 모형개발: 확률과 통계를 중심으로, 『교육혁신연구』, 제20권 1호, pp.113~141.

변홍규(1996). 질문제시의 기법, 교육과학사.

서근원(2004). 산들초등학교의 교육공동체 형성에 관한 교육인류학적 접근, 서울대학교 대학원 박사학위 논문.

서근원(2007). 수업을 왜 하지, 우리교육.

서근원(2011). “아이의 눈으로 수업보기-교육적 실천으로서의 교육인류학의 수업 이해”, 교원능력개발 현장지원 맞춤형 연수, 전라북도교육청.

설양환 · 박태호 외 역(2005). 효과적인 수업 관찰 기법, 아카데미프레스.

양윤정(2007). 교육과정 개정에 따른 미술과 내용 교수 지식 연구(PCK), 연구보고 RRI-2007-3-6, 한국교육과정평가원.

이경은(2007). 수업 실제에 나타나는 교사의 Pedagogical Content Knowledge에 관한 사례 연구: 중학교 도형의 성질을 중심으로, 서울대학교 대학원 석사학위 논문.

이경화(1996). “교수학적 변환론의 이해”, 『대한수학교육학회 논문집』, 제6권 1호. 대한수학교육학회, pp.203~212.

이병석 역(1999). 교수 원리와 실제. 서울: 원미사.

이연숙(2006). 교수학적 내용지식(PCK) 및 그 표상(PCKr)의 개념적 정의와 분석 도구 개발: 예비 과학 교사의 ‘힘과 에너지’ 수업 사례를 중심으로, 서울대학교 대학원 교육학 석사학위 논문.

이용숙 · 조영태(1987). 국민학교 수업방법, 배영사.

이주섭 외(2002). “학교 교육 내실화 방안 연구(Ⅱ) 국어과 교육 내실화 방안-좋은 수업 사례에 대한 질적 연구-”, 한국교육과정평가원.

이혜순(2006). 상징적 상호작용을 통한 수업문화 연구, 경인교육대학교 교육대학원 석사학위 논문.

이흔정(2009). “교사지식의 교수학적 변환 연구”, 『교육의 이론과 실천』, vol. 14. no.1. pp.145~166.

임성규(2008). “좋은 문학 수업의 기준과 요건-문화 현상으로로서의 초등학교 문학 수업”, 『한국초등국어교육학회』. vol. 36, pp.389~418.

임찬빈 외(2004). 수업 평가 기준, 한국교육과정평가원, pp.64~65.

장은아(1999). 수업 중 교사 · 학생의 대화 전략, 한양대학교 교육학 석사학위 논문.

장효순(2009). CORE 개발 과정을 통한 과학 교사의 PCK 변화에 관한 사례 연구, 한국교원대학교 대학원 석사학위 논문.

정유정(2010). CORE를 활용한 교육실습 수업지도 과정의 의미 탐색, 한국교원대학교 대학원 석사학위 논문.

정정훈 · 김영천(2005). "초등학교 초임교사의 전문성 발달과 딜레마에 관한 사례 연구", 『열린교육연구』, 제13권 2호, pp.71~100.

조벽(2001). 조벽 교수의 명강의 노하오 & 노와이, 해냄.

최현섭 · 박태호 · 이정숙(2000). 구성주의 작문 교수 · 학습론, 박이정.

한희정(2010). 교육과정의 설계와 실행에 구성된 PCK 분석: 초등 영어 교사 사례를 중심으로, 한국교원대학교 대학원 박사학위 논문.

Abell, S.K.(2007). Research on science teacher knowledge. In S.K. Abell and N.G. Lederman (Eds.), *Handbook of Research on Science Education*. Mahwah, NJ: Lawrence Erlbaum Associates, Publishers.

Andrews, D., Hull, T. E., & DeMeester, K. (2010). *Storytelling as an instructional method: research perspectives*. 정옥년, 김동식 역(2013). 스토리텔링 수업 연구. 강현출판사.

Ball, D., L.(1988). Knowledge and reasoning in mathematical pedagogy : examining what prospective teachers bring to teacher education. Unpublished doctoral dissertation, Michigan State, Michigan State University.

Borich, G., D.(2003). Observation skills for effective teaching, Pearson Education.

Brophy, J., & Good, T.(1986). Teacher behavior and student achievement. in M. C. Wittrock(ed.), *Handbook of research on teaching* (3rd ed), New York: Macmillian, pp.328-375.

Chen,W., & Ennis, C. D.(1995). Content knowledge transformation: An examination of the relationship between content knowledge and curricular. *Journal of Teaching & Teacher Education*, *11*, pp.389-401.

Chevallard, Y.(1985). La Transposition Didactique, Grenoble: La Pensee Sauvage.

Clark, H, H., & Schaefer, E. F.(1989). Contributing to discourse. cognitive science, 13, 259-254.

Cochran, K., De, Ruiter., J., & King, R.(1993). Pedagogical content knowing-an integrative model for teacher preparation. *Journal of Teacher Education*, 44(4), 263-272.

Danielson, C., Axtell, D., Bevan, P., Cleland, B., Mckay, C., Phillips, E., Wright, K.(2009). Implementing The Framework for Teaching in Enhancing Professional Practice an ASCD Action Tool, ASCD.

Delaney, K., D.(1997). Understanding social studies for teaching: A sociocultural approach to teacher-interns' learning pedagogical social studies knowledge. Unpublished doctoral dissertation. University of North Carolina.

Duffy, G., Roehler, L., & Herrman, B.(1988). Modeling mental process helps poor readers become strategic readers. The Reading Teacher, 41(8), pp.762-767.

Egan, K.(1990). Educational Development, New York: Oxford University Press.

Fisher., D., & Frey., N.(2008). Better Learning through structured teaching, ASCD.

Florio-Ruane, S., & Lensmire, Timothy, J.(1989). Transforming Future Teachers' Ideas about Writing Instruction P. 28, ERIC Number: ED309440

Gallimore, R., & Tharp, R.(1992). "Teaching Mind in society : Teaching, schooling, and literate discourse" In Moll, L. C(ed), *Vygotsky and education : the instructional implication and applications of sociohistorical psychology*, NY : Cambridge University.

Gess-Newsome, J.(1999). Pedagogical content knowledge: An introduction and orientation. In J. Gess-Newsome and N. G. Lederman (Eds.), *Examining pedagogical content knowledge*. Boston: Kluwer Academic Publisher.

Graeser, A. C., Pearson , N. K., & Magliano, J.P.(1995). Collaborative dialogue patterns in naturalistic one to one tutoring, Applied Cognitive Psychology, 9, pp.359-387.

Grossman, P.(1990). *The Making of a Teacher: Teacher Knowledge and Teacher Education*. New York: Teachers College Press.

Hume, G. D., Evens, M. W., Rovick, A, & Michael, J. A.(1996). Hinting as a tactic in one-on-one, The Journal of Learning Science, 5, pp.23-47.

INTASC(2008). *Interstate New Teacher Assessment and Support Consortium*, *〈online〉*, *available*, http://www.ccsso.org/intascst.

Lee, E.(2007). Literature review: Pedagogical content knowledge as specialized knowledge for teaching. *Journal of the Korea Association for Research in cience Education*, 27(8), 699-710.

Lee, E., & Luft, J.(2008). Experienced secondary science teachers' representation of pedagogical content knowledge. *International Journal of Science Education*, 30(10), 1343-1363.

Magnusson, S., Krajcik, J., and Borko, H. (1999). Nature,sources,and development of pedagogical content knowledge for science teaching. In J. Gess-Newsome and N. G. Lederman (Eds.), *Examining pedagogical content knowledge*, Boston: Kluwer Academic Publishers.

Marks, R.(1990). Pedagogical content knowledge: From a mathematical case to a modified conception. *Journal of Teacher Education*, 41, 3-11.

McArthur, D., Stasz, C., & Zmuidzinas, M.(1990). Tutoring techniques in algebra, cognition and instruction, 7, pp.197-244.

National Board for Professional Teaching Standards.(2001). Five Core proposition, [online], available: http://www.nbpts.org.

NCATE(1998). *Program standards for elementary teacher preparation(review and comment edition)*, Washington DC : Author.

Park Soonhye(2007). "Teacher efficacy as an affective affiliate of pedagogical content knowledge" 한국과학교육학회지, 제27권 8호, pp.743~754.

Park(2005). A study of PCK of science teachers for gifted secondary students going through the National Boards certification process. unpublished doctoral disseration, University of Georgia, Athens.

Park, S., and Oliver, S.(2008). Revisiting the conceptualization of pedagogical content Knowledge(PCK) : PCK as a conceptual tool to understand teachers as Professionals. *Research in Science Education*, 38(3), pp.261-284.

Roehler, L., & Duffy, G.(1991). Teacher's instructional action. In R. Barr, M Kamil, P. Mosenthal, & P.D.

Rosenshine, B., & Stevens, R.(1986). *Teaching functions*, in M. C. Wittrock(ed.), Handbook of research on teaching(3rd ed), New York: Macmillan, pp.376-391.

Rowe, M., B.(1974). Wait-time and rewards as instructional variables, their influence in language, logic and fate control. Part 1: wait time. J. Res. Sci. Teaching 11, pp.1-94.

Shulman, L., S.(1986). Those who understand: Knowledge Groth in Teaching, Educatonal Researcher, Vol, 15, No. 2, pp. 4-14.

Shulman, L., S.(1987). Knowledge and teaching: Foundations of the new reform. Harvard Educational Review, 57(1), 1-22.

Shulman, L., S.(2004). The wisdom of practice: essay on teaching, learning, learning to teach, Jossey-Bass A Wiley.

William, R., Veal., & James, G., MaKinster. (1999). "Pedagogical content knowledge taxonomies". *Electronic Journal of Science Education*, 3(4). Retrieved February, 26, 2003.

Wilson, S., M.(1988). Understanding historical understanding : Subject matter knowledge and the teaching of U.S. history. Unpublished doctoral dissertation. Stanford University.

Zemelman, S, Daniels, H., & Hyde A.(1998). *Best practice new standard for teaching and learning in America's school(2nd edition)*, NH : Reed Elsevier, Inc.

저자 약력

박태호

한국교원대학교 대학원 박사
한국교육과정평가원 연구원
유타주립대학교 방문 교수
현) 공주교육대학교 교수

공희자 _음악

2002 한세대 교육대학원 특수교육전공 석사
2004 한세대 문학대학원 사회복지전공 석사
2005 성결대 상담심리학 자격과정 전문상담교사 1급
2001~수업실기 최우수 교사 및 수업인증제 5회 입상
2011~현) 경기도수원교육지원청 수업컨설턴트 및 교육과정컨설턴트
2010~현) 교육과정, 수업, 상담 관련 1급 정교사 및 직무연수 강사
2014 경기도수원교육지원청 PCK수업연구회 회장
현) 경기도 수원시 화홍초등학교 수석교사

김운자 _도덕

2010 한세대학교 상담심리 석사. 전문상담교사(1급)
2013~현) 안산교육지원청 수업컨설팅단 활동
수업실기 및 각종 연구대회 다수 입상
현) 경기도 안산시 안산중앙초등학교 수석교사

이효경 _도덕

2008 아주대학교 교육대학원 상담심리 전공 석사
2013~현) 경기도 수원창의지성교육 컨설팅장학지원단
현) 경기도 수원시 영화초등학교 수석교사

권현선 _미술

2004 서울교육대학교 교육대학원 초등미술교육 전공 석사
2004~2010 경기도 교육정보연구원 교수 · 학습 자료개발 연구 위원
2012 경기도 군포의왕교육지원청 수업컨설턴트
2013~현) 경기도 안양과천교육지원청 수업컨설턴트
현) 경기도 안양시 해오름초등학교 수석교사

오순이
_실과

2002 한국교원대학교 교육대학원 초등컴퓨터교육 전공 석사
2003 제12회 전국교육용소프트웨어 공모전 전국 1등급 외 각종 연구대회 3회 입상
2006 경기도 좋은수업만들기 인증대회 1등급 외 2회 입상
2003~2011 경기도교육연구원 교수학습과정안 및 평가문항 개발위원
2003~현) 환경교육지도자료 개발위원 및 경기도지속가능발전교육 자문위원
2011~현) 경기도교육청 수업 및 평가 컨설턴트
현) 경기도 과천시 청계초등학교 수석교사

문미경
_영어

2006 수원대학교 영어교육대학원 수료
2006~2007 경기도 수업실기 대회 수상
2011~2012 경기도 교육청 창의서술형 평가 문항 개발 위원
2006~2012 원어민 협력수업 공개
2013 초등영어 창의서술형평가 도서 공저
현) 경기도 군포시 관모초등학교 수석교사

노은희
_통합교과

2010 경인교육대학교 생활과학과 석사
2007~현) 좋은수업대회 입상 다수
2008~현) 통합교과 원격연수 자료개발 및 수업실천사례 직무연수 강사
2010~현) 경기도 수원교육지원청 수업컨설트
2006~현) 생태학급운영 및 지속가능발전 교육과정 운영 직무연수 강사
저서: 풀빛물드는 교실(2011)
현) 경기도 수원시 숙지초등학교 수석교사

최수진
_통합교과

2006 한국교원대학교 초등영어교육과 석사
2006 서울시 교육자료개발전 3등급
2013 한국창의재단 STEAM 학술발표
2013~현) 생태학급운영 관련 직무연수 강사
현) 경기도 수원시 숙지초등학교 교사

아하! 학생 배움중심의

PCK 수업설계 II

발행일 2015년 2월 25일 초판 발행
지은이 박태호, 공희자, 김운자, 이효경, 권현선, 오순이, 문미경, 노은희, 최수진 | **삽화** 신윤경
발행인 홍진기 | **발행처** 아카데미프레스 | **주소** 413-756 경기도 파주시 문발동 출판정보산업단지 507-9
전화 031-947-7389 | **팩스** 031-947-7698 | **이메일** info@academypress.co.kr
웹사이트 www.academypress.co.kr | **출판등록** 2003. 6. 18 제406-2011-000131호

ISBN 978-89-97544-58-5 93370

값 20,000원